일본 기독교 논집

아시아종교연구원 총서 06

일본 기독교 논집

葛奇蹊 저

박문사

머리말

　일본 기독교의 역사 서술은 일반적으로 천주교사와 개신교사를 명확히 구분한다.[1] 시간적으로 볼 때 스페인 선교사 성 프란치스코 하비에르(San Francisco Javier)가 일본에 들어온 시점부터 에도 시대 말기 개신교가 전래되기 이전까지가 예수회를 중심으로 한 일본 천주교사에 해당한다. 예수회의 초기 선교 활동은 놀라울 정도로 빠르게 발전하였고, 17세기 초까지 규슈와 혼슈 중부를 중심으로 신자 수가 한때 75만 명에 달했다. 그러나 도요토미 히데요시(豊臣秀吉)가 일본을 통일한 후 천주교에 대한 억압이 시작되었다. 특히 도쿠가와 이에야스(德川家康)의 집권으로부터 3대 쇼군 도쿠가와 이에미츠(德川家光) 시대에 이르기까지, 막부는 천주교에 대한 통제를 점차 강화하며 신자들에 대한 박해를 시행하였고, 그 결과, 200여 년에 걸친 쇄국 및 금교 체제가 확립되었다. 실제 영향을 살펴보면, 에도 막부의 쇄국 금교 정책 아래 예수회가 일본 사회, 문화, 사상에 실질적 영향을 미

---

1 『속일본기』 덴표(天平) 8년(736년)의 기록에 따르면, 페르시아 네스토리우스파 기독교도가 견당(見唐) 부사(副使) 나카토미노 나시로(中臣名代)와 함께 일본으로 향했다는 내용이 전해진다. 일부 학자들은 이 문헌을 경교가 일본에 전해진 증거로 간주하며, 일본 고대에 이미 기독교와의 접촉이 있었음을 주장한다. 그러나 유력한 직접증거가 부족하여, 일본 기독교사 관련 저서에는 일반적으로 이 역사적 문제가 다루어지지 않는다. 본서의 제1장에서는 이에 대해 논의하고 있다.

칠 수 있었던 시기는 아즈치모모야마 시대부터 에도 시대 초기까지에 불과했고, 에도 중기 이후에는 "잠복 기리시탄(潛伏キリシタン)"이라는 매우 제한적인 형태로 전파될 수 밖에 없었다.

이에 반해, 개신교는 일본 근대화 과정의 전반을 관통하며 메이지 유신 이후의 근대사와도 밀접히 관련되어 있어 그 영향력이 훨씬 크다. 1858년, 미국 주일 총영사 타운젠드 해리스(Townsend Harris)가 도쿠가와 막부와 체결한 『미일수호통상조약』은 일본 내 개신교 선교의 시작을 알렸다. 개신교 여러 교파는 일본의 '개국'과 함께 전래되었고, 1873년 '기리시탄 금제 고찰의 철폐(キリシタン禁制高札の撤去)' 이후에는 형식적인 합법 지위를 획득하였으며, 이후 메이지 시대 '문명개화'의 물결 속에서 일본 내 세력을 빠르게 확장했다. 메이지 중기, 일본 사상계에서는 전면적으로 서구에 치우치는 '구화주의(歐化主義)'에 대한 반성과 함께 기독교에 대한 일정한 탄압이 발생했으나, 1889년 제정된 『대일본제국헌법』이 '조건부 종교 자유'를 규정하면서 형식적으로나마 민중의 신앙 자유가 보장받게 되었다. 그러나 1890년에 발표된 『교육칙어(敎育勅語)』가 천황 숭배를 법령의 형식으로 규정함에 따라 기독교, 불교 등 종교는 국가 신도를 중심으로 한 절대적 천황제의 틀 안에 묶이게 된다. 갑오전쟁(甲午戰爭=청일전쟁)과 러일전쟁의 승리는 일본 내 민족주의(nationalism)를 팽배케 하였고, 사상계는 서양 문명에 대한 지나친 숭배에서 '일본 민족'과 '일본 정신'의 우월성을 강조하는 민족주의로 전향하였다. 기독교계 또한 이에 영향을 받아 대다수 신자가 일본의 대외 팽창을 지지하는 입장으로 바뀌면서 종교인으로서의 주체성을 상실했다. 제1차 세계대전에

서 제2차 세계대전까지, 일본의 기독교는 전체적으로 파시즘 체제에 편입되었으며, 일본 국민은 천황을 종교적 숭배의 대상으로 삼을 것을 강요받았다. 이 과정에서 다수의 종교적 믿음이 굳건한 기독교도들이 당국의 탄압을 받았고, 결국에는 자신의 뜻과는 어긋나게 신앙을 버리고 국책에 동조하는 선택을 해야 했다. 전후의 일본은 주일연합군총사령부(GHQ)가 실행한 일련의 전후 개혁을 통해『일본국헌법』, 상징천황제, 종교 신앙의 자유를 특징으로 하는 전후 민주주의 체제를 확립하였고, 이에 힘입어 기독교도 비로소 독립된 종교적 지위를 획득하게 된다.

기독교는 근세 이후의 각 시대에 걸쳐 일본의 문화, 사상, 사회 등 다양한 측면과 깊이 융합하며 일본 문화의 새로운 영양분으로 작용하였다. 기리시탄 시대의 예수회는 서양의 세속 문화와 자연과학 지식을 선교의 도구로 활용하였는데, 이는 객관적으로 일본에 의학, 천문학, 역학, 측량술, 언어학 등 분야의 지식과 동시기 유럽에 관한 일차적 정보를 가져다 주게 되었고, 에도 후기 일본이 난학(蘭学)을 흡수하는 데 지식적 기반을 제공했다. 메이지 유신 이후, 정부는 외국인 교사를 대거 초빙하여 고등교육 기관에서 교육을 담당하게 했는데, 이들 대부분은 선교사였다. 이들은 근대 일본에 서양 근대의 학문 분류, 교육 체계, 철학 사상, 경제 제도, 법률 제도를 도입하여 일본의 문명 개화, 부국강병, 식산흥업에 중요한 기여를 했다. 기독교 사상 또한 메이지 시대에 큰 발전을 이루어 메이지 사상계의 중요한 힘으로 자리 잡았다.

기독교는 일본의 기존 종교 및 사상과 치열한 충돌과 갈등을 겪었다. 근본적인 세계관을 살펴볼 때, 일본인은 천지만물을 '자연스럽게' 발생한 존재로 간주하며 이러한 자연스러운 운동과의 합일을 통해 구제를 얻으려는 경향이 존재하고, 또 추상적 원리나 개념보다는 구체적 사물을 중시하며, 절대적이고 보편적인 추상적 원리나 개념을 깊이 사고하는 데는 능하지 않다는 견해가 있다.[2] 기독교가 주장하는 절대 유일신과 구원 및 심판의 교리는 이러한 일본인의 세계관과 근본적으로 충돌하기 때문에, 일본인의 정신 세계 깊은 곳에 뿌리를 내리는 것은 쉬운 일이 아니었다. 물론, 이는 일본에만 국한된 현상이 아니라, 전근대 동아시아 사회가 기독교와 접촉하는 과정에서 보편적으로 나타나는 문제라 할 수 있다. 한편, 메이지 시대에는 기독교가 동시기에 일본에 유입된 다른 사상들과도 치열한 충돌을 겪었는데, 그 중에서도 과학사상 및 진화론과의 충돌이 대표적이다. 이는 서양 사상사에서 나타난 기독교 사상과 세속문화 간의 갈등이 동아시아 사회에서 지속된 사례라 할 수 있다. 이러한 충돌과 대립은 일본 종교사상사와 더불어 동서 문명 교류를 고찰하고 성찰하는데 훌륭한 연구 소재를 제공하였다.

　일본사와 세계사의 관점에서 볼 때, 16세기 기독교의 일본 전래는 일본과 외래 문화 간 최초의 전면적 접촉으로, 일본 종교사에서 중요한 의미를 지닌다. 이는 또 헬레니즘 시대 알렉산드로스 대왕의 동방 원정과 당나라 시기 경교의 중국 전래 이후, 서양 종교 문명과 동양 불교 문명 간의 세 번째 접촉으로, 세계 종교 문화 교섭사에서도 중

---

2 코야스 노부쿠니(子安宣邦) 감수, 가츠라지마 노부히로(桂島宣弘) 외 편저, 『일본 사상사 사전』, 페리칸샤, 2001년, 129쪽.

요한 의의를 갖는다. 아울러 일본 기독교는 동아시아 지역 전체의 맥락에서 거시적으로 고찰될 필요가 있다. 이는 예수회와 이후의 신교 각 교파들이 일본에서의 선교를 동방 선교 사업의 일부로 간주했기 때문이고, 또 동아시아의 국가 및 지역 간의 기독교 전파 과정에서 많은 상호작용과 교류가 이루어졌기 때문이다. 예컨대, 본서에서 다루는 중국 기독교와 일본 기독교 간의 연관성도 이러한 상호작용의 한 측면이라 할 수 있다.

본서는 필자가 학업과 연구 과정에서 일본 기독교와 관련된 주제로 집필한 논문들을 엮은 것으로, 일본 기독교사, 기독교와 일본 전통 종교 및 사상의 관계, 중일 기독교의 관계, 성경, 기독교와 근대 일본 사상의 관계, 일본을 대표하는 기독교 사상가들의 사상 등의 내용을 포함하고 있다. 필자의 역량 부족으로 논의가 충분히 심화되지 못한 부분이 있을 수 있으나, 이에 대해서는 전문가와 독자들의 아낌없는 비판과 지적을 바란다.

본서는 집필 과정에서 베이징대학교 김훈(金勛) 교수님과 아시아 종교연구원 윤용복(尹龍福) 원장님의 지도와 조언을 받았다. 아울러, 베이징대학교 외국어학원 일본어학과 박사과정에 있는 김령(金靈) 선생과 성균관대학교 유학동양한국철학과 박사과정의 강혜령(姜慧玲) 선생이 본서의 한국어 번역을 맡아주었다. 막대한 도움을 주신 여러 학자분들께 심심한 감사와 경의를 표하는 바이다.

목차

머리말 / 3

제1장 일본 기독교의 '전사(前史)'를 논하다   15
　　　 -'경교 일본 전래설'을 중심으로-

　　　 1. 문제의 제기   17
　　　 2. 일본사에서의 경교   20
　　　 3. 일본의 경교 연구와 '경교 일본 전래설'   25
　　　 4. 『속일본기(續日本紀)』의 '페르시아인 이밀의(예)'   29
　　　 5. 구카이의 입당과 고든의 '불야 일원론(佛耶一元論)'   35
　　　 6. '경교'의 명칭과 고묘황후   40
　　　 7. '경교 일본 전래설' 불성립에 관한 추론   45
　　　 8. 결론   49

제2장 알레산드로 발리냐노(Alessandro Valignano)의
　　　 『일본 예수회사 예법 지침』   51
　　　 -등급질서에 근거한 적응주의-

　　　 1. 들어가는 말   53
　　　 2. 저술배경과 주요내용   55
　　　 3. 등급질서에 근거한 적응주의   60
　　　 4. 손님 접대의 의례   62
　　　 5. 식사, 연회와 선물증정의 의례   66
　　　 6. 결론   68

제3장 불야(佛耶) 대화 속의 상호 비판   71
       -중일 불교 '파사(破邪)' 사상의 역사적 연관성과 상이한 특성-

       1. 명말의 삼교합일과 이마두의 불교 비판   73
       2. 파사(破邪) 운동의 전개와 불교계의 대응   77
       3. 명말 파사(破邪) 문헌의 일본에서의 번각, 편찬 및 유통   85
       4. 유신기 불교 파사론의 세속적 특징   95
       5. 결론   100

제4장 기독교 일본 전래 과정에서의 '중국 요인'에 대한 고찰   103

       1. 들어가는 말   105
       2. 일본에 파견된 선교사들의 중국 경험   108
       3. 한역 『성경』의 역할   114
       4. 한문 서양서의 영향   119
       5. 결론   125

제5장 한역(漢譯) 성경의 일본 전파에 대한 고찰   127

       1. 성경의 한역   129
       2. 에도 막부의 금교 제도와 금서 정책   132
       3. 일본인의 한역 성경 접촉 경로   136
       4. 한역 성경이 일역(日譯) 성경에 미친 영향   146
       5. 결론   155

제6장 일본 메이지 계몽 사상과 기독교   157
       -『메이로쿠 잡지(明六雜誌)』의 종교언론을 중심으로-

       1. 들어가는 말   159
       2. 츠다 마미치(津田眞道, 1829~1903)의 '기독교 수용론'   160
       3. 나카무라 마사나오(中村正直)의 『서학일반(西學一斑)』   163
       4. 가토 히로유키(加藤弘之)의 기독교 국가에서의 정치와
          종교 관계에 대한 소개   166
       5. 니시 아마네(西周)의 종교 신앙 자유론   170
       6. 결론   173

제7장 가토 히로유키(加藤弘之)의 종교 비판과 진화론 사상   177

　　1. 종교와 과학   179
　　2. 가토 히로유키의 종교관   184
　　3. 가토 히로유키의 기독교 비판   192
　　4. 가토 히로유키의 불교 비판   201
　　5. 결론   207

제8장 일본 기독교 사상가 우치무라 간조의 전쟁관에 대한 간단한 논의 209

　　1. 들어가는 말   211
　　2. 우치무라 간조의 갑오전쟁에 대한 태도   212
　　3. 우치무라 간조의 일러전쟁에 대한 태도   220
　　4. 우치무라 간조의 전쟁관에 담긴 종교 사상적 함의   225

제9장 메이지 시대 일본 기독교 사상계에서의 진화론에 대한 인식   233
　　　 －우치무라 간조를 중심으로－

　　1. 들어가는 말   235
　　2. 메이지 시대 일본 기독교 사상계의 진화론에 대한 인식   236
　　3. 우치무라 간조의 진화론 수용 과정   243
　　4. 우치무라 간조의 진화론 인식의 특수성과 함의,
　　　 그리고 시대적 의미   251

부록   본서가 다루는 시대의 일본 기독교 주요 사건 연대표   259

주요 참고문헌(연대순) / 263
찾아보기 / 267

제1장

일본 기독교의 '전사(前史)'를 논하다
-'경교 일본 전래설'을 중심으로-

1. 문제의 제기

　일본 기독교사 연구 분야에서는 동서양 종교사 학계의 통설에 따라 천주교가 일본에 전해진 시기를 1549년으로 본다. 이 해에 예수회 선교사 하비에르(San Francisco Javier)가 일본 남서쪽의 가고시마에 상륙하여 천주교 예수회가 일본에서 선교를 시작하는 계기가 되었다. 반면 개신교가 일본에 전해진 시기는 1859년이다. 당시 전년도에 체결된 「미일수호통상조약」이 정식으로 발효되면서 미국은 조계지에서 종교 활동을 펼칠 권한을 획득하였다. 미국 성공회 선교사인 존 리긴스(John Liggins)와 윌리엄스 주교(C.M. Williams)는 미국 성공회 해외선교위원회의 지시에 따라 일본에서 선교 준비 작업에 착수하였다. 이러한 이유로, 동서양의 대다수 종교사 학자들은 이 두 연도를 기점으로 일본 천주교사와 일본 개신교사를 서술하는 경향이 있다.[1] 이에 반해, 동서양 종교사 학계에는 또 당나라시기 중국에 전해

1　대표적인 저작으로는, 일본 학계의 에비사와 아키라『일본 기독교 백년사』(일본 기독교단 출판부, 1959년), 에비사와 아리미치와 오오우치 사부로의 공저『일본 기독교사』(일본 기독교단 출판국, 1983년), 세키오카 카즈시게의『근대 일본의 기독교 수용』(소화당, 1985년) 등이 있다. 서양 학계에는 리터의『개신교 일본 전교사』(H. Ritter, *A History of Protestant Missions in Japan*, Tokyo: Methodist Publishing House, 1898), 페어벡의『일본 개신교 교회 발전사』(G.F. Verbeck, *Proceedings of the General Conference of Protestant Missionaries in Japan*, Tokyo: Methodist Publishing House, 1901), 마펫의『아시아 기독교사』(S.H. Moffett, *A History of Christianity in Asia*, New York: Orbis Books, Vol.2, 1998), 라투레트의『기독교 확장사』(K.S. Latourette, *A History of the Expansion of Christianity*, New York: Harper & Bros, Vol.7, 1937~1945) 등이 있다. 중국 학계에는 리 샤오바이(李小白)의『신앙・이익・권력: 기독교 포교와 일본의 선택』(창춘: 동북사범대학 출판사, 1999년), 치 인핑(戚印平)의『일본 초기 예수회사 연구』(베이징: 상무인서관, 2003년), 그리고 그의 다른 저작『원동 예수회사 연구』(베이

져 중국 본토 문화에 융합된 서양 기독교, 즉 '경교'와 관련된 견해도 소수 존재한다.

주지하다시피, 경교는 당나라 시기에 중국에 전해진 기독교 종파 '네스토리우스파(Nestorianism)'의 중국어 명칭이다. 네스토리우스파는 현재의 시리아 지역에서 기원하였으며, 시리아 선교사 네스토리우스가 5세기에 창립했다. 이 종파는 예수 그리스도는 신성과 인성이 분리되어 있어 태어날 때부터 신이 아니라고 주장하며, 마리아는 예수의 육신을 낳은 '그리스도의 어머니'일 뿐 '하느님의 어머니'가 아니라고 말한다. 네스토리우스파는 삼위일체론을 반대하고 예수 그리스도의 인성을 강조하며, 마리아 숭배를 반대했기 때문에, 정통 로마 천주교회의 배척을 받았다. 네스토리우스파는 431년 에페소스 공의회에서 이단으로 규정되었고, 이후 페르시아에 교회를 설립하여 동방으로 선교를 확장하는 데 주력했다. 635년(당 정관 9년), 네스토리우스파 선교사 아라본(阿羅本, Alopen)이 당나라 수도 장안에 파견되어 당 태종 이세민을 알현하였다. 638년, 당 태종은 칙령을 내려 네스토리우스파의 합법적 지위를 인정하고, 선교 활동을 허용하였으며, 장안에 대진사(大秦寺)를 건립하였다. 네스토리우스파는 중국에서 '경교'로 알려지며 200여 년간 지속적으로 발전하였다.[2] 1623년(명 천계 3년, 일설에 따르면 1625년), 장안 일대에서 '대진경교유행중국비(大秦景教流行中國碑)'가 발견되었다. 이 비석은 781년에 세워졌으며, 당나라에 온 경교 선교사 경정(景淨)이 작성한 비문을 담고 있다. 비석

징: 중화서국, 2007년) 등이 있다.

2 주첸즈(朱謙之), 『중국 경교』, 베이징: 인민출판사, 1993년, 15, 23, 73쪽.

의 정면에는 서문과 비송(碑頌)으로 구성된 1870여 개의 한자가 새겨져 있으며, 경교가 중국에서 유행한 과정을 서술하고 경교의 업적을 찬양하고 있다. 비석의 양쪽에는 한문과 시리아어로 60여 명의 경교 선교사 이름이 새겨져 있다. 이 비석은 발견 이후 오랜 기간 동안 학계와 종교계의 높은 관심을 받아왔으며, 오늘날까지도 중국 경교 연구의 중요한 문헌 자료로 남아 있다.[3]

일본은 예로부터 대륙 문화를 흡수하는 전통이 있었으며, 중국과의 교류를 오랫동안 유지해 왔다. 당나라 시기, 일본은 여러 차례 견당사(見唐使)를 파견하였고, 양국 간의 교류는 전례 없는 규모에 이르렀다. 일부 학자들은 경교가 고대 중일(中日) 교류 과정에서 일본에 전해졌다고 주장하며, 경교의 일본 전파를 일본과 기독교 사이의 최초 접촉으로 보고 있다.[4] 나아가 이러한 접촉이 일본과 서양 문명이 만나는 출발점이자, 일본 역사가 세계 역사에 융합되는 시작점이라는 주장도 있다.[5]

경교가 일본에 전해졌다는 견해는 주류 학계에서 자주 언급되지 않는다. 하지만 이는 고대 중일 관계사, 중일 문화 교류사, 중일 종교 교류사와 밀접하게 관련되어 있어 결코 간과될 수 없는 문제이다. 이러한 견해는 종교사학계에서 이례적인 것으로 여겨지지만, 논쟁

---

3 주첸즈, 『중국 경교』, 73-81쪽.
4 예를 들어 사에키 요시로의 『경교 비문 연구』(타이로 서원, 1911년), 야마모토 히데테루의 『일본 기독교사(상)』(라쿠요도, 1918년), 스튜어트의 『경교 선교 사업』(John Stewart, *Nestorian Missionary Enterprise*, Edinburgh: T.&T. Clark, 1928), 사바 와타루의 『우에무라 마사히사와 그 시대(제1권)』(교문관, 1937년), 히야네 안테이의 『중국 기독교사』(생활사, 1940년) 등이 있다.
5 사에키 요시로, 『경교 비문 연구』, 14-18쪽.

의 중심에 있으며 역사적 의혹으로 남아있어, 충분히 이해하고, 냉정하게 검토하며, 객관적으로 평가할 필요가 있다. '경교의 일본 전래(傳來)'와 관련된 연구는 주로 일본 학계에서 이루어졌으며, 해당 견해를 제시한 학자들도 대부분 일본에서 나왔다. 그들의 연구는 역사학, 고고학, 언어학, 종교사, 문화사, 사상사 등 여러 학문 분야를 아우르고 있다. 그렇다면 '경교의 일본 전래'에 대한 일본 학계의 논증은 어떻게 이루어지고 있으며, 주요한 '증거'는 무엇인가? 연구가 미결로 남아 있는 원인은 어디에 있는가? 이러한 측면을 중심으로, 본문에서는 관련 역사와 학문적 배경을 소개하고, 일본 학계의 대표적인 견해를 정리한 후, 역사 기록, 경교 경전, 경교의 당대 전파 상황이라는 세 가지 관점에서 '경교 일본 전래'의 세 가지 주장을 소개하며, '경교 일본 전래설'이 성립하지 않는 이유를 설명할 것이다.

2. 일본사에서의 경교

경교는 일본과 여러 방면에서 긴밀한 관련을 맺고 있다. 문헌에 따르면, 일본이 경교의 존재를 처음으로 인식한 시기는 에도 초기로 거슬러 올라간다. 1623년, 장안 근교에서 대진경교유행중국비(大秦景敎流行中國碑)가 출토되었고, 몇 년 후 이 소식이 일본에 전해졌다. 에도 후기 막부의 '서물봉행(書物奉行)'이었던 콘도 쥬조(近藤重藏)의 『호서고사(好書故事)』에는, 1630년 에도 막부가 천주교 사상의 유입을 방지하기 위해 금서령을 시행했다고 기록되어 있다. 그해 나가사키에 입항한 '당선(唐船)'이 실어온 서적 중, 이마두(利瑪竇, Matteo Ricci) 등의 저작과 일부 천주교 교리서 등 총32종의 서적이 금서로 지정되었으며, '기리시탄 금서(切支丹禁書)'라 불렸다. 그 중 경교와 관련된 서적으로는 『천학초함(天學初函)』이 있다.[6] 『천학초함』은 명대 학자 이지조(李之藻)가 편찬한 것으로, 예수회 선교사 알레니(Giulio Aleni, 艾儒略)의 『서학범(西學凡)』(1623년에 저술, 대진경교유행중국비문 전문이 첨부되었음), 이지조의 『독경교비서후(讀景教碑書後)』(1625년), 예수회 선교사 양마낙(陽瑪諾, Emmanuel Diaz)의 『경교비전(景教碑詮)』(1625년) 등을 수록하고 있다. 콘도 쥬조는 이 책에서 청대 금석학자 왕창(王昶)의 『금석췌편(金石萃編)』에 근거하여 대진경교유행중국비의 유래를 개괄적으로 설명하였다.[7]

19세기 초, 에도 시대의 유학자 오타 긴죠(大田錦城)는 『오창만필습유(梧窓漫筆拾遺)』에서 다음과 같이 언급하였다.

"명 만력(万历) 연간에 이마두(利瑪竇)가 중국에 와서 천주 사교(邪敎)를 전파하였다. 당시의 학자와 관료들은 이를 기뻐하며, 고금에 보기 드문 기이한 일이라 여겼는데, 그들의 문맹과 무지함은 매우 우스꽝스러웠다. 명나라 사람들의 학문은 공허하고 고증의 학문이 없어, 서학(西学)이 오래전부터 중국에 전해졌음을 알지 못하였다. …… 알레니(艾儒略)는 『서학범(西學凡)』에 당대의 비문(碑文) 한편을 부록으로 실었는

---

6 콘도 쥬조, 『호서고사』, 『콘도 세이사이 전집』제3권, 국서간행회, 1905년, 215-216쪽.
7 콘도 쥬조, 『콘도 세이사이 전집』제3권, 235-238쪽.

데, 그 내용에 따르면, 정관(貞觀) 12년에 대진국(大秦國)의 아라본(阿羅本)이 경전과 성상을 진상하였고, 황제의 칙명을 받들어 의녕방(義寧坊)에 대진사(大秦寺)를 세웠다고 한다. …… 우리의 수도 서쪽에 '대진'이라는 이름의 읍이 있다. …… 20세 때 『자치통감(資治通鑑)』을 읽으면서 이곳이 바로 선왕이 당나라를 본떠 세운 대진사의 옛터임을 알게 되었다. …… 나라 시대에서 헤이안 시대 초기에 이르기까지, 크고 작은 일들 모두 당나라의 제도를 본떴다. 이는 틀림없이 태종과 현종의 대진사를 모방하여 수도 서쪽에 세운 대진사일 것이다. …… 사찰 내에는 많은 불상이 있었다. 본존불로 약사불이 항상 모셔져 있고, 좌우의 길고 가느다란 삿갓을 쓴 협시는 은월(銀月)과 금일(金日)로 장식되어 있는데, 이는 불교적인 요소와는 전혀 달라, 분명 페르시아 대진 천교(天敎)를 신봉하는 가정의 장식물이였을 것이다."[8]

오타 긴죠가 언급한 '대진(大秦)'은 경교를 의미하며, 그는 교토 서쪽에 있는 대진사가 당나라의 경교 사원을 모방하여 세워진 것이라 여겼다. 비록 이는 역사 사실에 대한 오해에서 비롯된 것이지만,[9] 그

---

8 오타 킨죠, 『오창만필습유』, 『백가설림』 정편 하권, 요시카와코분칸, 1908년, 1066-1094쪽.

9 『일본서기』 제22권 「스이코 천황기」에는 스이코 천황 11년(603년)에 쇼토쿠 태자가 도래인 하타씨(秦氏) 일족 하타노 카와카쯔(秦河勝)에게 미네오카지(峰岡寺)를 세우도록 명하였다고 기록되어 있으며, 이 사원은 후에 다이신지(大秦寺), 고류지(廣隆寺)라 불리게 되었다. 사원의 건립 시기가 경교가 당나라에 들어온 시점보다 훨씬 이전이므로 다이신지(大秦寺)가 당나라를 모방해 지어졌다는 설은 맞지 않다. 또 사에키 요시로의 연구에 따르면, 하타씨는 경교도가 아니라 유즈키씨(弓月氏)의 후손으로, 그들의 일본 도래 시기는 네스토리우스파 창립 시기보다 이르다.(사에키 요시로, 『극동 최초의 기독교 왕국—유즈키 및 그 민족에 관한 여러 문제』, 『사에키 요시로 유고 병전』, 사에키 요시로 전기 간행회, 1970년, 1713쪽.)

가 경교의 존재를 인식하고 있었음을 알 수 있다.

　막말 유신(幕末維新)시기로 접어들면서, 1851~1852년에는 위원(魏源)의『해국도지(海國圖志)』60권본이 두 차례에 걸쳐 중국에서 일본으로 향하는 교역 상선을 통해 전해졌다. 1854년에는 증보된 100권본이 일본에 전해져 큰 영향을 미쳤다. 단 몇 년 사이에 일본에서는 이미 여러 종류의 번각본, 훈점본 및 해석본이 등장하였으며, 1854~1856년 사이에 일본에서 출판된『해국도지』의 다양한 선본(选本)은 20여 종에 달했다.[10]『해국도지』에는 대진경교유행중국비를 소개하는 내용이 수록되어 있었고, 막말 일본의 지식층 사이에서 널리 퍼져 큰 사회적 영향을 미쳤다.[11] 사쿠마 쇼잔(佐久間象山), 요시다 쇼인(吉田松陰), 요코이 쇼난(横井小楠), 하시모토 사나이(橋本左内), 야스이 솟켄(安井息軒) 등 많은 이들이『해국도지』를 열독하였다.[12]

　1854년, 중국에서 선교활동을 하던 정위량(丁韙良)이 저술한『천도소원(天道溯原)』이 닝보(宁波)에서 출판되었고, 이후 일본에 전해져 큰 반향을 일으켰다. 이 책은 주로 기독교의 증거론적 관점에서 출발하여, 중국 유가의 고전을 대거 인용해 기독교 교의를 해석하고, 기독교의 합리성을 주장하였다. 책의 제2권 부록에는 대진경교유행중국

10　왕샤오츄(王曉秋),『근대 중일 문화 교류사』, 베이징: 중화서국, 2000년, 27-29쪽.
11　"『해국도지』등의 서적이 일본에 전해진 후, 곧바로 일본 지식층의 주목과 환영을 받아, 번역, 해석, 평론, 간행 등이 잇따랐다."(왕샤오츄,『근대 중일 문화 교류사』, 28쪽) "우리나라에 자극과 영향을 준 세계 지리 및 지지(地誌)에 관한 한문 저작 중에서『해국도지』를 첫 번째로 꼽아야 할 것이다."([일]마스다 와타루,『서학 동점과 중일 문화 교류』, 유치민, 저우치간 번역, 톈진: 톈진 사회과학원 출판사, 1993년, 24쪽)
12　왕샤오츄,『「해국도지」의 일본 전파와 영향』, 루젠, 왕융 주편,『중국 전적의 일본 전파와 영향』, 항저우: 항저우대학 출판사, 293-296쪽.

비의 비문 전문이 수록되어 있다.[13] 이 책은 1875년에 일본의 계몽사상가 나카무라 마사나오(中村正直)가 훈점을 단 훈점본이 출판되었고,[14] 또 일본어 번역본과 주해본도 출판되었다.[15] 『천도소원』은 막말에서 메이지 초기까지 일본 지식층 사이에서 많은 독자를 확보했다. 예를 들어, 막말의 아이즈번(會津藩) 번사(藩士)였던 야마모토 가쿠마(山本覚馬)는 미국 선교사 M.L. Gordon으로부터 한문판 『천도소원』을 선물받아 열독하고 니지마 조(新島襄)와 함께 독서감상을 나누곤 했다. 또 오카야마번(岡山藩) 번사 나가세 도키히라(長瀬時衡)는 나가사키에서 유학하던 중 『천도소원』을 읽게 되었고, 귀번 후 이를 번주에게 헌정하였다. 히코네번(彦根藩) 번사 나카지마 소타츠(中島宗達)는 뜻이 맞는 청년들과 함께 '명십사(明十社)'를 결성하였으며, 『천도소원』독서회를 열어 『성경』을 연구했다.[16]

　『해국도지』와 『천도소원』이 당시 일본 지식층 사이에서 널리 유포된 사실에 비추어볼 때, 경교가 중국에 전래된 역사적 배경과 경교 비문의 내용은 일본의 일반 문인들에게도 알려져 있었을 것으로 추정할 수 있다.

13　정위량(丁韙良), 『천도소원』(제2판), 닝보: 화화인서방, 1858년, 45-48쪽.

14　정위량 저, 나카무라 마사나오 훈점, 『천도소원』중권, 이즈미야 이치베에, 1875년, 63-67쪽.

15　예를 들어 カラアゾルス가 번역한 『천도소원해』(嘉魯日耳士, 1874년), フルベッキ의 『계몽 천도소원』(미이미서류회사, 1885년) 등이 있다.

16　『천도소원』의 일본 전파에 관한 자세한 사항은 요시다 토라, 『중국 기독교 선교 문서의 연구』(큐코서원, 1993년), 108-116쪽을 참고.

3. 일본의 경교 연구와 '경교 일본 전래설'

일본에서 경교(景敎)에 대한 학술 연구는 19세기 말에 시작되었다. 제2차 세계대전 이전을 보면, 가장 먼저 경교 연구 성과를 발표한 일본 학자는 타카쿠스 준지로(高楠順次郎)이다. 그는 영국 옥스퍼드 대학교에서 불교 경전을 번역하던 중 당대의 승려 원조(圓照)가 저술한『정원신정석교목록(貞元新定釋敎目錄)』에서 경교 비문의 작성자 경정(景淨)의 행적을 발견하게 되고, 이를 네덜란드의 한학 잡지『통보(T'oung Pao)』에 발표하였다.[17] 동양사 학자인 쿠와하라 지츠조(桑原隲藏)는 1907년에 문부성의 파견으로 중국 시안(西安)에서 경교비를 현지 조사하고, 귀국 후 그 성과를 학술 잡지『예문(藝文)』에 발표하였다. 논문에서는 경교비의 기원과 현황을 요약하였고, 서양 학계의 경교 연구 성과를 열거하였다.[18] 1911년, 영국의 일본 주재 종교학자 고든(Elizabeth Anna Gordon)의 자금 지원과 추진으로 와카야마현 고야산 오쿠노인(高野山奧之院)에 경교비의 복사본이 세워졌다. 1923년에는 또 교토대학교에 경교비 모형이 건립되었다.[19] 일본 경교 연구 분야에서 가장 영향력 있는 학자는 '경교 박사'로 불리는 사에키 요시로(佐伯好郎)인데, 그는 1907년과 1908년에 논문『불림고(拂菻考)』와『우즈

---

17 타카쿠스 준지로,『불경에서 발견된 '메시아'』(J. Takakusu, "The Name of 'Messiah' found in a Buddhist book," *T'oung Pao*, Vol.7 No.5, 1896), 589-591쪽.

18 쿠와바라 지츠조,『서안부의 대진경교유행중국비』,『운문』1(1), 내외출판인쇄, 1910년 4월, 15-35쪽.

19 쿠와바라 지츠조, 〈대진경교유행중국비에 대해〉,『쿠와바라 지츠조 전집 제1권: 동양사설원』, 이와나미서점, 1968년, 386-409쪽.

마사(太秦, 禹豆麻佐)를 논하다』를 발표하며[20] 경교 연구에 발을 들였다. 1911년부터 1943년사이에는『경교 비문 연구』(1911),『경교 문헌 및 유물 목록』(1932),『경교 연구』(1935),『중국 기독교 연구: 당송시대의 중국 기독교』(1943) 등의 경교 관련 연구 저서가 연이어 출판되었고, 경전, 문자, 문헌, 유적, 역사, 교리, 사상 등 다양한 관점에서 경교를 종합적으로 연구하였다. 이들 저서는 후속 연구자들이 경교를 연구할 때 반드시 읽어야 할 필독서가 되었다. 사에키는 또『The Nestorian Monument in China』(1916),『The Nestorian documents and relics in China,』(1937) 등의 영어 저서도 집필하여, 유럽과 미국 학계에 상당한 영향을 미쳤다. 경교 경전 연구에 있어서는 동양사 학자인 하네다 도오루(羽田亨)가 발표한『경교경전 일신론 해설』(1918),『경교경전 서청미시소경(序聽迷詩所經)에 관하여』(1926),『경교경전 지현안락경(志玄安樂經)에 관하여』(1929) 등의 논문이 수 편 존재한다.[21] 미조구치 야스오(溝口靖夫)의『동양문화사에서의 기독교』(1941)는 경교가 아시아 각 지역에서 전파되고 발전한 과정을 포괄적으로 소개하였다.[22] 제2차 세계대전 후, 일본 사회의 재건과 학술의 자유화가 진행됨에 따라 경교 연구는 더 폭넓은 관심을 받게 되었고, 많은 저명한 학자들도 경교 연구에 뛰어들기 시작하였다.[23] 그 결과, 점점 더 많은 경교

---

20 『사에키 요시로 유고 병전』에 수록됨.

21 모두『하네다 박사 사학 논문집』하권(동양사연구회, 1958년)에 수록됨.

22 미조구치 야스오,『동양 문화사에서의 기독교』, 이상사 출판부, 1941년.

23 예를 들어, 철학자 우메하라 타케시의『고류지와 경교(상, 하)』(『예술신조』22(9), 22(10), 신조사, 1971년 9월, 10월), 일본 기독교사학자 에비사와 아리미치의『경교 전래설』(『지방 기리시탄의 발굴』, 가시와서방, 1976년), 중국 기독교사 학자 요시다 토라의『경교의 동방 전도』(『아시아·기독교의 역사』, 일본 기독교단 출판

연구 성과가 배출되었고, 연구관점도 복잡해지고 다양화되어, 오늘 날에 이르기까지 수백 편의 논문과 수십 권의 저서가 출판되었다. 대체로는 경교 역사 연구, 경교 사상 연구, 경교 문헌(비문, 경전, 문자) 연구, 경교 인물 연구로 나눌 수 있는데, 지면 관계로 일일이 열거하지는 않겠다.[24] 특히 주목할 만한 것은 2009년 일본에서 '일본 경교 연구회'가 설립되었다는 점이다. 현대 경교 연구 전문가인 카와구치 카즈히코(川口一彦)가 회장직을 맡아 계간지『경교』를 발행하고, 매년 국제 경교 학술대회를 개최하고 있다. 카와구치 카즈히코의 삼부작 『경교: 실크로드를 따라 동쪽으로 향한 기독교』(2000),『경교의 발자취: 동쪽으로 전해진 기독교』(2005),『경교: 동쪽으로 전해진 고대 기독교─경교 및 그 영향』(2014)은 현대 일본 경교 연구의 대표적인 성과로 꼽힌다. 또 일본의 종교사 학자들이 저술한 일본 기독교사 저서에서도 경교의 내용이 다루어지긴 하나, 이러한 성과는 경교에 대한 일반적인 소개에 머물러 있어 전문 연구로는 분류되지 않는다.[25]

　일본 학계의 경교에 관한 연구는 위에서 언급한 일반 연구 외에도 '경교의 일본 전래' 문제를 둘러싼 연구 성과가 상당한데, 이는 총체적으로는 지지파, 반대파, 그리고 명확히 입장을 밝히지 않은 중립

국, 1991년) 등이 있다.

24　자세한 저작 목록은 린성하이(林生海),『일본 학자들의 삼이교 관련 저작 목록』,『둔황학 국제 연락위원회 통신』2018년 00호, 상하이: 상하이 고적 출판사, 301-313쪽을 참조.

25　예를 들어, 야마모토 히데테루의『일본 기독교사(상)』, 사바 와타루의『우에무라 마사히사와 그 시대(제1권)』, 히야네 안테이의『일본 기독교사』(교분칸, 1949년), 세키네 분노스케의『일본 정신사와 기독교』(소겐샤, 1952년), 나카무라 사토시 (中村敏)의『일본 기독교 선교사』(이노치노코토바사, 2009년), 스즈키 노리히사 (鈴木範久)의『연표로 읽는 일본 기독교사』(교분칸, 2017년) 등이 있다.

파의 세 가지 경향이 있다. 지지파의 대표 인물로는 일본 경교 연구의 선구자 사에키 요시로를 꼽을 수 있다. 그는 논문『경교 비문 연구』에서 처음으로 '경교 일본 전래설'을 제기하였는데, 지지파의 후속 연구는 주로 사에키의 견해를 계승하고 발전시키는 방식으로 진행되었다. 영국의 일본 주재 종교학자 고든은 홍법대사(弘法大師) 구카이(空海)가 경교를 일본에 전파하였다고 주장한다. 기독교사학자 야마모토 히데테루(山本秀煌)와 종교사학자 히야네 안테이(比屋根安定) 등은 사에키와 고든의 견해를 거의 그대로 받아들였기 때문에 신선한 논의를 제시하지 못하였다. 토미야마 마사노리(富山昌德)의 견해가 가장 급진적이었는데, 그는 경교의 사상이 마치 '지하수'처럼 일본의 나라(奈良), 헤이안(平安), 가마쿠라(鎌倉), 남북조(南北朝), 무로마치(室町) 시대를 관통하여 스며들었으며, 각 시대의 모노가타리나 설화 문학에서 보이는 특정 구절, 표현, 단어들이『성경』의 일부 내용과 매우 유사한 것은 경교 사상의 영향을 받은 증거라고 역설한다.[26] 반대파의 대표 인물은 스즈키 야스타미(鈴木靖民)이다. 스즈키는 경교가 일본에 전래되었음을 증명하는 유일한 문헌으로 알려진『속일본기(續日本紀)』를 고찰하여, 이에 기록된 '페르시아인'이 경교 전도사라는 추정에 반론하고자 하였다. 에비사와 아리미치(海老澤有道) 역시 경교 일본 전래설이 흥미로운 가설이라고 인정하면서도, 신뢰할 만한 사료가 발견되기 전까지는 역사적 관점에서 이러한 견해를 받아들일 수

---

26 토미야마 마사노리,『헤이안·가마쿠라 시대의 불교 설화에 나타난 경교의 영향 -「누가복음」 간접 문헌의 소개』(『토미야마 마사노리 유고집』, 토미야마 사토, 1969년), 및『가마쿠라·무로마치 시대의 천지 창조 이야기 -「창세기」와 지헨(慈遍)대승정』(『토미야마 마사노리 유고집』제2집, 야마시타 유키오, 1974년)을 참조.

없다고 밝혔다.[27] 중립파의 대표로는 근년의 경교 연구가이자 일본 경교 연구회 회장인 카와구치 카즈히코가 있다. 카와구치는 최신 연구 성과에서 이 문제에 대해 명확한 입장을 밝히지 않고, 관련 문헌을 정리하고 다양한 견해를 인용함으로써 향후 해결해야 할 문제점들을 제시하였다.[28] 중립적인 입장을 취하는 학자로는 또 미조구치 야스오, 세키네 분노스케(関根文之助) 등이 있다.

일본 학계의 '경교의 일본 전래' 문제에 대한 연구에는 두 가지 뚜렷한 특징이 있다. 첫째는 신뢰할 만한 문헌 근거가 부족하여 연구가 가설과 추측의 단계에 머물러 있으며, 제시된 증거들은 모두 간접 증거에 불과하다는 점이고, 둘째는 문헌 근거가 부족함에도 불구하고 경교가 일본에 전래되었다는 사실이 존재함을 입증하려는 자들이 많으며, 사실을 증명하려는 연구가 부재를 증명하려는 연구보다 많다는 점이다. 다음으로 일본 학계가 '경교 일본 전래설'을 지지하기 위해 제시한 세 가지 대표적인 간접 증거를 살펴보도록 하자.

4. 『속일본기(續日本紀)』의 '파사인 이밀의(波斯人李密醫) 예(翳)'

경교의 일본 전래와 관련된 현존의 유일한 문헌 근거로 일본의 역사서 『속일본기』에 기록된 한 단락을 들 수 있다. 『속일본기』[29] 권12

---

27 에비사와 아리미치, 『경교 전래의 설』.
28 카와구치 카즈히코, 『경교: 동쪽으로 전해진 고대 기독교─경교 및 그 영향』, e-grape, 2014년.
29 일본 헤이안 시대에 편찬된 공식 역사서로, 『육국사』 중 제2부이다. 후지와라노 츠

에 따르면

> 덴표(天平) 8년 8월 경오(庚午), 입당부사(入唐副使) 종5위상(從五位上)
> 나카토미노 아손 나시로(中臣朝臣名代) 등은 당인(唐人) 3명, 페르시아인
> 1명을 대동하여 조회에 참석하였다. …… 11월 무인(戊寅), 천황이 조정
> 에 임하였다. 조서를 내려 입당부사 종5위 나카토미노 아손 나시로에
> 게 종4위하(從四位下)를 부여하였다. …… 당인 황보동조(皇甫東朝)와 페
> 르시아인 이밀의(李密醫) 등에게도 차등을 두어 관위를 하사하였다.

일본의 덴표 8년은 서기 736년으로, 당 현종의 개원(開元) 24년에
해당하며, 이는 경교가 중국에 전해진 지 100년째 되는 시점이다. 중
국에 파견된 제10차 견당사(遣唐使)가 이해에 일본으로 귀국하였는
데, 일행에는 중국인 3명과 페르시아인 1명이 있었다. 당시 일본의
천황은 제45대 천황인 쇼무천황(聖武天皇)이었다. 기록에 등장하는 나
카토미노 나시로는 나라 시대의 귀족으로, 732년에 견당부사로 임
명되어 제10차 견당사절단을 따라 733년 4월에 난바(難波)에서 출발
하여, 8월에 중국 소주(蘇州)에 도착하였고, 734년에는 낙양(洛陽)에
입성하여 당 현종을 알현한 후, 736년 8월에 나라 평성경(平城京)으로
돌아왔다. 제10차 견당사들과 동행하여 일본에 온 '페르시아인 이밀
의'에 대해, 일부 학자들은 그를 경교 선교사로 추정하고 있으며, 그

구타다(藤原継縄), 스가노 마미치(菅野眞道) 등이 편찬하여 797년에 완성되었고,
총 40권으로 구성되었으며, 몬무천황 원년부터 간무천황 엔랴쿠(延曆) 10년까지
의 역사를 기록하고 있다.

의 신분이 경교의 일본 전래와 관련이 깊다고 본다.[30] 또한, 현종이 천보(天寶) 4년(745년)에 반포한 조서에는 "페르시아 경교(經敎)는 대진 (大秦)에서 전래되어 오래동안 중국에서 유행했다. 최초에 사원을 건축할 때에는 이에 따라 ('페르시아사'로) 이름 지었으나, 사람들에게 근본을 확실히 알릴 필요가 있다. 따라서 양경(兩京)의 '페르시아사'를 '대진사'로 개명함이 마땅하다. 천하 각 부군(府郡)도 이를 준용하라" 고 기록되어 있다.[31] 당나라 때, 경교와 대진사는 원래 '페르시아교 (波斯敎)'와 '페르시아사(波斯寺)'로 불렸으며, 당인들은 경교 선교사를 '페르시아인(波斯人)'이라 불렀다. 따라서, 위의 『속일본기』에 언급된 '페르시아인'이 경교 선교사를 가리킨다고 보는 견해가 있다. 당나라에 입국한 경교도의 대부분이 페르시아 의학 수도원의 선교사였기 때문에 이밀(李密)의 이름 뒤에 '의(醫)' 자를 붙여 신분을 나타냈고, '페르시아인 이밀의(李密醫)'는 '경교 선교 의사 이밀(李密)'을 뜻한다고 주장하였다. 또, '이밀의'는 자주 현종의 궁중을 출입하였는데,

---

30 사에키 요시로가 처음으로 이 견해를 제시했다. '李密醫'라는 이름에 대해 그는 원래 이름이 '밀리(密李)'였을 것으로 추측했다. 밀리는 페르시아에서 흔히 볼 수 있는 이름인 'Milis'의 음역으로, 이밀의는 '밀리'라는 이름을 가진 의사였을 가능성이 있다(Milis, the physician). 중국의 번역관이 페르시아 문헌을 번역하는 과정에서, 또는 일본 필경사가 필사하는 과정에서 실수로, 혹은 의도적으로 이름을 중국식으로 바꾸면서 '밀리(密李)'라는 두 글자를 뒤집었을 수 있다. 사에키 요시로의 『중국의 경교비』(P.Y. Saeki, *The Nestorian Monument in China*, London: Society for Promoting Christian Knowledge, 1916), 62쪽을 참조 바란다. 이후 여러 학자들이 사에키의 견해를 이어받았는데, 이에 대해서는 야마모토 히데테루의 『일본 기독교사(상)』 1-2쪽, 스튜어트의 『경교 선교 사업』 188쪽, 히야네 안테이의 『중국 기독교사』 55-56쪽을 참조 바란다.

31 『당회요』, 권49.
   <https://ctext.org/wiki.pl?if=gb&chapter=677933&remap=gb>[2020.11.12.] 을 참조.

후에는 현종의 조서를 가지고 일본으로 출사하였다고 본다.[32] 여기서 언급된 조서는 당 현종 시기의 재상 장구령(張九齡)의 『곡강문집(曲江文集)』(『唐丞相曲江張先生文集』)에 수록된 『칙일본국왕서(敕日本國王書)』이다.[33]

일부 학자들은 '이밀의'의 경교 선교의사 신분에 의문을 제기하며, 다른 해석을 내놓았다. 스즈키 야스타미는 사에키 요시로의 견해를 비판하며 '이밀의'의 '의(醫)'는 '예(翳)' 자의 오기(誤記)로 실제 이름은 '이밀예(李密翳)'이고, 의사와는 아무런 관련이 없다고 주장했다. 그 근거는 『속일본기』의 여러 판본 중 오직 메이레키(明曆) 3년(1657) 立野春節印本에서만 '의(醫)'로 기록되었다는 점이다. 메이레키 사본은 일본 근세부터 근대에 이르기까지 널리 유통되었고, 사에키 요시로는 이 책을 참고하여 이밀예를 의사로 오인했을 가능성이 있다는 것이다.[34]

일본 국립국회도서관에 소장된 메이레키 사본에는 분명히 '의

---

32 히야네 안테이: 『중국 기독교사』, 55-56쪽

33 당 승상 곡강 장선생 문집』(사부총간본), 권12.
<https://zh.wikisource.org/wiki/%E5%94%90%E4%B8%9E%E7%9B%B8%
E6%9B%B2%E6%B1%9F%E5%BC%B5%E5%85%88%E7%94%9F%E6%
96%87%E9%9B%86_(%E5%9B%9B%E9%83%A8%E5%8F%A2%E5%88
%8A%E6%9C%AC)/%E5%8D%B7%E7%AC%AC%E5%8D%81%E4%BA
%8C>[2020.11.12.]을 참조.

34 스즈키 야스타미, 「페르시아인 이밀의를 둘러싼 억설」, 『국학원잡지』81(12),
1980년 12월. 스즈키 야스타미의 『고대 대외 관계사 연구』(요시카와코분칸, 2013
년)에도 수록됨. 그는 『속일본기』의 필사본 십여종(澤文庫本, 吉田兼右本, 神龍院
梵舜本, 內閣文庫本, 穀森善臣舊藏本, 東山禦文庫本, 高松宮本, 角倉本, 吉田家
本, 九條家本, 桂宮本, 近衛家本)을 조사한 결과 모두 '이밀예(李密翳)'로 되어 있
었으며, 유일하게 메이레키 3년의 필사본만이 '이밀의(李密醫)'로 기록되어 있음
을 발견했다.(스즈키 야스타미, 『고대 대외 관계사 연구』, 521-522쪽)

(醫)’로 기록되어 있지만, 누군가가 그 옆에 ‘예(翳)’라는 주석을 달아 놓아 인물 이름에 논란이 있었음을 보여준다. 무라오 겐유(村尾元融) 의『속일본기 고증』(1870)에도 ‘이밀의(李密醫)’로 기록되어 있지만, 주 석에서 “의(醫)는 卜本, 永正本, 金澤本, 宮本, 堀本에 따라 예(翳)로 하 여야 한다”고 언급하였다.[35] 또한, 경제잡지사에서 편찬한『국사대 계』제2권에 수록된『속일본기』권12에도 ‘의(醫)’로 기록되어 있다.[36]

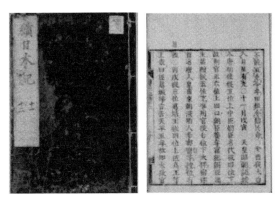

국립국회도서관 소장『속일본기』(권12) 메이레키 사본

『속일본기』의 현존하는 가장 오래된 판본은 가마쿠라 시대의 필 사본인 金澤文庫本이며,[37] 이 판본에는 ‘예(翳)’로 기록되어 있다. 이 는 경교 의사설에 치명적이라 볼 수 있는데, 그 이유는 金澤文庫本이

35 무라오 겐유,『속일본기 고증』권5, 岩桂樸, 1870년.
36 『속일본기』권12, 경제잡지사 편찬:『국사대계』제2권, 경제잡지사, 1897년, 202-203쪽.
37 키타가와 카즈히데(北川和秀),「속일본기 제본의 계통」,『가쿠슈인 대학 문학부 연구연보』30호, 1984년 3월, 173쪽.

후대의 여러 필사본의 참조본으로 되었기 때문이다.[38] '이밀예'로 기록된 예가 '이밀의'로 기록된 예보다 훨씬 많은 것도 이러한 연유이다.

　스즈키 야스타미는『속일본기』의 '예(翳)'로 기록된 판본이 '의(醫)'로 기록된 판본보다 확실히 많다는 점에 주목하며, 인명이 '이밀의(李密醫)'가 아니라 '이밀예(李密翳)'일 가능성이 더 크다고 결론지었다.[39] 그러나 그가 조사한 문헌들은 모두 필사본이었다.『속일본기』의 원본은 797년에 작성되었으나, 현재는 실전되어 원본이 어떻게 기록되었는지 확인할 수 없으며, 후세의 필사본들이 원본을 어떻게 계승했는지도 알 수 없다. 또한, 현존하는 필사본 중 가장 먼저 '이밀의(李密醫)'로 기록된 메이레키 필사본이 어떤 판본을 참조했는지도 아직 결론이 나지 않았다. '예(翳)'가 '의(醫)'로 변한 것인지, 아니면 '의(醫)'가 '예(翳)'로 변한 것인지, 일본 필사자들의 무심한 실수였는지, 아니면 고의 였는지도 분명하지 않다. 현재 이 인물이 당에 입국했다는 중국 측 문헌 기록도 발견되지 않았다. 만약 그가 실존한 인물로 페르시아 선교사로서 당에 들어와 선교 활동을 했고, 중국 문헌에 기록되어 있다면, 중국의 역관이 이 페르시아인의 이름을 어떻게 번역하고 적어 놓았을지도 의문이다. '이밀예(李密翳)'로 기록된 예가

38　이시하라 치카라(石原力),「나라 시대에 일본에 온 페르시아인 이밀예(이밀)의 고찰」,『동아시아 고대 문화』(17), 1978년 10월, 31쪽.

39　이밀의(예)의 신분에 대해서는 경교 의사설 외에도 조로아스터교 신자설, 마니교 신자설, 궁정 악사설, 환술사설, 회교 신자설, 장인설이 있다. 스즈키 야스타미는 장인설을 지지하며, 그가 '이밀예'라는 이름의 페르시아 장인이었을 것이라고 보았다. (스즈키 야스타미,『페르시아인 이밀예를 둘러싼 억설』, 534-540쪽)

'이밀의(李密醫)'보다 많다는 점만으로 이름이 '이밀예'일 가능성이 더 크다고 단정할 수는 없다. 핵심 문헌의 부재에 따른 문제점들로 인해 문헌적 고증으로는 '이밀의(예)'의 신분에 대한 설득력 있는 결론을 도출하기가 어려운 상황이다.

5. 구카이의 입당과 고든의 '불야 일원론(佛耶一元論)'

두 번째 견해는 일본 진언종의 창시자인 홍법대사 구카이(空海)에 초점을 맞추어, 당나라 유학 시 구카이가 경교와 접촉하여 그 교의를 일본에 가져왔을 가능성이 있다고 주장한다.[40] 804년, 구카이는 제 18차 견당사의 일원으로 당나라 장안에 도착해 청룡사(靑龍寺) 혜과 (惠果) 아래에서 진언밀교를 배웠고, 동시에 북인도 출신의 유학승 반야삼장(般若三藏)으로부터 범어(梵語)를 배웠다. 반야삼장은 앞서 언급된 입당 경교 승려 경정(景淨)과 많은 교류가 있었으며, 두 사람은 786년에 협력하여 『육바라밀경』(六波羅蜜經)을 한문으로 번역했다.[41] 구카이가 입당한 804년은 대진경교유행중국비(781년)가 세워진 지 얼마 안 되는 시기였다. 일부 학자들은 구카이가 경교비를 직접 목격하고 경교의 경전 문헌을 접했을 가능성이 있다고 추측한다.[42] 또 반야삼

---

40 영국의 일본 주재 종교학자 고든은 논문『홍법대사와 경교의 관계』(타카쿠스 준 지로 역, 병오출판사, 1909년)에서 처음으로 이 견해를 제시했다.

41 『정원신정석교목록』제17권에 따르면: "법사는 범명(梵名)이 반자약(般刺若)이 며, 북천축(北天竺) 경계의 카피샤국(迦畢試國) 사람이다. …대진사 페르시아 승려 경정(景淨)과 함께 호본(胡本) 육바라밀경을 번역해 7권으로 완성했다."

장과 경정의 관계를 통해, 구카이가 경정 본인을 직접 만나 경교비의 내용과 경교 교리에 대해 가르침을 청했을 것이라고 본다.[43] 게다가 구카이는 장안에서 유학하는 동안 서명사(西明寺)에 머물렀는데, 이 사원은 경정이 있던 대진사(大秦寺)에서 불과 1500미터밖에 떨어져 있지 않아 두 사람이 만날 기회는 있었을 것으로 추정한다. 그러나 현시점에서 구카이와 경정의 직접적인 관계를 입증할 만한 중국어나 일본어 문헌은 발견되지 않았다.

영국의 일본 주재 종교학자 고든이 처음으로 이 견해를 제기했는데, 그는 또 진언종과 경교의 교의 내용 및 의식 등 면에서의 유사성을 논증하여 경교가 일본에 전해졌을 가능성을 제시했다. 고든은 오랫동안 비교종교학 연구에 종사해왔는데, 그녀의 기본 학술적 입장은 '불야 일원론(佛耶一元論)'이다. 간단히 말해, 고든의 '불야 일원론'은 대승 불교와 기독교가 교리를 전하는 방식에는 차이가 있지만, 내재된 사상이 유사함을 주장하고, 이를 '영적 연계(the true spiritual link)'라 부르며, 이러한 '영적 연계'는 '역사적 연계(the exact historical link)'를 찾아내는 것으로 증명해야 한다고 강조한다. 그녀는 구카이가 창시한 진언종이 경교의 교의를 흡수함으로써 두 종교의 사상을 유기적으로 결합시켰다고 주장하며, 자신이 진언종에서 '역사적 연계'의 흔적을 발견했다고 선언한다. 고든은 일본 체류 시 미야지마(宮島) 미센(弥山)의 영화당(靈火堂)에서 소위 '성화(聖火)'를 목격했는데, 이 불은 구카이가 귀국한 후 피운 불로, 천 년이 넘도록 꺼지지 않았

---

42 히야네 안테이, 『중국 기독교사』, 59쪽.
43 고든, 『홍법대사와 경교의 관계』, 8쪽.

다고 하며, 또 교토에서 열린 우란분회(盂蘭盆會)에서 '오산송화(五山送火)'를 보았는데, 이 제사 의식은 구카이에 의해 창시된 것이라고 주장했다. 고든은 이 두 종류의 불이 기독교 성탄절의 '율로그(yule log)'와 깊은 연관이 있다고 생각하여 구카이가 경교에서 영감을 얻었을 가능성이 있다고 보았다. 동시에 그녀는 대일여래가 마치 아침에 떠오르는 해처럼 모든 중생을 비춘다는 진언종의 교리와 기독교의 '임마누엘'(Immanuel, 하느님이 우리와 함께 계시다)은 동일한 원리라고 주장한다. 또한, 구카이가 귀국한 후 사가천황(嵯峨天皇)을 위해 행한 '관정(灌頂)' 의식도 기독교의 세례에서 비롯되었으며, 『신약성경·마태복음』(28:19)에서 예수가 제자들에 대한 가르침을 반영한 것이라고 말한다. 그러나 그녀도 현재로서는 이러한 '역사적 연계'를 입증할 확실한 증거를 찾기 어렵다고 인정하며, 앞으로 더 깊은 연구가 필요하다고 덧붙였다.[44] 요컨대, 고든은 구카이가 경교 교의를 일본으로 가져와 진언종의 교의에 반영하여 이를 발전시켰으며,[45] 후세 일본의 신앙과 풍속에서 경교 교의의 정신적 흔적을 발견할 수 있다고 주장한다.

그러나 고든의 이러한 견해는 그녀의 소견인 '불야 일원론'에 지나치게 영향을 받아 선입견을 피하기 어렵다. 이 글에서 고든의 '불야 일원론' 사상의 근원과 형성과정을 상세히 다룰 수는 없지만, 간

---

44 고든, 『홍법대사와 경교의 관계』, 1-10쪽.
45 고든뿐만이 아니라, 일부 일본 학자들도 경교와 구카이 진언종의 교의는 근본 정신이 일치한다고 주장했다. 예를 들어 요시다 토라는 "경교 비문의 '도에는 고정된 상명(常名)이 없고, 성(聖)에는 고정된 본체가 없다'는 구절은 구카이의 저작 『삼교지귀』의 결론과 일치한다"고 제시했다.(요시다 토라, 『경교의 동방 전도』, 43쪽)

략히 설명하자면 다음과 같다. 고든은 젊은 시절 독일계 영국 종교
학자 뮐러(Friedrich Max Müller)의 제자로서 동서양 종교 비교 연구에
몰두했다. 이후 두 차례 일본을 방문하면서 일본 불교에 깊은 관심을
가지게 되었고, 연구 방향 역시 점차 동서양 종교, 특히 기독교와 불
교 간의 공통점을 찾는 쪽으로 기울어졌다. 고든은 『홍법대사와 경교
의 관계』의 서두에서 이러한 '불야 일원론' 사상은 중국의 한 선교사
에게서 영감을 받은 것이라고 언급하였다.

> 나는 불교에 대한 지식이 매우 부족하였지만, 일본에 거주하는 동안
> 일부 단편적인 지식을 습득하게 되었고, 저명한 중국 학자를 따라 법
> 화경의 가르침을 연구했다. …… 이 중국 학자는 과거에 마명(馬鳴)의
> 기신론(起信論)을 번역하며 대승 교리와 예수의 교의 사이에 놀라운 유
> 사점이 존재함을 발견했다. 나 또한 불교 신자 친구들의 두터운 호의
> 에 힘입어 불교와 예수교의 교의를 비교하게 되었고, 기쁘게도 그 속
> 에서 사상의 융합을 발견하게 되었다.[46]

여기서 말하는 '중국 학자'는 영국 선교사 티모시 리처드(李提摩太,
Timothy Richard)를 가리킨다.[47] 티모시 리처드는 '불야 일원론'의 확고
한 지지자로, 불교경전을 서구에 번역, 소개하는 데 오랫동안 진력
해왔다. 1907년에는 중국의 불교 거사(居士) 양인산(楊仁山)과 협력하

---

46 고든, 『홍법대사와 경교의 관계』, 1쪽.
47 오쿠야마 나오지(奧山直司), 「E.A. 고든의 학문·사상 형성」, 『인도학불교학연구』
    66(2), 2018년 3월, 742쪽.

여 『대승기신론』을 영어로 번역하여 광학회를 통해 출판했다. 그는 책에서 북방불교와 남방불교를 기독교의 『신약성경』과 『구약성경』에 비유하며, 북방불교를 '신불교'(New Buddhism)라 칭하고, 그것을 더 높은 수준의 불교(Higher Buddhism)라 말하였다. 그는 북방불교가 남방불교에 비해 기독교와 더 많은 유사점을 공유하며 이는 사실상 구세주 예수 그리스도의 복음이 아시아에서 구체화된 것이라고 주장했다.[48] 1910년에는 『The New Testament of Higher Buddhism』을 출판하여 『묘법연화경(妙法蓮華經)』의 영어 번역본을 수록했다. 그는 이 책에서 『신약성경·요한복음』의 세 가지 핵심 개념인 생명, 빛, 사랑이 『묘법연화경』에서도 동일하게 해석되었음을 언급하며, 『묘법연화경』의 번역을 통해 동서양 종교 간의 사상적 일치성을 찾아보려 하였다.[49]

1908년, 티모시 리처드는 일본 방문 시 고든의 저택에서 일본의 일련종 고승을 만나 한문 교리 요지를 담은 일본어판 『묘법연화경』을 선물받게 되었는데, 그는 이 경전의 생명, 빛, 사랑 등 개념에 대한 해석에 깊은 감명을 받았다. 리처드와의 접촉과 교류를 통해 고든은 '불야 일원론' 사상에 대한 신념을 굳히게 되었고, 구카이 연구에서 경교와 진언종 사이의 '영적 연계'를 발견했다고 확신하였으며, '역사적 연계'를 열거하여 이를 증명하고자 하였다. 하지만 그녀가 제시한 '역사적 연계'는 자신이 신봉하는 '불야 일원론' 사상을 입증

---

48 티모시 리처드, 『대승기신론』(Timothy Richard, *The Awakening of Faith in the Mahayana Doctrine*, Shanghai: Christian Literature Society, 1907), vi, xii쪽.

49 티모시 리처드, 『대승불교의 신약』(Timothy Richard, *The New Testament of Higher Buddhism*, Edinburgh: T. & T. Clark, 1910), 127, 141쪽.

하기 위한 억측에 불과했고, 두 종교 간의 '역사적 연계'를 증명할 만한 직접적인 문헌 근거를 제공하지 못하였다.

6. '경교'의 명칭과 고묘황후

세 번째 견해는 쇼무천황의 황후였던 고묘황후(光明皇后)의 시호 '고묘(광명)'가 경교의 '景' 자에서 유래했다고 주장한다.[50] '景' 자의 의미에 대해 대진경교유행중국비의 비문에는 '진실하며 변치 않는 도(道)는 오묘하여 명명(命名)하기가 어렵지만, 효용이 현저(昭彰)하여 경교라 굳이 부르게 되었다'고 기록되어 있다. '소장(昭彰)'이라는 두 글자는 광명함, 명확함, 현저함을 의미한다. 명 말엽에 중국에 온 예수회 선교사 양마낙(陽瑪諾, Emmanuel Diaz)은 "경정사(景淨士)가 성교(聖敎)를 설하고자 하여 처음으로 명칭을 세우니 성교라 하였다. 성교는 곧 경교이다. 경(景)을 안다는 것은 광명하고 광대함을 뜻한다."라고 해석하였다.[51] 명대 학자 이지조는 "'경'이란 크다는 뜻이고, 비춘다는 뜻이며, 광명이라는 뜻이다"라고 풀이했다.[52] 청대 말엽의 학자 전단사리(錢單土厘)는 이를 더 상세하게 해석하고 있다.

---

50 이외에도, 일본의 일부 지명, 유적명, 종교 시설 명칭이 경교와 관련된다는 주장도 있다. 예를 들어, 교토 서쪽에 있는 고류지(廣隆寺)는 '다이신지(大秦寺)'라고도 불리는데, 이는 경교가 당나라 시대에 '대진(大秦)'이라고 불린 것에서 비롯된다는 추측이 있다.

51 양마낙, 『당경교비송정전(唐景敎碑頌正詮)』, 상하이: 자모당, 1878년.

52 이지조, 『경교비서를 읽고 나서』. 황슈휘(黃曙輝) 교정, 『천학초함』, 상하이: 상하이교통대학출판사, 2013년, 26쪽.

경교는 기독교의 옛 교파인 네스토리우스파(Nestorianism)이다. 비문에 따르면 정관 9년(635)에 장안에 이르러, 12년에 사원을 건립하였으니, 교가 중국에 들어온 것은 7세기 초반일 것이다. 중국에 들어온 후 명칭을 정하지 않을 수 없었고, 서방 원음은 발음하기 어려워 ≪신약≫의 '빛이 비춘다(光照)'는 의미를 취하여 '경(景)'이라 명명하였다. '경'은 또 큰(大) 것을 의미하여 카톨릭(Catholique)의 원의와도 합치되니, 명칭을 잘 정하였다고 할 수 있다.[53]

일본 측에서는 사에키 요시로의 해석이 가장 상세하며, 후세의 일본 학자들도 대부분 그의 견해를 따르고 있다. 사에키의 해석은 다음과 같다.

경교는 페르시아의 기독교 네스토리우스파가 중국 당나라에 전해지면서 붙여진 이름이다. 당나라 초기에는 '페르시아교'로 불렸고, 후에는 '미시하교(彌施訶敎)' 또는 '미시하교(迷施訶敎, 즉, Messiah)로 불렸다. 당 현종 시기에 이르러서야 '경교'라는 이름이 생겼으며, 원대에는 '야리가온교(也里可溫敎)'로 불렸다. '미시하(彌施訶)'는 히브리어로, 그리스어의 '그리스도'와 동의어이며, '세상의 빛', '정의의 태양'을 의미한다. 따라서 '미시하교'는 그리스도의 정의로운 태양의 빛이 세상을 비춘다는 믿음을 일컫는 말이다. 이러한 '미시하'는 어떻게 '경교'로 이름을 바꾸게 된 것일가? 우선 첫 글자 '景'은 '빛', '광명'의 의미가 있다. '景'은 '일(日)'과 '경(京)' 두 글자로 구성되었

---

53 전단사리 저, 양젠(楊堅) 교정, 『계묘(癸卯)여행기·귀잠기(歸潛記)』, 창사: 후난인민출판사, 1981년, 173쪽.

는데, '京'은 '크다'는 의미로, '景'은 '큰 광명'을 뜻한다. 또한, '日'
자는 '태양'의 의미를 가지며, 빛의 근원을 나타낸다. 고래 '경(鯨)'자
가 큰 물고기를 의미하는 것에 비추어볼 때, '京'이 '크다'는 뜻임을
알 수 있다. 예로부터 '경사(京師)', '경도(京都)' 등의 용어로 '큰 도성'
을 가리키곤 했다. 따라서 '景'은 '큰 태양'으로도 해석될 수 있다.

　네스토리우스파가 중국에서 선교하는 과정에서 '미시하교'를 '경
교'로 바꾼 것은, '태양의 광명이 세상을 비춘다'는 신앙관을 교명에
나타내기 위함이였고, 뿐만 아니라 당시 장안에서 유행하던 '대일교
(大日教)'(즉 밀종)의 세를 빌어 교단을 발전시키려는 의도도 엿보인다.
당시 대일교가 당의 도읍인 장안에서 성행하였으나, 일반 중국인들
은 페르시아에서 전래된 기독교에 대해 충분히 알지 못했다. '경교'
라는 이름을 취함으로써 경교와 대일교의 구분을 어렵게 하여, 대일
교 내부에서도 신도를 얻고 선교의 발전에 편의를 제공하려 한 것이
었다. '경교'라는 이름을 취한 것은 불교 외에도 또 도교 세력을 빌리
고자 하는 고려가 있었다. 도교의 중요한 경전 중에『황제내외경경
(皇帝內外景經)』라는 경전이 있는데, 당나라 기독교 신자들이 '경교(景
教)'라는 명칭을 사용하기 이전부터 '경교(經教)'라는 호칭 또한 존재
했다. 현종의 천보 4년(745년)『개페르시아사위대진사조(改波斯寺爲大秦
寺詔)』에는 "페르시아 경교(經教)는 대진에서 전래되어 오래동안 중국
에서 유행했다. 최초에 사원을 건축할 때 이에 따라 ('페르시아사'로) 이
름 지었다"고 기록되어 있다. 따라서 '페르시아 경교(經教)'와 '페르
시아 경교(景教)'의 교명은 도교 경전의 '景經'이라는 두 글자를 참조
하였을 가능성이 있다. 요컨대, 사에키 요시로는 '景'자는 '광명',

'큰(大)', '태양'의 의미와 관련이 있으며, '경교'라는 이름을 취한 것은 중국의 기존 종교의 힘을 빌어 교세를 발전시키기 위함이라고 주장했다.[54]

일부 일본 학자들은 '景'을 '광명함', '광대함'의 의미로 해석하고, 고묘황후의 '光明(고묘)' 두 글자가 경교의 '景' 자에서 유래했다고 본다.[55] 또, 쇼무천황이 제10차 견당사를 접견할 때 고묘황후가 이밀의(예)를 만났을 가능성이 있으며, 그에게서 경교에 대한 이야기를 듣고는 경교 사상의 영향을 받은 것이라고 주장하는 학자도 있다.[56] 전해지는 바에 따르면, 고묘황후는 사회 구제 사업에 열중하여 빈곤한 백성을 돌보는 '비전원(悲田院)'과 이를 위한 의료 시설 '시약원(施藥院)'을 설립하였다. 목욕탕을 널리 세워 백성들이 목욕하고 위생 습관을 개선하도록 하였으며, 목욕이 불편한 백성 1,000명을 위해 봉사하는 사원을 세우기도 했다.[57] 이러한 행위가 기독교 사회복지 사상의 영향에서 비롯되었다고 보는 이들도 있다.[58]

주목할 만한 점은, 고묘황후가 쇼무천황에게 나라에 동대사를 건립하고 각 지방에 국분사(國分寺), 국분니사(國分尼寺)를 세우도록 권유했다는 것이다. 쇼무천황은 지방 각국에 사원을 세울 것을 명하였는

---

54 사에키 요시로, 『경교 연구』, 동방문화학원도쿄연구소, 1935년, 21-32쪽.
55 야마모토 히데테루, 『일본 기독교사(상)』, 2쪽. 사바 와타루, 『우에무라 마사히사와 그 시대(제1권)』, 3쪽.
56 히야네 안테이, 『중국 기독교사』, 57쪽.
57 이와모토 타케토시(岩本健寿), 「나라 시대 시약원의 변천」, 『와세다대학 대학원 문학연구과 기요』54권 4호, 2009년 2월, 87-100쪽.
58 야마모토 히데테루, 『일본 기독교사(상)』, 2쪽; 사바 와타루, 『우에무라 마사히사와 그 시대(제1권)』, 3쪽.

데, 한 나라에 각각 한 곳씩 국분사와 국분니사를 두고 이들을 국부(國府)에 배치했다. 이에 대해 사에키 요시로는, 경교가 중국에서 200년 동안 유행하여 그 지위가 국교에 버금가고, 대진사는 조정의 인정을 받아 사호(寺号)를 누렸으며, 당 고종 시기에는 각 주에 경교 사찰을 세우고, 경교 전도사 아라본을 진국대법왕으로 삼아 각 분사를 통괄하였는데, 경교의 총사와 분사 제도가 바로 쇼무천황이 추진한 국분사 제도의 선구라 주장하였다.[59]

그러나 고묘황후의 '고묘(光明)'를 경교와 연관짓는 것은 다소 생경한 해석이 아닐 수 없다. 경교의 '景'자가 '광명함', '광대함'을 뜻한다는 문헌적 근거는 대진경교유행중국비의 몇마디 짧은 구절에 불과하며, 나머지는 모두 후대의 추측과 해석에 지나지 않는다. 또한 당대에 유행했던 서방 종교는 경교 외에도 조로아스터교와 마니교, 즉 '당대 삼이교(三夷教)'가 있었다. 조로아스터교는 중국어로 '배화교(拜火教)'라 번역되었는데, 경교의 '景'과 마찬가지로 모두 광명의 의미를 지니며, 당대에는 경교와 혼동되어 구분되지 않는 경우가 많았다. 마니교는 중국어로 '명교(明教)'라 번역되었으며, 이 역시 경교와 혼동되는 경우가 많았다.[60] 경교가 광명의 의미인 '景' 자를 교명으로 선택한 것은 다른 두 교의 영향을 받았을 가능성도 있으며, '광명'의 뜻을 사용한 것은 경교에서 처음 나타난 현상도, 경교만의 특성도 아니다.[61]

---

59 사에키 요시로, 『경교 비문 연구』, 17쪽.
60 주첸즈, 『중국 경교』, 16쪽.
61 일본 학자 우메하라 타케시는 경교가 '景'자를 사용한 것은 신플라톤주의와 조로아스터교의 영향을 받았기 때문이라고 주장한다.(우메하라 타케시, 『고류지와 경

고묘황후는 불법을 독실하게 신봉하였고, 불교의 자비구제(慈悲救濟)와 인과선행(因果善行)의 감화를 깊이 받았기에, 당의 제도를 모방하여 비전원과 시약원을 건립하였다.[62] 이러한 행동에는 또 선친 후지와라노 후히토(藤原不比等)의 명복을 빌고 정국의 안정을 도모하려는 의도가 있었을 것이며, 불교의 '복전사상(福田思想)'(덕을 쌓고 선을 행하는 자에게는 복이 온다는 사상)을 본받아 실천에 옮긴 것이다.[63] 이 '복전사상' 역시 중국에서 비롯되었는데, 양진남북조(兩晉南北朝) 시기부터 이미 중국 불교에는 자선 사업에 열중한 사례가 존재하였다. 서진(西晉) 이후의 일부 한역 불경에 복전이라는 개념이 언급되었다.[64] 고묘황후의 선행이 기독교 사회복지 사상의 영향에서 비롯되었다는 주장은 근거가 부족한 것이다.

7. '경교 일본 전래설' 불성립에 관한 추론

'경교 일본 전래설'은 가설과 추측의 단계에 머물러 있으며, 근본원인은 신뢰할 만한 문헌 사료를 발견하지 못했기 때문이다. 이 일본 종교사 미결의 과제에 대한 연구는 지난 100년간 실질적인 진전

교』하권, 167-168쪽.)
62 히라오 마치코(平尾眞智子), 「고묘황후의 시약원·비전원과 시욕 전설」, 『일본의 사학잡지』 57(3), 2011년 9월, 372쪽.
63 이와모토 타케토시, 「고묘황후의 시약원 창설 및 그 사상」, 『사관』(168), 2013년 3월, 134쪽.
64 성카이(聖凱), 「남북조 불교의 복전 사상」, 『중국사회과학보』, 2011년 8월 30일.

을 이루지 못했다. 그러나 앞서 언급한 바와 같이, 일본 학계에서는 경교가 일본에 전래되었다는 사실이 존재함을 입증하려는 학자가 적지 않으며, 사실을 증명하려는 연구가 부재를 증명하려는 연구보다 많다. 필자는 '경교 일본 전래설'이 성립하지 않을 가능성이 크다고 본다. 이하에서는 역사 기록, 경교 경전, 경교의 당대 전파 상황을 결합하여 추론해보고자 한다.

역사 기록을 살펴보면, 경교가 중국에 전해진 것은 635년이지만, 앞서 언급한 바와 같이, 일본이 경교의 존재를 알게 된 것은 에도 시대 이후로, 그 직접적인 계기는 대진경교유행중국비의 출토였다. 경교가 중국에 전해진 시점과 일본이 경교의 존재를 인지한 시점 사이에는 약 천년의 간격이 있다. 이 천년 동안의 일본 문헌에서, 『속일본기』에 기록된 경교 인사로 추정되는 '페르시아인 이밀의(예)'를 제외하고는 현재까지 경교에 대한 언급을 발견하지 못했다. 또한 이 기간 동안 일본인들이 경교의 존재를 인식했다는 흔적도 찾아볼 수 없다. 경교가 당대에 일본에 전래되었다는 역사사건이 실제로 발생했다면, 적어도 동시대의 일본 문헌에는 약간의 기록이 남아있어야 할 것이다.

경전 측면에서 보면, 현재 발견된 경교 경전은 대부분 7~8세기에 작성되었다. 그중 일본에 전해진 것은 7편으로 모두 20세기 전반의 일이며, 아래의 표와 같다.[65]

---

65 본 표는 카와구치 카즈히코의 『경교: 동쪽으로 전해진 고대 기독교─경교 및 그 영향』을 참조하여 제작됨.

	작성 연대	저자	출토 시기	출토 장소	일본 전래 시기	현존 위치
서청미시소경 (序聽迷詩所經)	636년 전후	아라본	송대 초기	돈황	1923년	타케다 과학진흥재단
일신론(一神論)	642년 전후	아라본	송대 초기	돈황	1915년	타케다 과학진흥재단
선원지본경 (宣元至本經)	717년	경정	불명	낙양?	1944년	동시샤대학
삼위몽도찬 (三威蒙度讚)	781년 전후	경정	1908년	돈황	1912년	불의 펠리오 자료실
지현안락경 (志玄安樂經)	800년 전후	경정	불명	돈황	1928년	타케다 과학진흥재단
존경(尊經)	불명	불명	1908년	돈황	1912년	불의 펠리오 자료실
선원본경 (宣元本經)	불명	경정	불명	낙양?	1931년	타케다 과학진흥재단

　　7~8세기에 작성된 이러한 경교 경전들은 모두 천 년 이상의 시간
이 지난 후에야 일본에 전해졌다. 만약 경교가 당대에 일본에 전해
졌다면, 동시대의 경교 경전도 전해졌어야 할 것이다. 또한 '입당팔
가(入唐八家)'[66] 중 장안에 체류했던 구카이(空海), 엔닌(圓仁), 엔교(圓行),

---

[66] 견당사는 630년에 시작되어 894년에 끝났으며, 경교가 당나라에서 유행하던 시
기와 시간적으로 일치한다. 이 기간 동안, 일본의 입당 승려들은 많은 중국 경전을
일본으로 가져갔으며, 초기의 도쇼(道昭), 도지(道慈), 겐보(玄昉)와 이후의 밀교
'입당팔가(入唐八家)'인 사이초(最澄), 구카이(空海), 엔닌(圓仁), 엔코(圓行), 에
운(惠運), 죠교(常曉), 엔친(圓珍), 슈에이(宗叡)가 대표적이다. 각 시기의 일본 승
려들은 귀국 후 '청래목록(請來目錄)'('장래목록(將來目錄)')을 많이 편찬했으
나, 초기의 경전 목록은 현재 전해지지 않는다. 일본 헤이안 시대의 천태종 승려 안
넨(安然)은 885년에 '입당팔가'의 '청래목록'을 정리하여『제아사리진언밀교부
류총록(諸阿闍梨眞言密敎部類總錄)』두 권을 편찬했다.
http://buddhism.lib.ntu.edu.tw/BDLM/sutra/chi_pdf/sutra23/T55n2176.pdf
[2020.11.18.]을 참조.

에운(惠運) 등이 일본에 가져간 서적 목록을 검토해보아도 경교와 관련된 경전은 발견되지 않았다.

경교의 당대 전파 상황을 살펴보아도 '경교 일본 전래설'이 성립하기 어려움을 추론할 수 있다. 중국 당대에는 유, 불, 도 삼교가 병립하여 함께 발전하였다. 특히 불교 문화는 당대 이데올로기의 중요한 구성 요소로서 전성기를 맞이했다. 불교는 한층 더 대중화되어 민중의 일상생활에 깊이 스며들었으며, 불교의 기본 교리가 대중의 관념으로 자리 잡았다. 이후 밀종(密宗)이 흥기하였고, 일본의 입당 승려들은 주로 밀종을 전파했다. 중국에 전래된 후 얼마 지나지 않아 모국 교회의 지원을 잃은[67] 약세의 외래 종교로서, 경교는 중국의 토착 이데올로기와 종교 사상에 적극적으로 순응해야만 생존과 발전을 도모할 수 있었다. 개념의 표현형식을 살펴보아도, 경교는 자신들의 교의를 전파할 때 유교, 불교, 도교의 많은 개념어를 차용하였음을 알 수 있다. 예를 들어, 대진경교유행중국비에는 "불변의 진리의 도(道)는 오묘하여 이름을 짓기 어렵다" "도에는 고정된 상명(常名)이 없고, 성(聖)에는 고정된 본체가 없다"라는 표현이 있는데, 이는 도교의 '도(道)'를 사용하여 기독교의 근본 교의를 지칭한 것이다. 『서청미시소경』에서는 "제불(諸佛)과 비인(非人), 그 누가 천존을 볼 수 있겠는가. 중생 가운데 천존을 본 자는 없느니라", "첫째는 천존을 섬기는 것이고, 둘째는 성상(聖上)을 섬기는 것이며, 셋째는 부모를 섬기는 것이다"라고 하여 도교의 '천존' 개념을 기독교의 '하느님'을 지칭하는 데 사용하였다.

---

67 651년에 경교의 모국인 사산 왕조는 아랍 제국에 의해 멸망했고, 페르시아는 이슬람의 통치에 복속되었다.

각 경전에서 사용된 불교적 개념은 더욱 많은데,『지현안락경(志玄安樂經)』에는 '공덕', '망견', '이익', '자비', '해탈' 등의 표현이 있고,『선원지본경(宣元至本經)』에서 '법왕'으로 예수를 지칭한 것 등을 예로 들수 있다. 또『지현안락경』의 '청익(請益)'은 유교의 개념을 차용한 것이다(『예기·곡례 상』에서 유래됨). 경교의 당대 전파는 중국 토착 종교 문화에 순응하고 심지어는 타협하고 의존하는 과정을 거쳤으며, 이는 주체성과 독립성을 상실하는 과정이기도 했다. 경교는 독립적인 종교 체계를 구축하지 못했고, 교의 및 교리, 교회 조직, 선교 노선의 독립성을 확보하지 못하였다. 사에키 요시로는 이를 '유적의 종교'라 표현하였다.[68] 설령 경교 인사들이 경교의 경전과 교의를 일본에 가져갔다 하더라도, 일본이 접한 것은 독립적인 경교가 아닌 중국의 종교 문화에 동화된 경교였을 것이다.

8. 결론

당 무종 회창(會昌, 840~846년) 연간에 조정은 일련의 폐불 정책을 추진하였고, 경교도 그 영향을 받아 점차 쇠퇴하였다. 송대에 이르러서는 완전히 자취를 감추어 기독교 최초의 중국 전파가 종결되었고, 이후 원대에 이르러서야 다시 등장하기 시작한다. 경교는 중국에서 독립적인 종교적 지위를 확립하지 못하였으며, 불교처럼 일본에 공

---

68 사에키 요시로,『중국 기독교 연구: 당송시대의 중국 기독교』, 명저보급회, 1979
년, 143쪽.

적으로 전해져 일본 지배층의 신앙과 귀의 대상이 되지도, '국가진
호(國家鎭護)'의 법보로 자리 잡지도 못하였다. 또 천주교처럼 일본에
전래되어 규슈 각지의 다이묘들의 추앙을 받고 각지에 교회를 세우
며 단기간에 대량의 신도를 확보하는 일도 없었다. 일본 학계의 일
부 학자들이 '경교 일본 전래설'을 논증하여 일본 기독교사의 역사
서술을 천년 정도 앞당기려는 시도는 성립하기 어렵다.

　일본이나 중국 모두 '경교의 일본 전래'라는 주제를 잘 다루고 있지
않지만, 그것이 갖는 학문적 및 역사적 의의는 무시할 수 없다. 이 문
제를 고찰함으로써 경교의 중국 발전사, 고대 중일 교류사, 나아가 초
기 기독교의 동방 전파사와 고대 동서 문화 교류사에 대한 이해와 사
유를 더욱 깊이 할 수 있다. 또한, '경교 일본 전래설'이 유행하기 시작
한 19세기 초반은 일본이 제국주의 단계에 접어들면서 사상계의 국가
주의 정서와 대외 팽창 의식이 고조된 시기였다. "일본과 기독교는 오
랜 접촉이 있었다"거나 "일본은 서구 문명과 일찍부터 접촉해왔다"는
주장 배후에는, 동시기의 '일유동조론(日猶同祖論)'[69]처럼 선민사상(選民
思想)을 빌어 자민족의 우월성을 강조하려는 의도가 숨겨져 있었던 것
은 아닐가? 일본 학계의 이러한 연구가 순수한 학문적 탐구인지, 아니
면 정치적 목적에서 비롯된 것인지에 대해 어떻게 객관적인 역사평가
를 내릴 것인가? 이런 사상사적 고찰 역시 중요한 학술적·역사적 의
미를 지니며, 향후 더 심도 있는 논의가 필요하다.

69　일본 민족과 유대 민족이 같은 뿌리에서 나왔다고 주장하며, 『성경』에 기록된 실
　　종된 이스라엘 10지파 중 하나가 일본으로 이주해 일본인의 선조가 되었다는 설
　　이 일본 학계에서 일정한 지지를 받고 있다.

제2장

알레산드로 발리냐노(Alessandro Valignano)의
『일본 예수회사 예법 지침』

-등급질서에 근거한 적응주의-

1. 들어가는 말

발리냐노는 성 프란치스코 하비에르(San Francisco Javier) 이후, 동아시아에 기독교를 전파한 중요한 인물 중 한 명이다. 그는 1539년 이탈리아 나폴리 왕국에서 태어나, 파도바(Padova) 대학에서 법학 박사 학위를 취득하고, 아울러 철학과 신학도 공부하였다. 1566년 로마에서 예수회에 가입했는데, 능력이 출중하여, 예수회 제4대 총장인 머큐리안(Everard Mercurian)으로부터 예수회 순찰사 직위를 임명 받고, 인도와 그 동쪽지역에 대한 예수회 총장 전권을 행사하게 된다. 주요 임무는 예수회의 해당 지역에 대한 선교사업을 시찰하는 것으로, 선교의 지침과 규모에 대한 지도를 하여, 예수회 사업이 지속적으로 발전하도록 노력하는 것이다. 그는 1574년 포르투갈 리스본을 출발하여, 같은 해 인도의 고아에 도착한다. 인도에서 3년간 시찰한 후, 1577년에는 말라카 해협을 방문하고, 1578년에는 마카오에서 10개월간 머물다가, 1579년에 일본을 향해 출발한다. 1579~82, 1590~92, 1598~1603까지 3차례나 일본을 방문하였는데, 이 기간동안 대량의 일본과 관련된 저서, 서신, 보고를 남겼다. 내용으로는 일본의 국정문화, 풍속습관, 종교신앙 및 의례 그리고 예수회 선교 책략 등 다양한 부분을 포함하고 있다. 발리냐노는 일본의 의례습관에 대해 깊은 관찰을 하였고, 그것을 바탕으로 일본에서 선교할 때 지켜야 할 의례에 대한 것들을 다양하고 구체적으로 명시해 놓았다.

발리냐노가 동방선교에서 취득한 가장 뛰어난 공헌으로는, 적응주의' 선교방침을 발전시키고 공고히 한데 있다. 1578년 마카오에 머무를 때, 그는 중국에서의 선교사업과 결부시켜, 적응주의 선교사상을 구상하였다. 그의 구상은 이후의 이마두(利瑪竇, Matteo Ricci)와 나명견(羅明堅, Michele Ruggieri)에 의해 계승되어, 예수회 재중국 선교의 기본원칙이 된다.[2] 이에 대해 일본의 학자 이데 카츠미(井手勝美)가 평가하기를, 적응주의는 대항해시대 해외선교 역사에 있어 전대미문의 획기적인 정책으로, 기독교 선교사업이 성공한 주요원인이라고 하였다.[3] 그의 사상은 비록 다방면에서 비판을 받았지만, 예수회는 400여 년간 이러한 원칙을 견지하였고, 현재까지 영향력을 발휘하고 있다.[4]

본고의 연구대상인『일본 예수회사 예법 지침』(이 책의 포르투갈어 원본은 현재까지 존재하고 있으며 제목은 "Advertimentos e avisos acerca dos costumes e catangues de Jappão"이다. 중국어로 번역하면 "일본의 습관과 의례에 관한 주의사항과 건의"가 된다)은 발리냐노의 적응주의에 기초한 의례규범 지침으로, 적응주의 선교방침의 구체적 표현이다.[5] 이 책은 1581년 그가 처음으

---

1 적응주의(라틴어 Accommodaotion)란 인종, 언어, 민족, 문화, 사회, 도덕, 심리, 종교 등 다방면의 특수성 을 고려하여, 다양한 문화는 인류의 공통적인 유산이고, 모두 훌륭한 가치가 있다는 것을 인정하는 것이다. 그것을 더욱 잘 보존하고, 발전시키고 이용하기 위하여 복음을 전파할 때 최대한 상대를 이해해야 한다. 종합해 보면, 적응주의란 본토문화에 대한 존중과 인정이다. 일본 기독교 역사 대사전 편집위원회 편,『일본 기독교 역사 대사전』, 쿄분칸, 1988년, 35쪽.
2 야자와 토시히코(矢澤利彦),『중국과 기독교: 전례 문제』, 곤도 출판사, 1972년, 62쪽.
3 위 같은 책.
4 1962~65년 제2차 바티칸공의회에서는 적응주의의 유효성을 인정하면서, 교회 사업 발전에 없어서는 안 될 부분이라고 했다. 다카하시 카츠유키(高橋勝幸),「A. 발리냐노 적응주의의 현대적 의의」, 현대기독교사상연구회,『아시아 · 기독교 · 다원성』제14호, 2016년 3월, 133쪽.
5 고노이 타카시(五野井隆史),『일본 기독교사』, 요시카와코분칸, 1990년, 118쪽.

로 일본 순찰을 떠날 때 집필한 것으로, 유일한 판본은 로마 도서관에 소장되어 있다. 1946년 Josef Schütte 가 이탈리아어(Il Cerimoniale per i Missionari del Giappone, 중국어로 번역하면 "일본에 있는 선교사에게 드리는 의례서")로 번역하고, 1970년에는 일본어(야자와 토시히코·츠츠이 스나 역, 『일본 예수회사 예법 지침』, 기리시탄 문화 연구회, 1970년)로 번역된다. 책은 모두 7장으로 되어 있는데, 앞의 6장은 선교사가 일본인과 교류할 때 주의해야 할 의례 규범이고, 제7장은 종교건축양식에 대한 규정이다. 적응주의가 기독교의 선교 역사에서 차지하는 중요성에 비춰볼 때, 이 책의 역사적 의미와 문헌적 가치는 말할 나위 없이 중요하다. 하지만 현재까지 이 책에 대한 연구는 많이 이루어지지 않았다.[6] 구체적으로 이 책이 쓰여진 배경과 내용에 대해 살펴보고, 요점을 파악해 보고자 한다.

2. 저술배경과 주요내용

『일본 예수회사 예법 지침』을 저술하게 된 직접적인 이유는 두 가지가 있다. 하나는 발리냐노의 일본 의례습관에 대한 관찰과 인식에서 나온다. 그의 일본 의례관은 첫번째 순찰기간에 형성되는데, 제1차 일본 순찰보고서 『일본제사요록(日本諸事要錄)』[7]에 기록되어 있다. 총

6　일본학자 미야모토 켄지(宮元健次)는 건축학의 시각에서 제7장에 대해 연구하였다. 미야모토 켄지, 「『일본 예수회사 예법 지침』 제7장에 관하여: 16세기 일본에서 가톨릭 선교사들의 교회 건축 방침」, 『일본건축학회 계획계 논문보고집』(423), 1991.5.30.

체적으로 볼 때 발리냐노의 일본 의례관은 다음의 몇 가지로 나뉜다.

첫째, 일본인은 의례를 숭상하는 민족이다. 발리냐노는 일본인의 의례에 대해 아주 높게 평가하였다. 그에 의하면 일본인은 "아주 예의 바른" 민족으로, 일반적인 서민과 노동자 역시 그러하다. 이들이 예의를 지키는 정도는 궁중에서 생활하는 사람들과 다를 바가 없는데, 이러한 부분은 동양의 다른 국가나 서양인과는 비교가 되지 않을 정도이다. 일본인들은 희로애락을 밖으로 잘 드러내지 않고, 남들과 다투기를 싫어하며, 최대한 평화로운 마음을 유지하고, 간결하고 체면이 있는 언어를 사용한다. 심지어 원수 사이에서도 예의를 저버리지 않는다.

둘째, 일본인들의 의례는 독특한 면이 있는데, 서양과는 명확한 차이가 있다. 심지어 일부 독특한 의례는 서양과 정반대인 경우가 있는데, 말로 형용하기 어렵다. 이들은 교묘하게 의례에 아주 많은 의미를 부여하고, 이로써 조화를 이룬다. 서양인의 시각에서 볼 때, 만약 일본에서 오래 생활하지 않았다면, 이해하기 힘든 부분이 많다.

셋째, 일본의 의례는 아주 번잡, 다양하기에, 서양의 관점으로는 아주 신선해 보인다. 하지만 완전히 이해하거나 파악하기 어렵고, 상대의 의례에 맞춰 주기 힘들다. 일본은 생활의 다방면에 여러 가지 의례를 정해 놓았는데, 종교든 세속이든 모두 이를 포함하고 있

---

7 발리냐노는 제1차 순찰을 마치고 인도로 가서, 1583년에 『일본제사요록(日本諸事要錄)』을 저술한다. 그는 일본에 대한 인상을 바탕으로 서술했는데, 그 중에서 의례가 그의 관심사였다. 이 책은 『일본순찰기』로 번역되었고, 아울러 발리냐노의 제2차 순찰보고서인 『일본제사요록보유(日本諸事要錄補遺)』도 함께 수록되었다. 발리냐노 저, 마츠다 키이치 외 번역, 『일본 순찰기』, 헤이본샤, 1973년, iv쪽.

다. 이러한 의례는 일상에 깊숙이 스며들어 있기에, 서양인으로서 최대한 잘 지켜줘야 하고, 그렇지 못하면 신뢰를 잃게 된다.

　넷째, 일본인들은 의례에 습관화되어 있기에, 어떠한 경우가 발생하더라도 자신들의 태도나 방식을 바꾸지 않을 것이다. 이들 속에서 다른 생활방식이나 태도를 취한다면, 무례한 행위로 간주된다. 만약 서양의 생활습관을 고집한다면, 예의가 없고 교양이 없는 사람으로 간주되어, 이들의 존중을 받지 못한다. 일본인들은 자신의 의례에 대해 깊은 집착을 가지고 있다. 그렇기 때문에 서양의 의례에 적응하지 못할뿐더러, 그러고자 하는 마음도 없다.

　다른 하나는 일본에서 선교할 때, 일본의 의례에 대한 무지와 냉담한 태도에 깊은 우려를 표현한 것이다. 그러면서 선교사업의 발전을 위해서라면, 선교활동에 일정한 규범을 세워야 한다고 했다. 이러한 부분은 그가 예수회 총장에게 보낸 서신에서 증거를 찾을 수 있는데, 편지에서 그는 처음 일본에 도착했을 당시 기리시탄 다이묘(キリシタン大名)와 면담한 경력을 기록하고 있다.

　　아리마 하루노부(有馬晴信)와 오무라 스미타다(大村純忠)(모두 기리시탄 다이묘임－필자)에 의하면, 우리의 주원(住院, casa, 예수회 선교사의 거처－필자)에서의 행위는 일본의 습관과 아주 다르고, 심지어 정반대이다. 그들은 우리의 거처를 방문하고 아주 불쾌한 기억을 남겼다. …… 구내에 있는 신부들은 일본의 고귀한 습관이나 의례를 지키지 않았고 심지어 체통을 잃었다. 선교사들은 매일 무사나 영주를 만나는데, 아주 무례한 행위를 하거나, 비 상식적인 처사를 했다. …… 우리의 행위는 본국에서는 문제가 없지만, 일본에서 선교하는 목적이라면, 반드시 이들의 언어와 습관을 배워야 하고, 의례를 존중해야 한다. 한마디로, 일본의 영주나 무사들에게 자신들의 의례나 습관을 버리게 한다던가, 혹은 서양의 습관을 계속하면서, 그러한 시각으로 일본인을 바라보고, 저속하고 야만적이라고 생각한다면, 그것은 미친 짓에 불과하다.[8]

일본인의 의례 특징 및 선교사의 행위는, 그로 하여금 만약 일본에서의 선교가 성공적으로 이루어지고자 한다면, 반드시 적응주의 원칙을 세워야 한다고 보았다.[9] 아울러 일본의 의례습관을 배우고, 심지어 서양의 의례습관을 버려야만, 상대방과 잘 교류할 수 있다고 보았다. 그렇기 때문에, 일본 선교에 있어 일정한 의례규범이 필요한데, 이로써 선교사들의 활동을 지도해야 한다는 것이다. 나아가 그는 선교사들에게 일본의 의례를 배우고, 일본의 예수회 상장(上長, Superior, 예수회 일본 준관구 관구장-필자)에게, 예의에 특별히 신경 쓸 것을 부탁했다. 그는 선교사 전원이 통일적인 행동에 옮겨야 한다고 했는데, 1580년 제1회 일본 예수회 협회에서 그의 제안에 대해 의논하였다. 21개 의제 중 18번째 의제가 "불승의 예법을 완전히 따라야 하나"라고 하는 의제였고, 회의 참석자들은 모두 실현하기는 어렵지만, 공통적으로 지킬 수 있는 통일적인 방법을 연구해 보자고 하였다.[10] 발리냐노의 통일적인 일본선교사 의례규범은, 선교사들의 인

---

8 A. 발리냐노 저, 야자와 토시히코 · 츠츠이 스나 번역, 『일본 예수회사 예법 지침』, 기리시탄 문화 연구회, 1970년, 42-43쪽.
9 『일본 순찰기』, 95쪽.
10 Jesús López Gay 저, 이데 카츠미 역, 『기리시탄 시대의 전례』, 기리시탄 문화 연구

정을 받았고, 회의에서는 "회원과 타인이 교류할 때 지켜야 할 의례와 습관"을 제정할 것을 결정하였다. 이 작업은 발리냐노가 책임지고 진행하였는데, 이렇게『일본 예수회사 예법 지침』이 탄생하게 되었다.[11]『일본 예수회사 예법 지침』의 장절은 아래와 같다.

제1장 일본인과 교류할 때 권위를 얻고, 유지하는 방법

제2장 기리시탄이 마음을 열게 하는 방법

제3장 바테렌(伴天連, padre, 祭司, 신부)과 이르만(伊留滿, irmão, 아직 祭司가 되지 못한 修士)이 敎외 인사와 교류할 때 인사하는 방법

제4장 식사 자리에서 국제의례

제5장 바테렌(제사)과 이르만(수사)의 교류방식, 및 院내 거주자들의 교류방식

제6장 사자(使者)나 기타 인물을 영접하는 방법, 연회준비 및 선물증정 방법

제7장 일본에서 거처와 교회당을 건설할 때 사용하는 방법

발리냐노의 설명에 따르면,『일본 예수회사 예법 지침』의 내용은 아래의 세 부분으로 나뉜다.

당시 선교사들은 일본인의 관습에 적응하지 못해 일본인들 사이에서 신임과 권위를 잃고, 기리시탄(일본인 신자)과의 관계가 소원해지는 폐해를 초래했다. 이에 따라 제1장은 선교사들이 권위를 획득하

회, 1983년, 20-21쪽.

11 『일본 예수회사 예법 지침』, 44쪽.

고 유지하는 방법을, 제2장은 기리시탄들의 신뢰를 얻는 방법을 다루며, 이 두 장은 총론에 해당하는 첫 번째 부분을 구성한다.

두 번째 부분인 제3장부터 제6장은 위의 목표를 달성하기 위한 의례세칙을 규정하고 있다.

세 번째 부분인 제7장은 일본에서 주원(住院)과 성당을 건축할 때 준수해야 할 건축 양식에 관한 규정을 담고 있다.

3. 등급질서에 근거한 적응주의

발리냐노 적응주의의 분명한 특징은, 등급질서를 엄격히 지켜야 한다는 데 있다. 그는 이것을 의례규범을 만드는 원칙으로 하여, 선교사들의 행위 기준으로 삼았다. 이러한 점들은 『일본 예수회사 예법 지침』에 잘 드러나 있다. 시작 편에서 그는 말하기를, 일본의 불교 승려와 세속인들은 신분의 차이와 계급의 차이가 있고, 모든 사람들은 그것을 유지하기 위해 힘쓴다고 하였다. 아울러 자신의 신분을 유지하고, 계급에 맞는 처사를 하며, 남다르게 독특한 행위는 하지 않는다고 했다. 그는 선종(禪宗)의 등급제도를 차용하여 선교사의 등급을 정했는데 아래와 같다.

승려에서 지위가 가장 높은 자는 '동당(東堂, 원래 의미는 선종에서 전임 주지스님을 칭하는 표현이나, 문맥에 근거하여 주지라고 보아야 함 - 필자)' 혹은 '장로(長老)'라 부른다. 동당과 장로는 비록 인원수가 많으나, 그 중에서 교토 오산(京都五山)의 다섯 개 사원 다섯 명 장로 중 한 명이 가장 높은 지위에 있으며, 모든 장로를 대표하는 존재로서 남선사(南禪寺)의 원장(院長)이라 불린다. 제사(祭司)는 일반적인 장로 및 지구장(地區長, 발리냐노는 일본을 "下", "豊後", "都"의 세 교구로 나누고, 각각에 해당하는 지구장을 임명하였다 - 필자)에 해당한다. 이들은 오산(五山)의 다섯 명 장로와 동급으로, 상장(上長)은 남선사의 원장에 해당한다. …… 경력이 높은 제사는 장로가 될 가능성이 있는 '수좌(首座, 선종 수행승 중에서 가장 높은 지위로, 주지가 되기 위한 전제 조건이다 - 필자)'와 같다. 수사(修士)는 고급 승려의 '장주(藏主, 선종의 보통 승려 - 필자)'에 해당한다. '동숙(同宿, dogico, 교회와 신학교의 일반 수행자, 신학생 등으로, 지위는 수사에 비해 낮다 - 필자)'은 사원의 시사(侍者)에 해당한다.[12]

발리냐노는 선종의 등급질서를 차용하여 예수회의 계급을 설정하고, 내부인들이 교류하는 기준으로 삼았다. 그는 강조하기를 이 기준은 외부인사들과 교류할 때에도 적용된다고 하였다. 외부인과 교류할 경우에, 자신의 신분과 등급을 명확하게 하기 위하여, 손님 접대 시 좌석배치, 영접할 때 거리, 수사표현과 존경어, 서신의 규격, 식사방식 등을 상세하게 규정하였다. 한마디로, 의례에 각별히 신경을 썼는데, 자신과 상대의 신분등급에 따라 그에 알맞은 처사를 해야 한다는 것이다.

발리냐노는 일본의 상류층을 네 개의 등급으로 나눠 보았다. 제1

---

12 일본 예수회사 예법 지침』, 54-55쪽.

등급은 야카타(屋形, 무사집단의 장로 혹은 번주-필자), 공가(公家, 조정의 귀족, 고급관료-필자), 동당(東堂), 장로, 법인(法印, 승관 등급이 가장 높은 승려-필자) 등 불교 승려. 제2등급은 야카타의 형제 혹은 세자 이외의 아들, 국중(國衆, 지방영주-필자), 숙로(宿老, 다이묘 휘하의 중신-필자), 서당(西堂, 주지를 보좌하는 스님-필자) 등이다. 제3등급은 봉행(奉行, 다이묘의 수하에서 정무를 수행하는 무사-필자), 마회중(馬回衆, 기마 무사, 전시에는 주장[主將]의 측근 호위 역할을 하고 평시에는 다이묘 신변의 관리로 활동하는 자-필자), 공가 혹은 국중의 세자 이외의 아들 등이다. 제4등급은 전원(殿原, 무사의 시종으로 지위는 무사와 농민사이-필자) 등 기타 귀인 등이다. 이러한 4등급 외에도 중간(中間, 고용인·시종·잡역 등-필자), 상인, 농민 등 일반 신분의 사람들도 있다. 여성은 단독으로 특수 그룹에 속하는데, 그 중에도 일반여성과 귀부인의 차이가 있다.

4. 손님 접대의 의례

발리냐노에 의하면, 선교사는 교류하는 사람의 신분에 따라 접대의 격식을 달리해야 한다고 하는데, 이에 대해서도 상세한 규정을 세워 두었다. 구체적으로 아래와 같다.

제1등급. 접대실은 신분의 차이에 따라 좌석을 배치해야 하고, 식사는 주인의 방향에서부터 식탁에 올려야 한다. 이렇게 하는 이유는, 식사를 올릴 때 시종과 주인이 눈빛 교류를 하여, 경의를 표하기 위함이다. 손님이 오면, 주인은 정원에 마중나가 모자를 벗고 허리를 숙여 인사를 한다. 이 때 손님과 "一疊"(다타미 한 장의 면적, 약1.6m²‒필자)의 거리를 유지하고, 인사를 나눈다. 주인은 두 손을 들어 손님을 외랑(外廊)으로 모신다. 만약 외랑이나 계단의 넓이가 두 사람이 같이 진입하기 힘든 경우, 주인은 입구에 서서 허리를 숙이고, 손님이 먼저 들어가도록 하거나, 아니면 앞에서 인도한다. 거실 입구에 도착하면, 문 앞에 서서 다시 모자를 벗고 허리 숙여 인사를 한 후, 손님을 거실로 모신다. 만약 손님이 경의를 표하기 위하여 거실 앞의 외랑에 앉는다면, 주인도 같이 앉는다. 만약 입구의 넓이가 두 사람이 나란히 들어갈 수 있다면, 주객은 동시에 들어간 후 서로 마주보고 입석의 예를 갖춘다. 착석할 때, 먼저 한쪽 무릎을 꿇고, 두 손은 마루바닥에 닿을 정도로 드리운 후, 고개를 숙이고, 자리에 앉는다. 담소를 나눌 때에도 일정한 자세를 유지한다. 만약 주인의 신분이 교구장이라면 두 손은 옷에 가까운 위치에 놓는다. 만약 주인이 일반 제사라면 두 손은 몸과 한 뼘 정도의 거리에 둔다. 만약 거실 입구의 넓이가 두 사람이 동시에 진입할 수 없으면, 주인은 손님이 먼저 들어가도록 모신다. 만약 손님이 사양하거나, 주인의 신분이 상장(上長)인 경우, 주인이 먼저 입장한다. 만약 손님이 이 지역의 영주라면, 경우를 막론하고, 손님이 먼저 입장한다. 만약 주인이 일반 제사라면, 이 때에도 손님이 먼저 입장한다. 식사를 시작하면, 주인은 술을 세 번 권하여, 손님이 먼저 마시도록 한다. 만약 손님이 사양하면, 주인이 먼저 마신다. 손님이 작별을 고할 때, 주인은 먼저 외랑에 가서 허리를 숙이고 인사를 드린다. 상대방의 신분이나 귀족 정도에 따라, 정원 입구까지 배웅하던가, 아니면 중정(中庭)까지 배웅하고, 다시 모자를 벗고 허리 숙여 인사드린다.

　제2등급. 손님이 방문할 때, 주인은 거실 외랑까지만 마중 나가면 된다. 입실 할 때에는, 일반적으로 주인이 앞서고, 손님이 뒤를 따른다. 입석 할 때 한쪽 무릎을 꿇고 왼손은 마루에 닿게 한 후, 오른손으로 모자를 벗었다가 곧바로 다시 쓴다. 술은 두 번 권하고, 세 번째 잔을 권할 때는 상대한테 인사하고 먼저 마신다. 손님이 작별을 고하면, 주인은 외랑에서 정원입구로 가서 손님과 고별한다. 만약 주인의 신분이 상장이고, 옆에 제사가 있으면, 주인은 거실에 남고 제사가 외랑까지 배웅한다. 혹은 제사가 손님을 정원입구까지 배웅하고 주인을 대신해 인사한다.

　제3등급. 손님이 방문하면, 주인은 영접할 필요가 없이 한 명의 수사가 외랑까지 마중 나간다. 입석할 때 모자를 벗어 예를 갖춘 후, 두 손은 마루에 닿을 필요 없이 가볍게 허리를 숙여 인사한다. 술은 한 잔만 권하고, 두 번째 잔은 상대에게 가볍게 인사한 후 먼저 마신다. 손님이 작별을 고하면, 만약 주인의 계급이 상장이면, 거실 내에서 손님과 작별한다. 만약 주인이 일반 제사라면, 외랑까지 배웅하고, 그 뒤로 수사가 정원까지 배웅한다. 만약 주인이 상장이고, 손님에게 환영의 뜻을 표하고자 한다면, 제사를 시켜 외랑까지 배웅하도록 한다. 하지만 상장 본인은 거실에 머물러야 한 다. 담소를 나눌 때 상장은 한 손을 무릎에 놓고, 제사는 가볍게 바닥을 짚는다. 입실할 때 손님이 외랑에 정좌하더라도 주인은 정좌할 필요가 없이 서있으면 된다. 그 다음에 허리를 숙여 인사하고 먼저 거실에 들어간 후 손님을 들어오라고 한다.

제4등급. 주인 일행은 거실에서 기다리면 된다. 손님이 작별을 고할 때, 주인 옆에 수사가 있으면, 그를 시켜 배웅한다. 주인은 나갈 필요도 없고 모자를 벗을 필요도 없으며 술도 권하지 않는다. 주인은 가벼운 인사를 하고 먼저 술을 마신다.

일반신분. 주인은 접객실에 혼자 있고, 손님은 다른 방으로 보내거나, 혹은 손님은 외랑에 와서 그곳에서 담소를 나눈다. 만약 주인이 원하면 손님을 거실로 부른다. 만약 손님의 신분이 성공한 상인이라면 제4등급의 기준에 맞춰 접대한다. 술자리를 마련할 때, 손님의 신분이 농민인 경우에는 거실로 부를 필요가 없고, 기타 신분은 주인이 있는 거실로 모신다. 만약 농민이 지역 유명인사라면, 한 단계 높은 접대를 한다.

여성. 거실에 들어올 때나 나갈 때 모두 인사를 하지 않아도 된다. 영접과 배웅 시 주인은 거실에 남아있는다. 만약 손님의 신분이 귀부인이면, 한 명의 동숙(同宿) 또는 수사를 정원까지 배웅하도록 한다. 하지만 귀부인 본인과는 인사를 나눌 수 없고, 귀부인 수행 여성과 인사를 나눈다. 나머지 의례는 여성 손님의 남편 신분에 따라 접대를 한다.

이상을 종합해 보면, 자신과 손님 간의 신분 구별은 자신보다 신분이 높은 경우, 동등한 경우, 그리고 낮은 경우의 세 유형으로 나뉜다. 비록 손님의 등급에 따라 의례규범을 세워 놓았지만, 천편일률적인 것은 아니고, 경우에 따라 융통성 있게 실행한다. 그 이유는, 의례란 직위 외에도 직책, 연령, 성격 등의 영향을 받기 때문이다. 다시 말해서 보편적인 기준을 세운 뒤, 자신의 신분과 상대의 특징에 따라 다양한 의례를 행하는 것이다. 이렇게 볼 때, 선교사는 자신의 신분을 고려해야 하고, 상대방의 여러 요소를 잘 파악해야 한다. 그렇게 해야 신분이 높은 자를 소홀히 하지 않고, 신분이 낮은 자를 과잉 접대하지 않으며, 적절한 의례를 잘 지킬 수 있다.

5. 식사, 연회와 선물증정의 의례

신분등급의 차이는 식사, 연회와 선물증정의 의례에서도 분명하게 드러나는데, 다음과 같은 몇 가지 특징이 있다. 식사예절은 손님이 어떤 사람인가를 먼저 고려해야 하고, 아울러 지위가 자신에 비해 높은 지, 낮은 지, 혹은 비슷한 지 보아야 한다. 일반적으로 지위가 높은 사람이 먼저 건배제의를 하고, 비슷할 경우에는 상황에 따라 한 사람이 먼저 건배제의 하며, 지위가 낮은 사람은 가장 늦게 잔을 든다. 음식을 올릴 때에는 지위에 따라, 제사, 수사 혹은 시종이 음식을 전해준다. 술을 권하는 횟수도 손님의 지위에 따라, 1~3회로 한다. 술잔은 항상 손님의 앞에 두어서는 안 되고, 손님이 마시고 나면 시종이 갖고 간다. 하지만 손님의 지위가 주인보다 낮으면 예외로 한다. 손님에게 술을 권할 때, 술잔은 머리보다 높게 들어서는 안 된다. 하지만 손님한테서 술잔을 건너 받을 때에는, 머리 보다 높게 들어 감사를 표한다. 손님의 지위가 자신보다 낮으면 예외로 한다.

연회는 손님의 지위에 따라 6개의 규격이 있다. 첫째, 단지 술과 안주만 제공한다. 규격이 가장 낮다. 둘째, 청탕(清湯) 한 그릇을 제공한다. 셋째, 일식 모찌, 다과, 디저트 등을 제공한다. 넷째, 절인 음식과 국밥을 제공한다. 다섯째, 국밥을 제공한다. 여섯째, 혼젠 요리(本膳料理, 메인 코스-필자) 혹은 거대한 연회석을 제공한다. 첫번째 종류는 일반 신도들을 접대할 때 사용되는 규격이고, 두 번째 종류는 첫 번째 부류의 사람보다 관계가 더 소원하거나, 일정한 이유로 접대할 필요가 있는 사람이다. 만약 손님의 신분이 국중 등급에 해당하거나, 혹은 아주 높은 지위에 있으면, 제3규격을 실행한다. 만약 손님의 지위가 영주에 해당하면 제4규격을 실행한다. 신분이 더 높으면 제5규격이다. 만약 신분이 아주 높고, 주인이 특별히 초대한 손님이라면 제6규격을 실시한다.

증여품에는 음식, 의류 및 기타 물품이 포함되는데, 그중 음식은 아래의 다섯 가지 등급으로 구분된다. 일등급은 생선과 과일, 그리고 일반 병에 담긴 술 네 병 또는 도쿠리(德利, 문맥상 상대적으로 고급스러운 술병을 의미하는 것으로 보임-필자 주)에 담긴 술 한 병이 제공된다. 둘째 등급은 떡과 술안주가 담긴 반롱(飯籠, 비교적 고급스러운 용기-필자 주)과 함께 술 한 통이 제공된다. 셋째 등급은 정성스럽게 조리된 가금류, 생선, 스시 등의 술안주가 담긴 반롱 또는 도시락 상자(折り櫃, 일본 삼나무로 제작된 고급 용기-필자 주)와 함께 술 두 통이 제공된다. 넷째 등급은 일본식 두부포, 국수 및 기타 술안주가 담긴 4단 접이식 도시락 상자와 함께 술 네 통에서 여섯 통이 제공된다. 다섯째, 서양에서 갖고 온 남만(南蠻, 일본인들은 근세 시대에 스페인이나 포르투갈 인을 남만이라 불렀다. 남만 물품은 진귀하고 이국적인 것으로 인식되고 있다-필자) 풍미의 식자재와 음식을 증정한다. 제1종류는 일반적인 신도 혹은 영주가 보내온 시종이나 기

타 지위가 낮은 사람에게 증정한다. 제2종은 비록 관계는 있지만 거리가 조금 먼 사람에게 증정한다. 제3종은 조금 경의를 표해야 하는 지방 영주에게 증정한다. 제4종은 관계가 조금 먼 국중 이상의 영주 혹은 대 영주가 파견해 온 지위가 높은 사람에게 증정한다. 제5종은 교구가 속해 있는 지역의 대영주, 예를 들어 오다 노부나가(織田信長), 분고 오토모씨(豊後大友氏) 등에게, 15 혹은 20일 간격, 혹은 격월로, 상대의 취향에 맞는 남만 물품을 증정한다.

옷감이나 기타 물품은 비록 정해진 등급 기준은 없지만, 상대의 신분에 따라 차등을 둔다. 하지만 조포(粗布), 백목면(白木棉), 바늘, 비누, 도자기, 접시 등은 선물하지 않는다. 상인으로 오해받고, 선교사의 권위를 떨어뜨릴 수 있기 때문이다. 하지만 상대의 지위가 일반 신도거나, 미천한 사람이라면 예외로 한다.

6. 결론

이상을 종합해 볼 때, 『일본 예수회사 예법 지침』은 발리냐노가 불교 선종의 등급질서를 차용하여, 예수회 의례규범으로 삼은 것을 알 수 있다. 이러한 부분은 적응주의 정책의 구체적인 표현이다. 그가 제정한 의례 규범은 매우 세밀하여 선교사와 일본 각 계층의 신분 등급을 구분할 뿐만 아니라, 의례적 측면에서 손님의 영접과 환송, 식사 예절, 연회, 선물 증정 등의 다양한 상황을 포함하고 있다.

주목해야 할 점은, 발리냐노가 채택한 적응주의 선교 방침이란 단순히 선교사들이 일본인의 의례적 관습을 충분히 존중하고, 신분 질서에 따라 자신의 의례적 행동을 조정할 것을 요구하는 것이었을 뿐, 그가 일본인의 의례적 관습을 완전히 인정하였음을 의미하지 않는다.[13] 다시 말해서 그의 적응주의는 현실주의 색채를 띤 선교 책략에 불과하다고 볼 수 있다. 즉 적응은 수단이지 목적은 아니라는 것이다. 상대방에 적응하는 목적은, 결과적으로 상대가 자신한테 적응하도록 하는 것이다. 일본인들이 익숙한 방법으로 선교하며 그들로 하여금 기독교 신앙을 받아들이고, 일본에서의 권위를 취득함으로써 더 많은 신도를 영입하려는 것이다. 적응주의는 발리냐노의 발명이 아니다. 하비에르(San Francisco Javier)가 일본 선교에서 처음으로 사용하였고, 이를 더 확고하게 시행한 사람이 발리냐노였던 것이다.

발리냐노의 『일본 예수회사 예법 지침』은 예수회 적응주의의 새로운 시도로, 객관적으로는 근세 일본 사회의 기독교 전파와 발전을 촉진하였고, 아울러 동서 문명의 접촉사를 이해하고 문화 간 교류를 고찰하는 데 중요한 사례를 제공하였다.

---

13 예를 들어 선교사가 신도와 같이 있으면서 상대방의 신뢰를 얻고자 할 때, 발리냐노는 점차적인 고해, 성례(聖禮) 및 의례를 행해야 하고 서두르지 말라고 했다. 이유는, 일본인들이 장기간 동안 타락한 관례와 습관 속에서 생활을 했기에, 하나님에 대해 아는 것이 없다는 것이다. 『일본 예수회사 예법 지침』, 71쪽.

제3장

불야(佛耶) 대화 속의 상호 비판
─중일 불교 '파사(破邪)' 사상의 역사적 연관성과 상이한 특성─

1. 명말의 삼교합일과 이마두의 불교 비판

중국 명말의 불야 대화는 주로 상호 비판의 형태로 나타났다. 불교 측은 '파사'와 '벽사(辟邪)'의 취지를 이어받아 천주교의 불교 비판에 대해 변호하고 반격을 가했다. 동아시아에서의 선교에 있어 예수회가 적응주의의 방침과 상층 노선을 적용한 것은 주지의 사실이다. 이마두는 중국에 발을 디딘 후 적극적으로 중국의 전통문화를 학습하여 유교 지식인들의 동정과 인정을 얻고, 이를 통해 천주교의 중국 내 선교의 합법성을 확보하여 중국에서의 세력을 확대하고자 했다. 그의 저서 『천주실의(天主實義)』의 주제 중 하나가 바로 천주교와 고전 유학의 일치성 논증으로, 이른바 '이중화중(以中化中)'이라 불리운다. 유불도(儒釋道)의 '삼교합일'은 중국 종교사의 오랜 전통으로 명말에 이르러 절정에 달한다.[1] 수당(隋唐) 이후 중국의 종교는 점차 삼교가 정립된 구도를 형성하였다. 송대의 유학자들은 대부분 불교와 도교의 영향 하에 있었고, 성리학의 '이일분수(理一分殊)' 또한 화엄종의 '일다상섭(一多相攝)'이론에서 깊은 영감을 받았다. 명대 왕수인(王守仁)의 심학(心學) 사상에서는 유불(儒佛) 두 교의 경계가 더욱 모호하게 되었고, 그의 학파 후손들 중에는 초횡(焦竑), 이지(李贄) 등과 같이 삼교합일을 주장하는 자가 많았다. 이외에도 임조은(林兆恩)이 '삼일교(三一敎)'를 창립하여 "교는 비록 셋이지만 그 도는 하나"라고

---

[1] 중국 사상사에서의 삼교 관계에 대해서는 러우위례(樓宇烈)의 「유불도 '삼교'의 융합에 대한 담론」, 『문사지식』(1986년 제8기, 18-26쪽)을 참조. 당송 이후의 삼교합일에 대해서는 런지위(任繼愈)의 「당송 이후의 삼교합일 사조」, 『런지위 종교론집』(중국사회과학출판사, 2010년, 164-171쪽)을 참조.

하였다. 명대의 불자(佛者)들 중에서도 삼교합일과 유불 일치를 주장하는 이들이 다수 존재했고, 명말의 4대 고승은 모두 삼교의 조화와 융합에 대해 긍정적인 입장을 취했다. 예를 들어, 감산덕청(憨山德清)은 "삼교는 하나의 이치로 통하고, 세 성인은 하나의 본체를 공유한다(三敎一理, 三聖一體)"고 주장했고, 운서주굉(雲棲袾宏)은 "삼교는 결국 하나의 이치로 귀결되고 한 가족이다"(同歸一理, 三敎一家)라고 하였다. 또, 우익지욱(藕益智旭)은 "자심(自心)이란 삼교의 근원이며, 삼교는 모두 이 마음(心)에서 비롯되어 설(說)해진 것이다"라고 하였으며, 자백 진가(紫柏眞可)는 "삼교는 문이 다르나 그 근본은 같다"고 주장했다.[2] 명말 고승들의 저술 중에는 불교 이외의 고전에 대한 연구도 적지 않았는데, 감산덕청은 『대학』, 『중용』, 『노자』, 『장자』 등 유교와 도교 경전에 주석을 달았고, 우익지욱은 『사서우익해(四書藕益解)』와 『주역 선해(周易禪解)』 등 불교적 관점에서 유교를 해석한 저작을 남겼다. 이러한 주장과 저술은 모두 삼교합일의 입장을 반영한 것이다.

유불도 삼교의 회통(會通), 특히 유교와 불교가 상호 융합된 종교적 구도로 인해 이마두는 불교라는 장벽에 직면할 수 밖에 없었다. 천주교 사상을 유교 전통과 결합시켜 지식인 계층의 지지를 얻기 위해서는 유불 진영을 분열시키고, 나아가 삼교합일 구도를 무너뜨려야 했으며, 이렇게 해야만 천주교가 중국 종교문화 중 불교의 위치를 대체하여 유교와 새로운 종교적 구도를 형성할 수 있었다. 이러한 맥락에서, '이서정서(以西政西)'가 '이중화중(以中化中)'의 전제가 되었

---

2 홍슈핑(洪修平), 「명대 사대 고승과 삼교합일」, 『불학연구』, 1998년 제1호, 52-57쪽.

으며, 이른바 '유교를 보완(補儒)'하기 위해서는 먼저 '불교를 비판(批佛)'해야 하고, '불교를 대체(易佛)'해야 '유교와 결합(合儒)'할 수 있다는 논리가 성립되었다. 현실적인 고려뿐만 아니라, 이마두의 불교 비판은 학문적인 동기도 가지고 있었다. 불교와 천주교는 형이상학적 차원에서 근본적인 충돌이 있었는데, 천주교의 신학과 철학 이론을 바탕으로 불교의 기본 원리를 비판하는 것이 『천주실의(天主實義)』의 중요한 주제 중 하나이기도 했다.[3] 『천주실의』는 총 8편으로 구성되어 있으며, 그 중 제 2, 3, 4, 5, 7편은 불교에 대한 집중적인 비판을 담고 있다. 비판의 내용은 공(空), 천당과 지옥, 영혼, 마음, 윤회, 살생계, 수행, 삼교합일 등 다양한 주제를 포함하며, 특히 중요한 형이상학적 비판은 불교의 우주론, 본체론, 심성론을 중심으로 전개되었다.

우주론과 본체론에 관해, 이마두는 천주(天主)가 만물의 창조 본원(本原)이자, 만물의 시작과 근거라고 주장한다. 천주는 시작도 끝도 없고, 항시 존재하며, 어떠한 의존도 필요로 하지 않는다. 무한한 절대적 존재인 창조자로서의 천주와는 대조적으로, 피창조자인 만물은 상대적이고 유한한 존재이다. 우주 원초의 아무것도 없는 상태에서 만물의 존재를 창조한 것을 천주라고 한다.[4] 그러나 불교에서 말

---

3 『천주실의』중 불교와 천주교 간의 형이상학적 논쟁에 대해서는 장샤오린(張曉林)의 『천주실의와 중국 학통』(학림출판사, 2005년, 187-210쪽)을 참조.

4 "天主之稱, 謂物之原, 如謂有所由生, 則非天主也. 物之有始有終者, 鳥獸草木是也; 有始無終者, 天地鬼神及人之靈魂也. 天主則無始無終, 而爲萬物始焉, 爲萬物根底焉. 無天主則無物矣. 物由天主生, 天主無所由生也. ……至其渾無一物之初, 是必有天主開其原野."(이마두 저, 梅謙立 주석, 譚傑 교정, 『천주실의금주(天主實義今注)』, 상무인서관, 2014년, 84-85쪽, 93쪽)

하는 "색은 공에서 나오며, 공에 귀결된다(色由空出, 以空爲務)"는 천주교의 우주론과는 크게 다르다. 불교의 '공'은 그 자체가 본래 아무것도 없기에, 형태와 성질을 가진 존재를 만들어낼 수 없다고 이마두는 비판한다.[5] 그는 또 불교의 심성론에 대해, 유교가 말하는 만물일체(萬物一體), 즉 천주와 만물이 하나라는 사상은 불교의 영향을 받은 것으로, 만물을 그 주재와 동일시하는 것은 실로 황당무계하다고 비판했다.[6] 불교는 천지 만물이 모두 마음 속에 내재해 있으며, 인간의 마음이 이를 수 없는 곳, 포괄하지 못하는 것은 없다고 주장한다. 그러나 이마두는 이 심식(心識) 또한 천주에게서 부여받은 것으로, 천주가 인간을 창조할 때 우연히 얻게 된 것이며, 소위 '마음이 만물을 포함한다'는 것은 단지 마음이 만물을 인식하는 기능을 갖고 있다는 의미일 뿐, 마음이 곧 만물의 본체라는 것이 아니라고 말한다.[7]

이마두의 불교 비판에는 유가(성리학)에 대한 비판도 포함되어 있었으며, 양자는 서로 표리를 이루는 관계였다. 성리학은 불교를 배척하면서도 불교의 이론을 대량으로 흡수하여 유학을 보완한 사상체계로, 그 사상 속에는 불교의 학설이 깊이 스며들어 있다.[8] 유불 간

---

5 "況己之所無, 不得施之于物以爲有, 此理明也. 今日空日無者, 絶無所有于己者也, 則胡能施有性形, 以爲物體哉?"(『천주실의금주』, 92쪽)

6 "中士曰: 吾古之儒者……以爲物有巨微, 其性一體, 則曰天主上帝, 即在各物之內, 而與物爲一. ……西士曰: ……世人不禁佛氏诳經, 不覺染其毒語. ……人之稱人謂曰: '爾爲爾, 我爲我'; 而今凡溝壑昆蟲與上帝曰: '爾爲我, 我爲爾', 豈不謂極抗大悖乎哉?"(『천주실의금주』, 131-132쪽)

7 "中士曰: ……世不達己心之妙, 而曰心局身界之內. 佛氏見其大, 不肯自屈, 則謂是身也, 與天地萬物鹹蘊乎心. ……非天主, 甯如是耶? 西士曰: ……智者之心, 含天地, 具萬物, 非眞天地萬物之體也."(『천주실의금주』, 133-134쪽)

8 러우위례, 「유불도 '삼교'의 융합에 대한 담론」, 『문사지식』, 1986년 제8호, 18, 25쪽.

의 상호 비판과 갈등의 이면에는 이론적인 융합이 잠재되어 있었던 것이다.[9] 『천주실의』는 제2편에서 성리학의 태극설을 비판했으며, 제2편과 제7편에서는 삼교합일에 대한 비판을 통해 성리학에 대한 비판의 입장을 드러냈다. 이마두의 유교비판은 불교의 영향을 깊이 받은 성리학에 대한 비판이었으며, 명말 유불도가 상호 융합된 종교적 구도에 대한 비판이기도 했다. 그는 제7편에서 삼교합일을 요괴로 비유하며 "삼교는 따를 만한 교리가 없으니, 다른 올바른 길을 찾아야 할 것이다"라고 주장했고, 진리는 오직 하나, 바로 "상제의 올바른 도(上帝正道)"뿐이라고 하였다.[10] 『천주실의』의 궁극적인 목표는 천주의 지고한 절대성과 천주교의 유일한 진리성을 입증하려는 것이었다.

2. 파사(破邪) 운동의 전개와 불교계의 대응

이마두를 필두로 한 예수회 선교사들의 유불(儒佛) 및 삼교합일에 대한 비판은 유학자들과 불교 승려들의 격렬한 반발을 불러일으켜 대규모의 파사 운동이 촉발되었다. 중국 지식인들이 파사 운동에서 발표한 논조의 대부분은 『성조파사집』과 『벽사집』에 수록되어 있는데, 그중 『벽사집』의 원본에는 우익지욱의 『천학초징(天學初徵)』과 『천학재징(天學再徵)』두 편의 글만 실려 있었다. 현존하는 『벽사집』은

---

9 쑨상양(孫尚揚), 「기독교와 명말 유학」, 동방출판사, 1994년, 118, 122쪽.
10 『천주실의금주』, 204-205쪽.

일본에서 번각된 판본으로, 명말 불자들이 저술한 파사 관련 논문 22편이 수록되어 있는[11] 전형적인 불교 파사문헌이다. 현존의 『성조 파사집』 역시 일본 번각본으로, 남경교안(南京敎案)과 복건교안(福建敎案) 관련 공문서, 유학자들과 불교 승려들의 반박문이 포함되어 있다. 분량으로 볼 때, 유학자들의 글이 대부분을 차지하고 승려들의 글은 마지막 두 권에만 집중되어 있지만, 유학자들 중 많은 이들이 불교를 신봉하는 거사였던 점을 감안할 때 불교적 사상이 문헌의 상당 부분을 차지함을 알 수 있다.

일본 불교학자 오쵸 에니치(橫超慧日)는 불교계의 파사 운동을 세 단계로 나누었다. 첫 번째 시기(1615년)에는 절강 운서산(浙江雲棲山)의 주굉(袾宏)과 그 문도들을 중심으로 천주교 비판이 전개되었고, 두 번째 시기(1637년 전후)에는 복건성(실제로는 복건-절강 일대)의 승려와 속인들을 중심으로 전개되었으며, 세 번째 시기(1642~1643년)에는 절강 천목산(浙江天目山) 우익지욱의 비판으로 막을 내린다.[12] 주굉은 파사의 서막을 열었던 인물로, 불교계에서 호교 열풍을 일으켰다. 그는 수필집 『죽창삼필(竹窓三筆)』에서 「천설(天說)」 네 편을 저술하여, 중국 불교사에서 천주교를 비판한 최초의 사례로 기록된다. 그의 제자 우순희(虞淳熙)는 『살생변(殺生辨)』을 집필했을 뿐만 아니라, 이마두에게 편지를 보내 논쟁을 벌였고, 이후 제자인 장광첨(張廣湉)은 『증망설(證妄說)』을 저술했다. 1634년, 항저우의 승려 유일보윤(唯一普潤)은 불교

11 정안더(鄭安德) 편, 『명말 청초 예수회 사상 문헌 총집』 제5권, 북경대학 종교연구소, 2003년, 283쪽.
12 오쵸 에니치(橫超慧日), 「명말 불교와 기독교의 상호 비판(상)」, 『오타니학보』, 제29권 제2호, 1949년, 16쪽.

승려들의 글을 모아『주좌집(誅左集)』을 편찬했다. 이듬해 황정(黃貞)은『불인불언(不忍不言)』을 저술하여 천하의 사문들에게 반격을 촉구했다. 절강 천동산(浙江天童山)의 밀운원오(密雲圓悟)는『변천설(辨天說)』로 이에 응답했고, 이어서 원오의 제자 비은통융(費隱通融)의『원도벽사설(原道辟邪說)』, 복건 승려 나천여순(羅川如純)의『천학초벽(天學初辟)』, 거사 허대수(許大受)의『성조좌벽(聖朝佐辟)』이 연이어 발표되었다. 1639년, 원오의 제자인 서창치(徐昌治)가 마침내『성조파사집』8권을 편찬했다. 1642년 우익지욱이 저술한『천학초징』과『천학재징』은 명말 최고의 이론적 수준을 자랑하는 파사 문헌으로 평가받고 있다.[13] 이로써 명말의 파사 운동은 일단락되었다.

『천주실의』의 형이상학적 비판에 대한 의리 논쟁은 위에서 언급한 여러 문장에 흩어져 있으며, 주로는 천주의 상대화, '공(空)'에 대한 논변, '심(心)'에 대한 논변의 세 가지 관점에서 전개되었다.

(1) 천주의 상대화

이는 즉 천주의 절대성, 초월성, 무한성을 부정하는 것이다. 주굉은 천주를 불교에서 말하는 삼천대천세계(三千大千世界) 속 수많은 천주 중 하나로 보았으며, 이 세계의 최고 천주는 대범천왕(大梵天王)이라고 말한다.[14] 또, 천주교에서 말하는 무형무색무성(無形無色無聲)의 '천주'는 단지 추상적인 '리(理)'에 불과하며, 현실 세계의 구체적인

---

13 고토 모토미(後藤基巳),『명청 사상과 기독교』, 켄분출판, 1979년, 114쪽.
14 "彼所稱天主者, 忉利天王一四天下, 三十三天之主也."(夏瑰琦 편,『성조파사집』, 건도신학원, 1996년, 320쪽)

일에 간섭할 수 없다고 보았다. 게다가 유교에는 예로부터 하늘에 제사를 지내는(祭天) 제도가 있었고, 공자와 맹자의 경천(敬天) 사상이 있었으니, 굳이 천주교의 천설(天說)을 수용할 필요는 없다고 주장했다.[15] 원오는 천주교가 천주와 인간을 둘로 구분하고, 천주의 절대성에 집착하는 것이 그 병폐의 근원이라고 보며, 불교는 부처는 곧 중생, 중생이 곧 부처임을 주장하고 깨달음의 여부를 기준으로 삼는 반면, 천주교는 명상(名相)에 집착하였기에 천주를 유일한 최고 존재로 간주한다고 말한다.[16] 비은(費隱)은, 천지만물은 시작과 끝이 있고 귀신(鬼神)은 시작이 있으나 끝이 없다고 하며, 그 위에 시작도 끝도 없는 천주라는 존재를 설정하려는 이마두의 사고방식은 '사견(邪見)'이자 '망집(妄執)'으로, 이는 마음 밖에 법(法)을 세우려는 '외도(外道)'에 해당하며 만물의 상이성과 분별에 대한 집착이라고 비판한다. 비은은 만물 모두 시작도 끝도 없고 일률적으로 평등하다고 보며, 자타 구분이 없는 것이 바로 '대도의 근원(大道之元)'이고, 시작도 끝도 없는 것이 '전진의 본체(全眞之體)'로, 이러한 진리의 본성은 만물 자체에 구비되어 있다고 설명한다.[17]

주굉의 논리에는 두 가지 층면이 포함되었다. 첫째는 천주를 여러

---

15 "又言天主者, 無形無色無聲, 則所謂天者理而已矣, 何以禦臣民, 施政令, 行賞罰乎? ……天之說, 何所不足而俟彼之創新說也."(『성조파사집』, 320, 322쪽)

16 "一切衆生皆有如來智慧德相, 但以妄想執著不能證得. 惟彼不能自證得, 故執天主爲天主, 佛爲佛, 衆生爲衆生, 遂成迷倒, 故有人我彼此是非之相, 此乃彼之病根. ……而不知佛者覺也, 覺者悟也."(『성조파사집』, 335, 337쪽)

17 "然瑪竇全不省天地萬物備于自己, 而自己與天地萬物具足, 無始無終本來者一著子, 向天地萬物之外, 妄執有一天主獨具無始無終, 誠爲邪見外道也."(『성조파사집』, 379쪽)

신들 중 하나로 보며 절대적인 유일신이 아니라고 주장함으로써, 천주를 불교 세계관의 종속 위치에 두려고 한 것이다. 둘째는 '천주'를 유교의 '리(理)', '천(天)'과 대조하며, '천설(天說)'이 천주교의 창안이 아닌 중국에 이미 오래전부터 존재해 온 사상임을 증명하고자 하였다. 원오는 불교의 "일체 중생은 모두 불성을 지닌다"는 관점에서 천주와 부처, 그리고 중생 사이에는 그 어떤 구분이나 차별도 없음을 논증하였다. 즉, 천주가 곧 부처이자 중생이라는 것이다. 비은은 불교의 '심외무법(心外無法)' 사상을 통해 만물은 본래 무시무종(無始無終)의 자성을 지님을 논증하였는데, 이는 실지로 '지고지상'한 천주를 만물과 동등한 위치로 격하시키려는 것이었다. 세 사람은 논증 방식에 차이가 있지만, 공통적으로 천주를 상대적이고 유한한 존재로 보았으며, 유일하고 절대적인 지고지상의 존재로 인정하지 않았다.

(2) '공(空)'에 대한 논변

불교에서 말하는 '공'이 '유(有)'를 낳을 수 없다는 이마두의 비판은, 불교의 '공'을 '스스로에게 전혀 아무것도 없는 것(絶無所有於己者)', 즉 절대적인 비존재로 이해하고, 이를 근거로 '공'이 실유(實有)하는 만물의 본원이 될 수 없다고 주장하는 것이다. 비은은, 이마두가 대승불교의 '일승실상요의지법(一乘實相了義之法)'을 제대로 이해하지 못했기 때문에 소승불교의 편협한 이론으로 '공'을 이해하고 있다고 비판했다. 또한, '공'을 '아무것도 없는 상태'로 해석하는 것은 만물의 밖에 하나의 실체화된 본원이 있다고 보는 집착이며, 불교가

말하는 '공'이 현상 세계의 창조인(創造因)이 아닌 '실상상주(實相常住)'
의 뜻임을 인식하지 못한 까닭이기도 하다[18]고 말한다. 나천여순은
천주교가 '공'을 불교의 본원으로 삼는 것은 '공'이라는 명(名)에 집
착한 것에 불과하다고 비판했다. 불교의 '공'은 '아무것도 존재하지
않는 완공(頑空)'이 아니라 '묘유진공(妙有眞空), 진공묘유(眞空妙有)'로,
그 본질은 '불공(不空)'이라고 주장한다. 그는 또 유가에서 근거를 찾
으며, 태극설에서도 본체론과 인식론 모두 '공'과 '무(無)'를 귀하게
여긴다고 말했다.[19]

불교와 천주교 간의 '공'에 대한 논쟁은 양측이 본원 문제를 바라
보는 근본적 차이를 반영한다. 이마두는 현상 세계의 창조인, 즉 제1원
인의 관점에서 '공'을 이해했다. 그에게 '공'은 '절대적인 무'이고,
실유(實有)도 실재(實在)도 아니므로 "유(有)"를 창조할 수 있는 동인이
내재되어 있지 않다고 보았다. 따라서 무에서 유로 전환되는 과정은
반드시 하나의 외부 동인에 의해 이루어져야 한다고 생각했다.[20] 반
면, 비은과 나천여순의 반론은 대승불교의 본원문제에 관한 근본 원

---

18 "此亦見瑪竇外道, 不識我佛單闡無始無終全眞大道爲究竟, 妄以空無生物謗我佛
矣. 殊不知我佛以無始無終全眞大道, 演爲一乘實相了義之法, 爲之開示, 令人悟
入. 且一乘者何? 乃實相常住之法也. ……縱有所憑, 亦不過我家小乘偏計色空之
謂, 非是我佛一乘實相之談."(『성조파사집』, 380, 382쪽)

19 "循名起執, 罪惡之端. ……蓋不知妙無者不無, 眞空者不空, 乃妙有眞空, 眞空妙有
之義耳. ……蓋耳食之徒, 謂空爲毫無所存之頑空, 不明其旨, 妄加只诋訾. ……況
'無極而太極', 不以無爲貴乎? '吾有知乎哉, 無知也.'不以空空爲貴乎?"(『성조파
사집』, 397-398쪽)

20 이마두 등 예수회 선교사들은 스콜라 철학의 논리로 '공'의 개념을 이해했는데, 이
러한 이해의 틀은 아리스토텔레스와 아퀴나스 사상 체계의 영향을 받았다. 이에
관해서는 메이첸리(梅謙立)의 「이마두 불교관의 일본적 기원과 중국 유학에서의
응용」(『공자연구』 2013년 제1기)을 참조.

리에 집중했다. 대승불교에서 말하는 '공'은 현상 세계를 창조한 본원을 가리키는 것이 아니라 현상 세계가 실재적인 '자성(自性)'을 지니지 않는다는 뜻이다. 즉, 주재성도 없고 실체도 없으며, 현상 자체가 곧 '공'이라는 일체 현상 사물 공동의 실상(성공[性空])을 의미한다. 그러나 '공'은 단순한 허무가 아니라 '유(有)'와 불가분의 관계를 갖는다. 현상 사물은 자성이 '공'이지만, 인연화합에 의해 나타나는 비실재적 현상(가유[假有])은 분명 존재하며, 성공과 가유는 현상 사물의 두 측면을 이룬다.[21] 따라서, 불교의 '공'은 창조론적 의미를 지니지 않는, 현상 사물의 존재 방식을 설명하는 궁극적 개념이라 주장한 것이다.

(3) '심(心)'에 대한 논변

'심(心)'에 대한 논변은 주로 '심'과 만물의 관계에 초점을 맞추었다. 이마두는 불교의 '심'을 고요한 물과 밝은 거울에 비유하며, '마음에 만물이 포함되어 있다(心含萬物)'는 것은 인식론적 관점이지 본체론적 의미가 아니라고 비판했다. 그는 마음이 외부 사물을 인식하고 반영할 수 있을 뿐, 사물 자체와 동일하지 않으며, 더 나아가 사물을 창조할 수도 없다고 보았다.[22] 유일보윤은 이마두가 "오직 마음에 달려 있음을 깨닫지 못하고, 하나의 본체에 대한 통찰을 완전히

---

21 '공'에 대한 상세한 분석은 팡리톈(方立天)의 「불교 '공'의 의미 해석」(『중국인민대학 학보』 2003년 제6기)을 참조.
22 "智者之心含天地, 具萬物, 非眞天地萬物之體也. 惟仰觀俯察, 鑒其形而達其理, 求其本而遂其用耳. 故目所未睹, 則心不得有其像. 若止水, 若明鏡影諸萬物, 乃謂明鏡, 止水均有天地, 即能造作之, 豈可乎?"(『천주실의금주』, 134-135쪽)

잃어, 마음 밖에 법이 있다고 여기면서 만물이 모두 천주(天主)로부터 생겨났다고 한다"[23]고 비판하였다. 우익지욱도『천학재징』에서 고요한 물과 밝은 거울은 비추는 사물과 경계가 있지만, 마음은 "하늘과 땅을 포함하고 만물을 포괄"하여 비추는 사물과의 경계가 없다고 반박했다. 그는 또 무형의 마음이 만물을 생성할 수 없다면, 무형의 천주 역시 만물을 생성할 수 없고, 무형의 천주가 유형의 사물을 주관할 수 있다면, 무형의 마음 또한 그리할 수 있다고 강조했다.[24]

불교 승려들의 반론에는 불교의 '만법유심(萬法唯心)' 사상이 뚜렷이 나타났다. 불교는 "천지 만물은 모두 마음 속에 있다(天地萬物咸蘊乎於心)"고 주장하며, '심'을 신체 내부에 제한된 유한한 존재로 보지 않는다.[25] 중국 불교에서 심성 문제에 대한 논의는 본체론적 중요성을 지니며, '심성본체(心性本體)'가 각 종파 심성론의 주요 논제 중 하나로 되어왔다. '심'은 세상의 모든 법이 생기고 존재하는 궁극적 근거이며, 그 최종 목표는 '공'의 이치를 체험하고 깨닫는 것[26]이니, 망집(妄執)을 버리고 청정한 자성을 깨달아 성불의 경지에 이르름이라 할 수 있다. 반면 이마두는 '심'을 단지 인식론적 관점에서만 이해하고, 본체론적 의미를 간과하였다.

---

23 『성조파사집』, 389쪽.
24 "止水明鏡之影萬物也, 鏡水在此, 萬物在彼, 有分劑, 有方隅, 故知是影而非體也. 心之含天地具萬物也, 汝可指心之方隅, 分劑猶如彼鏡與水乎? 若心無形朕, 不能生萬物者, 天主亦無形朕, 胡能生萬物也? 若天主無形而能形, 心獨不可無形而形形乎?"(『명말 청초 예수회 사상 문헌 총집』제5권, 305쪽)
25 정안더,『명말 청초 천주교와 불교의 호교 변론』, 불광산문교재단, 2001년, 211쪽.
26 중국 불교에서 '심'의 본체론적 성격에 대해, 양웨이중(楊維中)의「중국 불교 심성론의 형이상적 특징」(『철학분석』2019년 제3호)을 참조.

명말의 불야 대화는 단순한 중서양의 종교적 충돌을 넘어, 양교가 핵심 개념, 세계의 기원, 우주의 생성과 존재, 본체와 만물의 관계 등 철학적 핵심 문제를 둘러싸고 벌인 논쟁이기도 했다. 『천주실의』의 중심 주제 중 하나가 기독교 신학과 서양 철학의 원리를 바탕으로 불교의 기본 원리를 비판하는 것이었으며, 불교계 또한 천주교의 질문에 우주론, 본체론, 심성론 등 철학적 차원에서 응답했다. 이 불야 간의 대화는 중서양 종교가 신앙, 교의, 철학적 체계 및 정신적 핵심에서 전면적으로 충돌한 사건으로, 중국 종교사뿐만 아니라 중서 문화 교류사에서도 중요한 연구 가치를 지닌다.

명말 불야 대화의 또 다른 사상적 의의로써 『성조파사집』과 『벽사집』의 일본 전파 및 그 영향은 특히 주목할 만 하다. 이 두 문집은 에도 말기 미토번(水戸藩)과 불교 승려들에 의해 번각되었으며, 유신기 파사 운동(破邪運動)의 시작을 알리는 계기가 되어 일본 불교계의 파사 사상에 중요한 영향을 끼쳤다. 이하에서는 일본의 에도 시대에 주목하여 중일 불교 파사 사상의 연관성과 일본 불교 파사론의 특징을 고찰하고자 한다.

3. 명말 파사(破邪) 문헌의 일본에서의 번각, 편찬 및 유통

근세 일본 불교는 한편으로 고대와 중세 일본 불교의 정신적 유산을 계승하면서도, 다른 한편으로는 명대 불교의 사상과 문화를 적극적으로 수용하여 이를 자신들의 부흥과 혁신을 촉진하는 동력으로 삼았다. 많은 명나라 승려들의 일본 방문과 불교 문헌의 지속적인 유입은 이러한 경향을 잘 반영하고 있다. 황벽산 선승 은원륭기(隱元隆琦)가 일본으로 건너가 일본 황벽종을 창시한 일화는 중일 불교 교류사에서 미담으로 전해졌으며, 학계에서 익히 알려져 있다. 일본 역사학자 우치다 긴조(内田銀藏)는『성조파사집』이 은원의 일본 도래(1654)와 함께 전해진 것으로 추정하였다.[27] 또 다른 문집『벽사집』도 1685년의『남경선지도당본국금야소서(南京船持渡唐本國禁耶蘇書)』와 1717년의『어국금야소서목(御國禁耶蘇書目)』에 등장하는 것으로 보아, 이 역시 간행(1643)된 지 얼마 지나지 않아 일본에 전해진 것으로 추정된다.[28] 에도 초기『성조파사집』은 소규모로 유통되었다. 임제종 승려 설창종최(雪窓宗崔)는 나가사키의 고후쿠지(興福寺)에서 설법하던 중 이 책을 접하게 되었는 데, 그는 저서『대치사집론(對治邪執論)』에서『성조파사집』에 수록된 비은의『원도벽사설(原道辟邪說)』을 많이 인용하고 있다.[29] 그러나 두 문집은 에도 전중기의 불교계에 광범위한 영향을 미치지는 못했다.[30]

---

27 우치다 긴조에 따르면, 1917년 3월에 발행된『선종』잡지 "은원선사 원휘(遠諱) 기념호"에 은원이 일본에 있을 당시 소장한 '송은당 경서 목록'이 수록되었는데, 그 중에는 당나라 판본『성조파사집』4책이 포함되어 있었다. 이는 현재 전하는 판본이나 안세이 2년(1855년) 미토번 번각본보다 훨씬 이른 시기의 판본이다.(우치다 긴조,『우치다 긴조 유고 전집』제5집, 도분칸, 1922년, 373-375쪽)

28 나가사와 키쿠야(長澤規矩也), 아베 류이치(阿部隆一) 편,『일본 서목 대성』제4권, 큐코서원, 1979년, 210, 231쪽.

29 니시무라 레이(西村玲),「근세 불교에서의 기리시탄 비판 - 설창종최를 중심으로」,『일본사상사학』제43호, 2011년, 88쪽.

30 일본 불교학자 카시와하라 유센(柏原祐泉)은 일본의 불야 대화사를 두 시기로 나누었다. 전기는 1549년 예수회 선교사 프란치스코 하비에르의 일본 방문부터 간에이(寬永) 연간(1624~1644)의 금교에 이르기까지이고, 후기는 메이지 유신 전

에도 말기에 이르러서야 미토번주 도쿠가와 나리아키(德川齊昭)가
『성조파사집』의 가치를 발견하고 막부에 번각을 요청해, 1856년
『파사집』이라는 제목으로 에도에서 출간하였다. 나리아키가 『파사
집』을 번각한 것은 "오랑캐가 압박해오고 있다(蠻夷來逼)"는 이유에
서 였다. 1853년 '개국' 이후, 일본은 서구의 군사적 위협과 종교적
침투에 대응하기 위해 "밖으로는 무위를 떨치고, 안으로는 사설을
잠재우자(外奮武衛, 內息邪說)"고 하였기 때문이다.[31] 나리아키는 철저
한 파사론자이자 양이론자였다. 그는 천주교를 사교(邪敎)로 간주하
고 서구가 일본을 침략하는 수단으로 여겨, 막부에 수차례 상소하여
천주교의 유행과 서구 선박의 입항 및 교역을 금지할 것을 건의했으
며, 에도 이래의 일본 파사 문헌 수십 편을 수록한 『식거편(息距篇)』
22권을 편찬하였다. 『식거편』은 나리아키의 갑작스러운 사망으로
출판되지는 못했으나, 사본으로 남아 있다. 반면 『파사집』은 번각되
어 에도의 서점에서 판매되었고, 조정, 막부, 다이묘, 민간 지사, 사
찰 등 다양한 인사들에게 배포되어 메이지 유신 전후의 사상계, 특
히 불교계에서 널리 주목받았다.[32]

후이다. 그는 불교의 파사 활동이 주로 후기에 집중되었다고 보았는데, 이는 불교
인사들에 의해 작성된 파사서가 전기에는 몇 부밖에 없었던 것에 비해, 유신 전후
에는 70여 부에 달하는 규모로 급증했기 때문이다.(카시와하라 유센, 『일본 근세
・근대 불교사의 연구』, 헤이라쿠지 서점, 1969년, 332쪽)

31 "方今蠻夷來逼, 日甚一日, 外奮武衛, 內息邪說, 是我急務. ……余嘗中藏書破邪
集, 即時人所稱. ……然在今日, 則未必無小補, 乃命梓布世."(도쿠가와 나리아키,
『파사집 서[破邪集序]』, 岡田武彦, 荒木見悟 편, 『근세한적총간: 와각영인[近世漢
籍叢刊: 和刻影印]』사상4편14, 중문출판사, 1984년, 11047-11053쪽.)

32 『파사집』 번각 과정에 대한 상세한 내용은 이토 타사부로의(伊東多三郎)의 「막말
의 예수교 배격」(『역사지리』제65권 제3호, 1935년)을 참조.

『벽사집』은 정토종 승려 양로철정(養鸕徹定, 호: 杞憂道人)에 의해『번각벽사집』(1861)이라는 제목으로 번각되었으며, 상하 2권으로 이루어졌다. 철정은 또『벽사관견록(辟邪管見錄)』2권(1861)을 편찬하여 중일의 파사 문서, 막부 금령, 주균(朱筠)의『사고전서총목(四庫全書總目)』등을 포함한 총 33편의 발췌 문서, 법령, 목록을 수록하였다. 철정은 두 문집의 서문과 발문에서 번각 편찬의 동기를 언급하였는데, 대체로 서세동점에 대한 경계와 우려에서 비롯된 것이었다. 예를 들어『벽사집』의 서문에서는 서구가 군비를 바탕으로 통상을 개척하며, 예수를 전파하여 일본의 국토를 병합하려 한다고 언급했고,[33]『벽사관견록』서문에서는 천주교가 일본 삼교 융합의 도통을 위협하고 민중을 현혹하며, 인심에 젖어 들어 풍속을 어지럽히고 있다고 지적하였다.[34] 철정은 명말의 파사 문헌, 특히 불교인들의 문헌이 일본에 주는 참고적 가치를 높이 평가하였다. 그는『번각벽사집』서문에서 지욱과 여순을 칭송하며 "명나라의 종진지(鐘振之) 거사가 천학 초징, 재징을 편찬하고, 나아가 나천여순 선승이 천학초벽을 저술하여 유교와 불교의 이론을 펼쳤는데, 그 이치가 지극히 명쾌하고 서로 맞물림이 요사스러운 것들을 비추는 진시황의 거울과도 같다"라고 말

---

33 "余謂彼夷輩, 創造奇器, 以騙服蠢民, 假托耶敎, 而欺誣諸邦, 欲以赤手並呑宇內. ……余只懼通商一置, 妖敎禁漸弛也."(기우도인,『번각파사집 서』,『번각파사집』상, 국립국회도서관 소장, 1861년, 2-3쪽)

34 "夫三敎並行, 皇國之常典, 而萬世不容增減之大憲也. 近古有外夷, 自稱天主敎者, 闌入都鄙, 暗傷王化, 妄挾左道, 煽惑愚民. ……若夙早察其機, 力防其漸, 則浸淫人心, 擾亂風俗, 滔天之禍, 將複見于今日. 所謂大經大法, 爲之否塞, 遂爲三敎之毒魔者, 壹在于耶穌一敎矣."(기우도인,『파사관견록 서』,『파사관견록』상, 국립국회도서관 소장, 1861년, 1-3쪽)

했다.[35] 또 『번각벽사집』 발문에서는 비은의 『원도벽사설』을 크게 칭찬하며, "원도벽사설 일권을 보여주어 받아 읽었는데 명나라 비은 선사가 저술한 것이었다. 그 논의가 정확하고 반박이 통쾌하여 요사스러운 자들의 정수리에 바늘을 꽂는 듯하다. …… 나는 요사스러운 자들이 여러 나라를 노리고 있음을 매우 개탄한다. …… 선사께서 단숨에 폭로하시니 마치 요망한 자들을 비추는 거울과도 같다. …… 이것이 내가 이 책을 번각하여 외세의 모욕을 물리치는데 힘 보태고자 하는 이유이다"라고 했다.[36]

철정은 유신기 파사론의 선구자로서 『석교정류초파(釋敎正謬初破)』, 『석교정류재파(釋敎正謬再破)』, 『소야론(笑耶論)』, 『불법불가척론(佛法不可斥論)』 등 다수의 파사서를 집필하였고, 『변도서목제요(辨道書目提要)』(1869)를 편찬하여 중・일・조 3국의 파사서, 호법서, 배불서 등 불야 대화 관련 서목 116편을 수록하였다.[37] 또한, 각지 사찰에서 『벽사집』을 강설하였고, 1869년에는 불교 각 종파가 공동으로 설립한 호법 조직인 '제종동덕회맹(諸宗同德會盟)'의 맹주로 추대되어 유신기의 파사론을 이끌었으며, 파사 문헌과 사상의 전파에 중요한 역할을 하였다.[38]

『파사집』과 『벽사집』은 유신기 승려들이 파사서 집필 시 주요한 전거(典據)로 사용되었고, 몇몇 중요한 파사서에서도 두 문집에 수록

---

35 『번각벽사집』 상, 2-3쪽.
36 『번각벽사집』 하, 1-3쪽.
37 세리카와 히로미치(芹川博通), 『이문화의 마찰과 이해: 양로철정의 기독교론』, 호쿠쥬 출판, 1994년, 303쪽.
38 『이문화의 마찰과 이해: 양로철정의 기독교론』, 23-24쪽.

된 글이 빈번히 인용되었다.[39] 일본 승려들이 명말의 파사 문헌을 참
조한 데에는 주로 다음의 세 가지 이유가 있다.

(1) 명말 파사 문헌은 천주교 교리 이해의 중요한 지식 출처였다.

에도 막부는 오랫동안 쇄국과 금교 정책을 시행하며 여러 차례 금
서령을 발표하여 천주교 관련 서적의 유통을 통제하였으므로, 천주
교 서적을 구하기 어려웠다. 더구나 사원들은 막부와 협력하여 민중
의 호적을 관리하고 신앙을 통제했으며, 천주교에 대해 적대적인 태
도를 보였기 때문에 승려들은 천주교에 대한 지식이 극도로 부족하
였다. 이러한 상황에서 『파사집』과 『벽사집』은 승려들이 천주교 지
식을 얻는 중요한 출처가 되었다. 조동종 승려 도계(道契)는 자신이
『벽사대의(辟邪大義)』를 저술한 이유가 승려들이 천주교를 이해하지
못해 호법호국의 목적을 달성할 수 없었기 때문이라고 하였다.[40] 정

---

39 일본 학자 사카구치 미츠히로(坂口満宏)는 유신기의 주요 파사서들이 『파사집』,
『벽사집』, 『파사관견록』을 인용한 사례를 상세히 정리했다. 인용된 명나라 인물
의 글은 『파사집』과 『벽사집』에 집중되어 있었고, 『벽사관견록』에서 인용된 것은
주로 청나라 인물들의 글이었다. 『파사집』과 『벽사집』의 거의 모든 글이 인용되었
으며, 인용 빈도가 가장 높은 것은 허대수(許大受)의 『성조좌벽(聖朝佐辟)』으로,
총 14회 인용되었다.(사카구치 미츠히로, 『막말 유신기의 배야론』, 스기이로쿠로
선생님 퇴직기념사업회 편: 『근대 일본 사회와 기독교』, 도호샤 출판, 1989년,
138-139쪽) 또한, 코바야시 시호(小林志保)와 쿠리야마 요시히사(栗山義久)는
각 주요 벽사서들의 중국 벽사 관련 글 인용수를 통계하였는데, 가장 많이 인용한
것은 조동종 승려 도계의 『벽사대의』로 총 22편의 글을 인용했다.(코바야시 시호,
쿠리야마 요시히사, 「배야서 "호국신론", "예수교의 무도리"에서 본 진종 본원사
파의 배야 운동」, 『난잔대학 도서관 기요』 제7호, 2001년, 123쪽)

40 "耶穌宗門, 國家之大禁, 二百年來其敎禁絶于世間, 故名衲達士亦不能辨知耶穌
之宗趣. 就方今海岸之地邪宗興複之形勢, 以呤昧摧破邪敎爲己任之僧人, 若不知
其大義, 則棘手之至. 故予述此邪敎之大義, 亦是護持正法保國安民之丹心而已."
(도계, 『벽사대의(闢邪大義)』, 神崎一作 편 『파사총서』 제1집, 철학서원, 1893년,

토진종 승려 초연(超然, 深慨隱士)도 『척사만필(斥邪漫筆)』에서 막부가 천주교 서적을 오랫동안 금지하여 파사 문헌이 번각된 후에야 세상 사람들이 비로소 그 기본 교리를 이해하게 되었다고 언급했다.[41]

(2) 명말 파사 문헌은 천주교 비판의 권위 있는 근거로 간주되었다.

일본 승려들의 글에서는 경전을 인용하는(引經據典) 작문 방식이 자주 사용되었는데, 논지를 전개할 때 명말 문헌의 관련 표현을 인용하고, 그 아래에 해설이나 주석을 덧붙였다. 일반적인 인용 방식으로는 직접 인용(원문 그대로 인용), 개작('훈독문' 형태로 제시), 요약(원문 의미를 개괄) 등이 있으며, 이는 승려들이 문헌적 증거를 제시하여 자신들의 주장이 무근지설이 아님을 증명하려는 의도에서 였다. 진종 본원사파의 승려 남계(南溪, 淮水老杜多)의 『기우소언(杞憂小言)』이 그 대표적인 예이다.[42]

동시에, 이는 일본 승려들이 명말 파사 문헌의 권위성을 인정하고 있음을 반영한다. 예를 들어, 천주교 신자 아베 신조(阿部眞造, 歸正癡士)는 호교서 『몽성진론(夢醒眞論)』(1869)에서, 불승들이 천주교를 비판하

274쪽)

41 "天主敎之書籍, 舊來因官禁之故, 世不得閱, 是以其所說不詳. ……然自安政乙卯之歲, 有水府刊行『破邪集』, 彼敎之誑人使入邪路之形狀心術, 極其詳悉. ……『破邪集』者, 蓋蒐集當時之碩儒高僧殫力彈劾邪敎之物也. 于此, 皇國之人初領邪敎之旨. 景山公非佞佛之人, 而刊布之. ……萬延庚申之歲, 緣山刻『辟邪集』『辟邪管見錄』, 世愈知邪敎之趣."(심개은사[深慨隱士], 『척사만필』, 와세다대학 도서관 소장, 1865년, 1-2쪽)

42 남계는 책에서 "于明末儒釋之達士『明朝破邪集』八冊痛哭筆誅所破之中, 足見祆敎之猥褻鄙陋, 敗正恣邪之醜態. 故此, 以下斷引彼中諸篇之文, 付以私注, 示其一端."이라고 언급하였다.(淮水老杜多, 『기우소언』, 메이지 불교사상자료 집성편집위원회 편『메이지 불교사상자료 집성』 제1권, 도호샤 출판, 1980년, 170-171쪽)

는 글은 서양이나 명·청, 또는 민간의 잡서에서 단편적인 내용을 짜 깁기한 것이지 천주교 교리를 제대로 이해한 바탕에서 저술된 것이 아니라고 비난했다.[43] 이에 대해 양로철정은 『소야론』(1869)에서 『파사집』을 '진서(眞書)'로 간주하며, 근래의 파사문들은 모두 『파사집』을 참조하여 서양서의 관점을 논박한 것이라고 주장하였다.[44]

(3) 유신기의 일본과 명말의 중국은 유사한 대내외 환경에 직면해 있었다.

외부의 관점에서 볼 때, 유신기와 명말은 시대는 다르지만 기독교 신교의 침입이라는 유사한 종교적 외압에 직면하고 있었으므로, 명말 파사 문헌이 일본에 역사적 참고가 될 수 있었다. 예를 들어 철정은 『벽사관견록』 서문에서 명말 천주교의 범람을 교훈 삼아 같은 과오를 반복하지 말아야 한다고 언급했다.[45] 초연은 『척사만필』에서 천주교가 중일 양국에 전래된 역사를 자세히 소개하였고, 후속 편 『척사이필(斥邪二筆)』에서는 일본에 전래된 신교와 과거의 천주교는 비록 신·구의 차이가 있지만 결국에는 '동원이류(同源異流)'의 '사교'로, 파사의 중임은 불승이 마땅히 짊어져야 할 책무임을 강조했다.[46]

---

43 "近頃『護國新論』『斥邪漫筆』『破邪集』『管見錄』『筆誅耶穌』等, 其外種種之書, 誹謗我天主聖教, 唯拾取西洋雜書中散見之事, 據明淸儒者佛徒之立言, 或信民間雜說之批判, 非讀切支丹眞理之書後起疑而論. ……可知其批判不通."(歸正癡士, 『몽성진론』, 국립국회도서관 소장, 1869년, 13-14쪽)

44 "『破邪集』者明之鹽官徐昌治, 『辟邪集』者鍾振之所著, 帝典王谟, 一一表彰之. 渠所著『天主實義』『聖像略說』『聖敎約言』『西來意』『畸人十篇』『三山論學記』等, 一一辟之. 近時此士所著辟邪諸論, 皆就渠書破之, 何爲不讀眞書?"(기우도인, 『소야론』, 『메이지 불교사상자료 집성』 제2권, 도호샤 출판, 1980년, 28쪽)

45 "按破邪集, 至明末, 夷輩始入西土, 流耶穌敎. 當時巨儒高僧, 呢呢疏論, 然蔓延難除, 大釀禍水, 可以爲覆轍之戒矣."(『벽사관견록』 상, 3쪽)

46 "然夷輩狡猾, 雖役筆硯, 左支右吾, 止是同源異流, 而其所崇奉俱在天主耶穌, 則

내부의 관점에서 볼 때, 일부 일본 승려들은 명말 파사 문헌의 참조 가치가 중국의 삼교 합일, 특히는 인심을 모아 외교를 방어할 수 있는 유불 일치의 종교 전통에 있다고 보았다. 일본 역시 신유불(神儒佛) 삼교가 존재하므로 명말을 본받아 삼교의 힘을 합쳐 파사해야 한다는 것이다. 초연은 이러한 삼교 일치론의 대표적 인물로,『한경산어(寒更叢語)』와『척사삼필(斥邪三筆)』등의 저작에서 이를 여러 차례 강조하였다.[47] 남계도『회수유결(淮水遺決)』에서 유사한 견해를 피력하며, 기독교는 신구를 막론하고 모두 사교로, 일본 전통 삼교의 공동의 적이라고 주장하였다. 천주교의 '사교성(邪敎性)'은 이미 명말의 중국에서 입증되었고,『파사집』에는 천주교와 삼교 충돌의 과정이 기록되어 있으며, 현재 일본에 전래된 신교도 과거의 천주교와 다를 바 없다는 것이다.[48]

일본 유신기의 파사론은 미토번의『파사집』번각에서 시작되어, 양로철정의 주도와 촉진 아래 불교계를 중심으로 전개되었다. 이 과정에서 일본 승려들은 명말의 파사 문헌을 참고함으로써 기독교와 관련된 지식을 습득하고, 기독교에 대항할 이론적 근거를 확보하였

要不出盜果違命釘死贖罪之說而已矣. 破邪辟邪之責, 終不可免, 豈得謂彼邪此正乎?"(심개은사,『척사이필』, 와세다대학 도서관 소장, 1866년, 35쪽)

47 "耶穌之法, 不論新舊, 呑噬他國之媒也. 然欲禦之, 可合本國之人心, 以拒其寇. 使其人心合而爲一者, 不如舊來其所行之敎法. 故明國萬曆之末, 邪敎東來之時, 儒佛之徒, 勤力禦之. 中國有儒佛道三敎, 皇朝有神儒佛三道, 可協和衛國."(심개은사,『한경산어』,『메이지 불교사상자료 집성』제1권, 391쪽)

48 "所謂外邪之法, 由西洋南蠻闌入此間之天主耶穌敎也. 此神儒佛三道之仇敵, 害國惑人之邪敎, 爲國爲法務應剪除之. 此敎東播有舊新, 法敎亦有舊新. ……又邪法流播中國明末, 壞三道, 亂國律, 彼邦儒佛之達者, 合力勵志, 集攘斥之文上梓, 雲『明朝破邪集』. 讀之, 可知基督敎者邪敎, 乃爲簒奪國家渡來."(淮水老杜多,『회수유결』,『메이지 불교사상자료 집성』제1권, 146쪽)

다. 명말 파사 문헌이 일본 유신기에 번각되고 유포된 것은 중국 불교와 근세 일본 불교 간의 사상적 연관성을 보여준다.

기독교 관련 지식이 축적됨에 따라, 일부 일본 승려들은 신교와 천주교가 비록 같은 뿌리를 가졌지만 교리에는 많은 차이가 있어, 명말 파사 문헌을 통해 현재의 신교를 이해하는 데에는 시대적 한계가 존재함을 느꼈다. 진종 오타니파 승려 히구치 류온(樋口龍溫)은 『벽사호법책(辟邪護法策)』에서, 현재 전래된 신교는 이전의 천주교와는 다른 파벌로, 그 '사교성'이 더욱 은밀해 졌기 때문에, 명대 문헌에 의존하여 현재의 예수교를 이해하는 방식은 적절하지 않아 예수교 경전을 직접 읽고, 그 교리를 이해한 뒤에 설파해야 한다고 제시하였다.[49] 진종 오타니파 승려 키라 코요(雲英晃曜)는 『호법총론』에서 철정이 두 종파를 혼동하는 점을 비판하며, 신교와 천주교는 완전히 다른 교파임을 주장했다.[50]

일본 승려들이 기독교에 대한 지식을 심화할 수 있었던 배경에는 기독교 서적의 대량 유입이 있었다. 이러한 서적의 대부분은 중국에서 활동하던 선교사들의 손에서 비롯된 것이다. 일본 학자들의 통계에 따르면 19세기 중반까지 재중 선교사들이 한문으로 저술하거나

---

49 "今時耶穌敎之邪甚難決, 與古時天主敎有別. ……若此義(二敎有別之義)成立, 則破古之天主敎之『明朝破邪集』八卷, 一時天下之曆曆儒者佛者相寄所破, 多爲不當之事. 近頃出于緣山之『辟邪集』二卷亦同前也. ……今之所稱聖經者, 全耶穌敎之經典, 不就彼本文破之, 則爲不當之事."(히구치 류온, 『벽사호법책』, 토키와 다이죠 편 『메이지 불교 전집』 제8권, 슌요도, 1935년, 176쪽)

50 "天下學者多以今之耶穌敎完全同于古之天主敎, 爲避我國之禁制, 妖法暫立別義. 彼杞憂道人之『管見錄』亦有論曰, 天主敎知二百年來我之國禁, 故此番易名, 雲耶穌敎. 我迄今亦存此念, 曾著『護法小言』. 然漸次硏究之, 知耶穌與天主全爲異派." (키라 코요, 『호법총론』, 『메이지 불교 전집』 제8권, 276쪽)

번역한 기독교 서적은 약 800종에 달하며, 그중 수백종이 일본에 전해졌다.[51] 카라 코요가 『호법총론』에서 통계한 바에 따르면, 1865년 한 해만 해도 96종에 달하는 기독교 서적이 일본으로 유입되었고, 그중에는 한역 『신구약성경』, 『성경』 주해, 교리서 및 천문지리 등 자연과학 서적이 포함되었다.[52] 이후 일본 승려들의 파사서는 다양한 기독교 서적을 인용하기 시작했으며, 더 이상 명말의 파사 문헌에 의존하지 않게 되었다.[53]

4. 유신기 불교 파사론의 세속적 특징

명말의 불교가 불야 간의 대화에서 철학적 주제를 풍부하게 다룬 것에 비해, 유신기 불교의 파사론에는 순수한 학리적 논변이 거의 나타나지 않는다. 후자는 대개 '호국'이라는 정치적 구호와 결합되어 있어 뚜렷한 세속적 특징을 갖는다. '호국'의 궁극적인 목적은 '호법'으로, 세속 권력에 영합하여 불교의 지위를 유지하려는 것이다.

---

51 오자와 사부로(小澤三郎), 『막말 메이지 예수교사 연구』, 일본기독교단 출판국, 1973년, 141-145쪽.

52 『메이지 불교 전집』 제8권, 265-266쪽.

53 시간이 흐름에 따라, 기독교 서적을 직접 인용한 파사서가 점점 많아졌다. 그중에서도 인용 횟수가 많은 것은 덕봉(德鳳)의 『호법소책(護法小策)』(1863년 저, 12종 인용), 히구치 류온의 『파사호법책』(1863년 저, 15종 인용), 겁수(劫水)의 『탄사반백칙(彈邪半百則)』(1865년 저, 15종 인용), 키라 코요의 『호법총론』(1869년 저, 27종 인용) 등이다. 이 네 권의 파사서에는 명말의 문헌이 전혀 인용되지 않았다. (코바야시 시호, 쿠리야마 요시히사, 「배야서 "호국신론", "예수교의 무도리"에서 본 진종 본원사파의 배야운동」, 『난잔대학 도서관 기요』 제7호, 2001년, 123쪽)

일본 역사 상 불야 간의 순수한 학리적 논변이 없었던 것은 아니었다. 역사학자 이에나가 사부로(家永三郞)는 일본의 불야 대화를 양측의 형이상학적 문제에 대한 근본적인 차이를 다룬 서로 다른 철학적 사상 체계 간의 충돌로 보았다.[54] 이에나가는 니시다 철학의 관점을 차용하여 불교는 '무(無)'를 근본 실재로, 기독교는 '유(有)'를 근본 실재로 삼으며, 각각 동양의 '무의 문화'와 서양의 '유의 문화'를 대표한다고 주장하였다. 또한 양측은 아래의 세 가지 문제에서 근본적인 대립을 보인다고 말한다. 첫째는 신앙 대상으로서의 절대 본체를 둘러싼 대립이다. 불교는 비인격적 진여법성을 주장하며 본질적으로는 무(汎)신론 철학인 반면, 기독교는 유일신에 대한 신앙을 강조하며 본질적으로는 유신론 철학이다. 둘째는 내세 상벌(賞罰)의 존재여부에 대한 논쟁이다. 불교는 종말 심판 교리가 없으며, 선악 불이(善惡不二)의 일원론적 관점에 입각해 있다. 반면 기독교는 선을 상주고 악을 벌하는 서양의 이원론적 사고 방식을 대표한다. 셋째는 영혼불멸에 대한 논쟁이다. 불교는 모든 중생이 불성을 지니고 있음을 주장하며, 인간의 특수성을 인정하지 않고 영혼을 비물질적 실체로 보지도 않는다. 기독교는 내세 상벌의 관념을 가지고 있기에, 내세 존재에 대한 긍정과 영혼 불멸의 교리가 도출되는 것은 자연스러운 결과라 할 수 있다. 이는 본질적으로 불교의 심신일여(身心一如)와 기독교의 정신-물질 이원론의 대립이다. 이상의 세 가지 측면에 기반해, 이에나가는 일본의 불야 대화를 풍부한 철학적 가치를 지닌 논쟁이

---

54 이에나가 사부로, 『중세 불교사상사 연구』 증보판, 호조칸, 1990년, 111-180쪽.

라고 평가한다. 그는 또 이러한 "풍부한 철학적 가치를 지닌 논쟁"은 천주교가 일본에 전파된 초기, 즉 전국 말기로부터 아즈치·모모야마 시대 사이에 국한됨을 강조하며, 도쿠가와 막부의 금교 정책 이후, 파사론의 대부분은 막부의 사교관을 이론적으로 옹호하는 정책적 발언에 지나지 않아, 그 사상적 가치가 심각하게 저하되었다고 말한다. 특히 유신기의 불교 파사서에 대해 이에나가는 이를 "양이론의 유행을 틈타 저술된 것으로, 진부한 발언에 불과하다" 고 평가했다.

유신기 불교의 파사론이 나타낸 세속적 특징은 일본 불교가 직면했던 현실적 상황과 밀접히 관련된다. 불교는 에도 시대에 오랜 기간 동안 '준국교'의 역할을 해왔다. 막부는 천주교의 확산을 방지하기 위해 사원이 주민등록을 관리하는 '사청제도(寺請制度)'를 시행하여, 모든 국민이 특정 사원에 소속되도록 규정했고, 이를 통해 비천주교도임을 증명할 수 있었다. 이 제도는 사원의 사회적 지위를 보장했지만, 사원으로 하여금 막부 권력에 예속된 세속 기관으로 전락되게 하였으며, 불교의 행정적 기능이 확대되고 종교적 기능은 크게 축소되었다.[55] 불교계의 '타락'으로 에도 시대에는 '배불론'이 장기간 유행하였으며, 유신기에 들어서면서 그 절정에 이르렀다. 에도 시대의 배불론은 주로 유가, 국학, 난학(蘭學) 등의 다양한 사상 체계에서 비롯되었다. 유가는 윤리주의에 입각하여 불교의 출세관을 비판하며, 불교가 권장하는 출가 행위는 인륜강상(人倫綱常)에 어긋나

---

55 조덕우(趙德宇), 「일본 근세 불교의 실격」, 『남개 일본연구』 2021년 제1기.

사회의 통치와 결속에 도움이 되지 않는다고 지적했다. 국학은 신국(神國) 관념의 영향을 받아 자신의 정통성을 내세우며 신불습합 신앙을 비판하고, 불교를 외래의 이단으로 간주했다. 난학(양학)은 과학주의의 입장에서 불교의 수미산 세계관이 허구적이라고 비판했다.[56] 이렇듯 다양한 사상체계의 불교 비판은 교리, 사회적 기능, 철학, 윤리, 과학 등 여러 방면에 걸쳐 있었는데, 초점은 다를지라도 모두 불교의 사회적 지위를 위협하기에 충분했다. 이에 불교계는 '호법 운동'을 전개하여 스스로의 생존과 발전을 도모하려 했다. 그러나 사방에 적을 둔 불교는 호법 운동에서 일관되게 수세적 입장을 취할 수밖에 없었다. 배불론에서 불교를 비판하는 근거 자체가 근세 사회의 주류 관념과 시대 정신에 부합하였기 때문에, 이에 대한 반발은 불교를 시대와 상충하는 불리한 위치에 처하게 만들 것이 분명했다. 따라서 불교는 서로 다른 사상 체계에서 제기하는 의문에 대해 변호하고 타협하는 태도로 대응할 수밖에 없었다. 유가의 윤리주의에 대해서는 선을 권장하고 악을 벌하는 것이 오륜오상의 취지에 부합한다며 모순을 해소였고, 국학의 신국 사상에 대해서는 본지수적설(本地垂迹說)의 관점에서 신불관계의 역사적 연원을 강조하였으며, 난학(양학)의 과학주의에 대해서는 불교 지도를 서양 세계지도에 비추어 해석함으로써 불교의 합리적 요소를 증명하려 했다.

에도 후기에는 배불의 풍조가 더욱 거세져, 불교는 유학, 복고 신도, 양학, 기독교의 협공을 받기에 이르렀다. 류온의 『급책문(急策文)』

---

56 모리 카즈야(森和也), 「배불론 · 호법론 · 삼교 일치론」, 伊藤聡, 吉田一彦 편 『일본 종교사3: 종교의 융합과 분리 · 충돌』, 요시카와코분칸, 2020년, 218쪽.

은 당시 불교가 처한 상황을 이렇게 묘사했다.

> 오늘날 우리 불법의 영역을 무너뜨리려는 적병들이 사면초가의 형세를 만들고 있으니, 이는 실로 존망이 걸린 위기이다. 목숨을 잃을지라도 방어해야만 한다. … 지금 말하는 사방의 적이란 누구인가? 하나는 편견을 내세워 불법을 폄하하는 유자이고, 둘은 신장(神藏)의 고서(古書)를 근거로 억설을 주장하며 고도(古道)·고전(古傳)이라 자칭하는 신학자이고, 셋은 지구가 구형의 행성임을 논하는 천문학자이며, 넷은 변방의 항구에서 들어온 예수교도이다.[57]

이러한 상황에서 불교를 국가와 연결지어 국가에 대한 의미와 가치를 논하는 것이 일본 승려들에게는 현실적인 선택이 되었다. 일본 승려들은 국가가 직면한 최대 과제인 '양이(攘夷)'에 적극적으로 참여했는데, 진종 본원사파의 승려 월성(月性)의 『불법호국론』이 그 대표적 사례이다. 월성은 파사, 호국, 호법의 일체화를 주장하며 불법의 번영은 국가의 존재에 기초하고 있음을 강조하였다. 국가의 근본을 위협하는 '사교'에 대해서는 '교로써 교를 방어'해야 하며, 이를 담당할 수 있는 자는 오직 불교 뿐이라고 주장했다.[58]

배불론의 오랜 위협 속에서 일본 불교가 직면한 최대 과제는 위기 극복과 재부흥이었다. 기독교의 동진은 이에 적절한 기회를 제공한

---

57 히구치 류온, 『급책문』, 『메이지 불교 전집』 제8권, 176쪽.
58 "佛法雖無上, 卻不能獨立, 法之建立亦因國存也. 國滅則法不能獨存. ……今日海防之急務, 不若以敎防敎. 而任其責者誰? 曰八宗之僧侶也. ……今之護法, 唯以法護國而已."(월성, 『불법호국론』, 류코쿠대학 도서관 소장, 1856년, 2-9쪽)

셈이다. 일본 승려들은 기독교를 비판함으로써 국가에 대한 자신의 존재 가치를 극력 입증하려 했고, 이를 통해 막부 정책과의 접점을 모색하였다. 따라서 일본 승려들의 파사문은 기본적으로 막부의 사교론과 보조를 맞추어 기독교가 '사교'라는 선입견에 기반을 두었다. 파사, 호국, 호법이 일체화된 일본 파사론의 체계에서 '파사'는 단지 '호법'을 실현하기 위한 수단에 불과했으며, 학리적 논변은 일본 승려들의 주요 관심사가 아니었다.

5. 결론

명말의 중국이든 유신기의 일본이든, 불야 대화 속의 상호 비판은 실질적으로 종교적 담론을 둘러싼 권력 쟁탈이었다. 이마두와 불교 인사들 간의 형이상학적 학리 논변은 세계 보편 원리의 해석과 증명을 지향하고 있었으며, 양측의 논쟁은 이 세계에 보편적인 원리가 존재한다는 인식을 전제로 하였다. 교리적으로 상대방을 논파하는 것은 곧 진리의 고지를 점령하고, 자신의 존재 가치와 의미를 증명함으로써 중국의 종교 구도에서 주도적 위치를 차지하는 것을 의미했다. 반면, 유신기 일본 불교의 파사론은 명말의 파사 사상에서 일정 정도의 영향을 받기는 했지만, 전혀 다른 세속적 특징을 나타내었다. 이는 장기간 배불론에 직면해 왔던 일본 승려들이 불가피하게 내린 현실적 선택이었지만, 궁극적으로 일본 불교의 존재 가치와 의미 평가의 기준을 세속 권력에 맡기는 형태가 되어버렸다.

동아시아의 시각에서 볼 때, 중일 불교 파사 사상의 역사적 연관성과 각자의 상이한 특성은 동아시아 지역의 종교 문화 전통이 서양의 보편적 종교 체계를 수용할 때 나타낸 공통성과 차이점을 반영한다. 공통성이 존재하기에 서로 참조하며 영향을 주고받을 수 있었고, 차이점이 있기 때문에 각기 다른 역사적 전개가 이루어졌다. 동아시아 종교 문화의 일반적 흐름과 각 지역의 차별화된 발전을 종합적으로 고려해야만 동아시아 지식의 전파, 변용 및 교류의 전체적 양상을 더욱 잘 파악할 수 있을 것이다.

제4장

기독교 일본 전래 과정에서의
'중국 요인'에 대한 고찰

1. 들어가는 말

1853년, 미국 해군 동인도 함대 사령관 페리가 함대를 이끌고 일본의 문호를 두드렸고, 이듬해 막부와 「일미화친조약」을 체결하여 일본의 쇄국 상태를 종결시켰다. 1858년, 미국 주일 총영사 해리스는 도쿠가와 막부와 「미일수호통상조약」을 체결하였다. 조약의 제8조에는 미국인이 조계 내에서 일정한 정도의 종교 신앙의 자유를 누릴 수 있다고 규정되었다.[1] 이를 계기로 서구 선교사들이 잇따라 일본에 들어와 기독교[2]를 전파하기 시작했다. 기독교는 서구의 선진 과학기술과 사상문화를 동반하여 일본에 전해졌고, 일본에 심오한 사회적·사상적 변화를 일으키며 문명 개화와 근대화 발전에 깊은 영향을 미쳤다. 따라서 기독교의 전래는 일본 역사에서 중대한 의의를 지닌 사건으로 평가된다.

이러한 사실(史實)에 비추어, 일본 학계의 기존 연구는 '일본의 서구문화 수용'이라는 틀 안에서 기독교의 일본 전래를 논하는 경향이 있었다. 대표적은 연구 시각으로는 다음과 같은 몇 가지가 있다. 예를 들어, 기독교의 일본 전래를 16세기 천주교가 전해진 이후 일본

---

1 "재일 미국인은 자국의 종법(宗法)에 따라 거주 구역 내에 예배당을 세울 수 있다. 그 건축물을 파괴하거나 미국인이 자신의 종법을 행하는 것을 방해해서는 안 된다. 미국인은 일본인의 사당이나 궁전을 훼손해서는 안 되며, 일본인이 신불(神佛)을 예배하는 것을 방해해서도 안 되며, 신체(神體)나 불상(佛像)을 훼손해서도 안 된다. 양국 국민은 서로의 종지(宗旨)나 교의를 두고 논쟁을 벌여서는 안 된다. 일본 정부는 나가사키의 후미에(踏繪) 제도를 폐지한다."(야마모토 히데테루, 『일본기독교회 약사』, 도쿄: 일본기독교회 대회 사무소, 1922년, 3쪽.)
2 본문의 '기독교'는 모두 개신교를 의미한다.

과 서구 문화의 두 번째 접촉으로 보고, 일본이 기독교를 수용한 과정을 탐구하는 것은 현대 동서양 사상의 교류를 깊이 이해하는 데 도움이 된다[3]는 주장이 있다. 또한, 기독교의 일본 전래는 기독교가 일본이라는 '완전히 이질적인 문화'에 이식되는 과정이며, 기독교는 일본의 '외래 종교'로, 일본은 기독교에게 있어 완전히 '이질적'인 정신적 토양이었다[4]고 보는 연구도 있다. 뿐만 아니라, 기독교의 일본 전래 과정을 기독교의 종교 사상, 신학 관념, 인생관, 윤리관이 일본 전통과 벌인 '대결'로 간주하는[5] 등의 시각도 존재한다. 이러한 틀 안에서 진행되는 연구들이 주목하는 공통의 주제는 기독교의 토착화(또는 일본화), 즉 서구 문화의 정신적 원천인 기독교가 일본의 전통 사회, 문화, 사상, 종교와 어떠한 상호 충돌, 적응 및 융합을 겪었는 지를 탐구하고자 하는 것이다.

실제 역사적 발전을 살펴보면, 기독교의 일본 전래는 '서학동점(西學東漸)'[6]이라는 큰 배경 속에서 이루어졌다. 잘 알려진 바와 같이, '서

---

3 세키오카 카즈시게(関岡一成),『근대일본의 기독교 수용』, 교토: 쇼와당, 1985년, 1-2쪽.
4   이시하라 켄(石原謙),「일본 기독교의 역사적 의의와 전망」,『일본 기독교사』(『이시하라 켄 저작집 제10권』), 도쿄: 이와나미서점, 1979년, 387쪽.
5 타케다 키요코(武田清子),『인간관의 상극: 근대 일본의 사상과 기독교』, 도쿄: 코분도, 1959년, 4쪽.
6 여기서는 특별히 청나라 말기의 '서학동점'을 가리킨다. 진독수(陳獨秀)는『우리의 마지막 각오』에서 중화민국 이전의 서학 보급 과정을 명말, 청초, 아편 전쟁 이후, 갑오 전쟁 이후의 네 단계로 나누었다. 본문에서 언급한 '서학동점'은 그 중 세 번째 단계로, 청말 아편 전쟁 이후부터 갑오 전쟁 이전까지 서구의 학문·사상이 중국에서의 전파를 가리킨다. 웅월지(熊月之)는『서학동점과 만청 사회』에서 청나라 말기의 서학동점을 네 개의 역사적 단계로 나누고, 각 단계의 시작 사건을 '모리슨의 중국 선교와 한문 서양서의 출판', '아편전쟁', '제2차 아편전쟁', '무술변법'이라고 보았다. 본문에서 언급된 시간은 그 중 두 번째에서 세 번째 단계에 해당

학동점'의 중요한 내용 중 하나가 바로 기독교의 동방 전파이다. 중국은 두 차례의 아편 전쟁에서 패배하고 열강과 불평등 조약을 체결하여 문호를 개방하게 된다. 여러 개의 통상 항구를 설치하고 외국인들이 이 구역에서 기독교를 전파하는 것을 허용하면서 서구 선교사들의 중국 선교 활동이 본격적으로 시작되었다. 기독교 일본 전파의 기점을 선교사들이 일본에 상륙한 시점으로 본다면, 중국보다 약 20년 늦은 셈이다[7](모리슨이 중국에서 선교를 시작한 시점보다는 50년 이상 늦다). 이 수십 년 동안 중국에서 활동하던 선교사들은 풍부한 선교 경험을 쌓았고, 저술 활동, 학교 설립, 사전 편찬, 신문 발행 등의 선교 사업이 규모를 갖추기 시작했다. 이러한 배경 아래, 일부 선교사들이 모국 교회의 지시를 받거나 복음 전도의 사명감에 이끌려 일본으로 선교지를 옮기게 된다. 기독교의 일본 전래는 중국 선교 사업의 연장이라 할 수 있으며,[8] 따라서 일본의 기독교 수용 과정을 고찰할 때 '중국 요인'은 간과될 수 없는 점이다. '중국 요인'이 일본의 기독교 수용에 미친 영향에 대해서는 과거 연구에서도 여러 차례 언급되었으나, 이를 전문적으로 다룬 논의는 부족했다.[9] '서학동점'의 배경 속

한다.(웅월지[熊月之], 『서학동점과 만청 사회(개정판)』, 베이징: 중국 인민대학 출판사, 2011년, 2-12쪽.)

7 1859년 5월 2일, 나가사키에 있던 미국 성공회(ECUSA) 선교사 존 리긴스(John Liggins, 1829~1912)가 선교 준비 작업에 착수한다. 이후에도 여러 명의 선교사가 일본에 파견되었다. 일본 학계는 일반적으로 이 해를 일본 기독교사 시작으로 본다.(에바사와 아리미치, 오오우치 사부로 공저, 『일본 기독교사』, 도쿄: 일본 기독교단 출판국, 1983년, 151-152쪽.)

8 일본 기독교 역사학자 이시하라 켄은 여러 번 유사한 견해를 제기했다: "일본에 대한 기독교 선교는 우연한 요인으로 인한 사건이 아니라, 서구 기독교 민족이 진행한 인도와 중국을 중심으로 하는 복음 교화 사업에 동반되는 필연적인 계획이며, 이 운동의 일부분이다."(『일본 기독교사』, 378쪽.)

에서, '중국 요인'이 어떠한 측면에서 일본의 기독교 수용에 영향을 미쳤는지, 그 구체적인 양상은 어떠했는지, 본고는 기존 연구를 바탕으로 다음 세가지 측면에서 이러한 문제들을 고찰하고자 한다.

2. 일본에 파견된 선교사들의 중국 경험

초기[10]에 일본으로 파견된 선교사들의 특징 중 하나는, 대다수가 중국에서 선교한 경험과 중국어 소양을 갖추고 있었다는 점이다. 이는 단순한 우연이 아니라, 일본에서의 선교를 원활하게 진행하기 위해 언어와 문화 차이로 인한 소통 장애를 최소화하려는 의도가 있었다. 중일 양국의 언어와 문화의 유사성을 고려하여, 교회는 선교사 파견 시 중국에서의 선교 경험과 중국어 소양에 치중하여 선발했다. 1857년 10월 3일, 하코다테에 정박 중이던 미국 군함 포츠머스호의 한 장교가 상하이의 선교사에게 서신을 보내면서 일본 기독교 전파의 서막이 열렸다. 서신에서는 일본 선교의 시기가 도래했다는 내용

---

9 일부 저작에서는 논술 과정에서 기독교의 일본 전파에 대한 중국의 영향을 언급하였다. 예를 들면, 스즈키 노리히사(鈴木範久)의『성서의 일본어』(도쿄: 이와나미 서점, 2006년), 에비사와 아리미치의『일본의 성서: 성서 일역의 역사』(도쿄: 일본 기독교단 출판국, 1981년), 오자와 사부로의『막말・메이지 예수교사 연구』(도쿄: 일본 기독교단 출판국, 1973년), 요시다 토라(吉田寅)의『중국 기독교 전도 문서의 연구』(도쿄: 큐코서원, 1993년) 등이다.

10 이는 1859년 일본 선교사 파견으로부터 1873년 일본 정부의 기독교 금령 해제까지의 기간을 가리킨다. 이시하라 켄은 근대 일본 기독교사를 기독교 금압기(1859~1873), 외교 승인기(1873~1889), 해금기(1889년 이후)의 세 시기로 나누었다. 본문에서는 이 구분 방식을 차용한다.(『일본 기독교사』, 114쪽.)

과 더불어 그 필요성을 역설했고, 선교사 인선 문제에 있어서는 "일본에서의 선교는 현지 언어를 오랫동안 학습해야 하는데, 중국어 소양을 갖춘 사람이라면 국어 연구에 많은 도움이 될 것"[11]이라고 보아, 중국어에 능통한 사람이 적합하다고 제안하였다. 이 서신은 미국 성공회 중국교구 주교 문혜렴(文惠廉, W.J. Boone, 1811~1864)의 수중에 전달되었고, 1858년 3월에는 문혜렴에 의해 미국 성공회의 기관지 『The Spirit of Missions』[12]에 발표되어 미국 성공회의 주목을 끌었다. 1859년 2월, 미국 성공회 해외 선교 위원회는 일본에 대한 선교 활동을 개시하기로 결정하고, 존 리긴스과 윌리엄스 주교(C.M. Williams, 1829~1910)를 최초의 재일 선교사로 파견했다. 이 결정을 알리는 「미국 성공회 선교국 총회 결의」에서도 두 사람의 중국 선교 경험과 중국어 능력이 일본 선교에 큰 도움이 될 것이라고 언급하였다.[13] 「결의」에서는 또 리긴스와 윌리엄스의 일본 선교 활동이 중국교구 주교의 관할 아래 진행될 것을 요구하고 있어, 당시 일본이 독립된 교구가 아닌 중국교구의 하위 구역으로 간주되었음을 알 수 있다.

---

11 모토다 사쿠노신(元田作之進), 『일본 기독교의 여명』, 도쿄: 릿쿄 출판회, 1970년, 28쪽.

12 W.J.Boone: Letter from an officer of our navy. The Spirit of missions (v.23). Board of Missions, Episcopal Church. Domestic and Foreign Missionary Society, New York 1858.3, p131-135.

13 "일본어는 중국어와 유사하여, 중국어를 이해하는 사람은 일본에서 큰 편의를 느낄 수 있을 것이다. 또한 이 두 언어의 대조서적이 이미 출판되었다. 선교 생활의 습관은 현지 경험에서 비롯되며, 외국인이 새로운 전도지에서 이러한 습관과 경험을 얻는 데는 오랜 시간이 필요하다. 선교 사업의 효과를 신속히 얻고자 한다면 즉시 전도를 시작해야 한다. 중국에서 이미 그러한 습관과 선교 훈련을 받은 사람이 이 사업에 특히 적합하므로, 리긴스와 윌리엄스 두 사람을 특별 임명하여 일본에서의 새로운 전도에 착수하도록 한다."(『일본 기독교의 여명』, 44쪽.)

존 리긴스는 1856년 6월 상하이에 상륙하여 1859년 5월 일본으로 떠나기 전까지 3년 동안 중국어와 중국 문화의 학습에 진력하였으며, 상하이와 장쑤성(江蘇省) 창수(常熟) 등 지역에서 선교 활동을 펼쳤다. 이후 건강 문제로 나가사키에서 요양하던 중, 미국 성공회의 결의를 받들어 일본에 파견된 최초의 선교사가 되었다.[14] 윌리엄스 주교 역시 존 리긴스와과 함께 상하이에 파견되어 중국어를 배우면서 상하이 본지에 선교 장소를 마련하였다. 1년 반에 걸쳐 "중국어에 능숙해지고 자유롭게 대화할 수 있"게 된 그는 주변 지역의 '순회 선교'에 나섰고, 장쑤(江蘇)와 저장(浙江) 일대의 많은 도시와 마을을 방문했다. 그의 선교 방식은 주로 민중에게 『성경』과 교리서를 나누어 주고 거리에서 설교하는 것이었으며, 나중에는 창수에서 정착하여 매주 종교 집회를 열었다. 1859년 6~7월경,[15] 그는 미국 성공회의 지시로 상하이에서 나가사키로 파견되었고, 1864년 문혜렴 별세 후 중국 및 일본 교구의 주교로 임명된다.

리긴스와 윌리엄스 이후에도 1873년 일본 정부가 기독교 금령을 해제하기 전까지, 초기 단계에서 10여 명의 선교사들이 연이어 일본으로 파견되었는데, 그중의 다수가 중국에서 선교나 사회 활동에 종사했던 경험을 가지고 있었다. 예를 들어, 미국 장로교(PCUSA)의 헵번(J.C.Hepburn, 1815~1911, 1859년 11월 가나가와 상륙), 미국 공리회(ABCFM)

---

14 시계히사 토쿠타로(重久篤太郎), 『일본 근세 英學사』, 교토: 교육 도서, 1941년, 278-279쪽.
15 윌리엄스 주교가 나가사키에 상륙한 정확한 시간은 불명확하다. 존 리긴스의 서신에 따르면 상륙 시점은 그 해 7월이고, 모토다 사쿠노신은 6월로 추정하고 있다.(『일본 기독교의 여명』, 52쪽.)

의 포류운(鮑留雲, S.R.Brown, 1810~1880, 1859년 11월 가나가와 상륙), 시몬스 (D.B.Simmons, 1834~1889, 1859년 10월 가나가와 상륙), 버벡(G.F.Verbeck, 1830~ 1898, 1859년 11월 나가사키 상륙), 미국 침례교 자유선교협회(ABFMS)의 고 블(J.Goble, 1827~1896, 1860년 4월 가나가와 상륙), 미국 성공회의 슈미트(E. Schmidt, 생몰년 불명, 1860년 4월 상륙, 상륙지 불명) 등은 모두 중국에서 경력 을 쌓은 바 있는데,[16] 여기서는 다음의 두 가지 사례만 소개한다.

헵번은 1841년 3월 보스턴을 출발해 6월 바타비아(현재의 인도네시아 자카르타)에 도착한 후 7월 싱가포르에 도착했다. 멀리 동방에까지 찾 아온 이유는 중국에서 선교하기 위함이 었지만, 당시 중국은 영국과 의 아편 전쟁으로 인해 국내의 정국이 혼란스러웠고, 또 청 정부가 금교 정책을 고수해왔기 때문에 선교 여건이 좋지 않았다. 헵번은 싱 가포르에 머물러 의료 활동, 중국어 연구, 선교 관련 활동을 펼치며 중국 선교의 기회를 기다렸다. 이후 청 정부는 불평등 조약을 체결 하여 다섯 개 항구를 개방하게 되었고, 미국은 「망하조약(望廈條約)」 을 통해 중국에서 영국과 동등한 권리를 갖게 된다. 이를 계기로 헵 번은 1843년 여름 마카오로 이동하였다. 선교사 위삼외(衛三畏, S.W.Williams, 1812~1884)의 집에서 수개월간 머물며 중국의 선교 상황 에 대한 많은 정보를 얻었다. 11월에 푸젠(福建)성 샤먼(廈門)에 도착한 그는 이듬해 구랑위(鼓浪嶼)에서 근대 중국 최초의 서양식 병원을 설 립하였고,[17] 1845년 11월 귀국하기 직전 까지 샤먼에서 줄곧 의료

---

16 일본 개국 이후부터 메이지 시대 사이에 일본에 파견된 선교사 명단 및 그들의 재 일 활동에 대해서는 세가와 카즈오(瀨川和雄)의 『메이지 학원의 외국인 선교사』 (『메이지 학원 역사 자료관 자료집 제13집』, 도쿄: 메이지 학원 역사 자료관, 2018년) 에 자세히 정리되어 있다.

선교 활동에 종사해왔다. 헵번은 당시 중국에서의 경험을 회상하며, 이를 "일본에서 더 중요한 선교 사업에 착수하기 위한 준비 단계"라고 평가했다.[18] 워낙 짧은 시간이라 성과가 미미했지만, 중국에서 지낸 몇 년 동안 그는 선교 경험을 충분히 쌓았고, 중국어를 습득하게 되었다. 더 중요한 것은 중국 내륙과 동남아시아의 화인 공동체에서 몇몇 선교사들(예: 위삼외, 비치문[19], 곽실렵[20] 등)을 통해 일본에 관한 정보를 알게 되었고, 이후 일본에서의 선교 결정을 내리는 데 중요한 발판이 되었다. 이러한 경험은 그가 일본에서 선교, 『성경』 번역, 언어학 연구 등의 활동을 펼치는 데 중요한 밑거름이 되었다.

포류운은 1839년 2월 미국 공리회(公理會) 선교사 신분으로 마카오에 도착하여 모리슨 학교[21]의 초대 교장으로 임명되었고, 이후 모리슨 학교는 홍콩으로 이전된다. 그는 중국에서 8년간 머물며 현지 학

---

17 야마모토 히데테루, 『J.C.헵번 박사: 신 일본의 개척자』, 도쿄: 聚芳閣, 1926년, 38쪽.

18 타카야 미치오(高谷道男), 『헵번』, 도쿄: 요시카와 코분칸, 1961년, 30쪽.

19 헵번은 마카오에 체류하는 동안, 위삼외(衛三畏)와 비치문(裨治文, Elijah Coleman Bridgman, 1801~1861)에게서 1837년 미국 항선 "모리슨"호가 일본 표류민을 송환한 사건의 경과를 듣게 된다.(타카야 미치오, 『닥터 헵번』, 도쿄: 대공사, 1989년, 81쪽.)

20 헵번은 이번 행에서 곽실렵(郭實獵, Karl Friedrich August Gützlaff, 1803~1851)이 번역을 주도한 성경 장절 일역본 『요한복음지전』(첫 일역 성경)을 읽고는 책에서 사용된 가나 문자에 호기심을 느껴 이를 미국 장로교 본부에 송부하였다. (Williams Elliot Griffis: *Hepburn of Japan. Westminster Press*, Philadelphia 1913, P65.)

21 1834년, 모리슨은 마카오에서 별세하였다. 그의 공적을 기리기 위해 선교사와 상인들이 광저우에 '모리슨 교육 협회(Morrison Education Society)'를 설립하고 '모리슨 학교'를 창립하였다. 포류운이 초대 교장으로 임명되었으며, 이는 그가 중국으로 떠나는 계기가 되었다.(나카지마 코지[中島耕二], 「교육과 전도의 사자 -S·R·브라운 박사-」, 『메이지 학원대학교 교양교육센터 부속 연구소 연보』 2014권, 2015년 3월, 62쪽.)

생들에게 기독교 복음을 전하고, 영어를 가르쳤으며, 영어 교과서를 편찬했다. 교육과 선교 사업을 효과적으로 추진하고, 중국인들에게 서양을 더 잘 소개하기 위해 포류운은 꾸준히 중국어를 공부하여 상당한 수준에 이르렀다. 그는 중국어로 유창하게 선교와 강의를 할 수 있었으며, 난해한 한문 고전도 읽을 수 있었다. 그의 중국 경험이 일본 선교에 끼친 영향에 대해, 포류운 전기의 저자 W.E.Griffis는 일본에 파견되기 전의 포류운을 이렇게 평가했다. "포류운은 이미 일본에서의 생활과 업무를 위한 충분한 준비가 되어있다. 그는 중국어의 상형 문자에 관한 상당한 지식을 갖고 있고, 중국의 대부분 고전에 익숙했다. 이는 포류운이 일본어를 학습할 능력이 충분하고 이를 위해 준비되어 있음을 의미한다. 장기적으로 볼 때, 단순히 언어를 익히는 것보다 더 중요한 것은 그가 중국의 사고방식, 문학적 표현, 사상 및 고사를 이해한다는 점인데, 이것이야 말로 일본인들이 지난 1500년 동안 끊임없이 중국에서 차용하여 그들의 문학 속에 반영해 온 것들이다."[22] 이와 관련하여 포류운 자신도 여러 번 언급한 바 있다. 예를 들어, "일본에 와서 한자를 다시 배울 필요가 없었다. 중국에서 배운 한자면 충분했다."[23] "한자에 대한 지식은 일본 서적을 읽는 데 필수적이다. 왜냐하면 일본어 문장에는 한자가 많이 섞여 있기 때문이다. 일본글과 한문 두 가지 측면의 지식 없이는 이 나라 문학의 대부분을 이해할 수 없다."[24] 이로부터 그의 중국어 소양

---

22 Williams Elliot Griffis: *A maker of the new Orient*. Fleming H. Revell Company Press, New York 1902, p.143-144.
23 T.C.Winn: S.R.Brown, 『메이지 학원 역사 자료관 자료집 제06집』, 도쿄: 메이지 학원 역사 자료관, 2009년, 129쪽.

이 일본에서의 선교에 큰 영향을 미쳤음을 알 수 있다. 포류운이 일본에서 이룩한 선교, 영어 교육, 영일 회화 교과서 편찬, 『성경』 번역, 학숙 설립 등의 업적은 모두 그의 중국 경력 및 중국어 소양과 깊은 연관이 있다.

3. 한역 『성경』의 역할

초기 선교사들이 일본에 갔을 때, 일본은 이미 개국하여 통상하고 있었으나, 기독교에 대한 금령은 여전히 해제되지 않은 상태였다. 에도 시대 200여 년 동안 시행된 금교 정책과 기독교인들에 대한 박해는 지속되고 있었으며, 당시의 기독교는 합법적인 지위가 없었다. 선교사들이 일본 국내에서 직접 일본인을 대상으로 선교하는 것은 물론 허용되지 않았고, 그들의 활동은 막부의 엄격한 감시하에 있었으며, 신변의 안전도 수시로 위협받는 상황이었다. 이러한 '기독교 금압기'('개척 준비기'라고도 함)에, 선교사들은 이른바 간접적인 선교 전략을 통해 점진적으로 기독교의 영향을 확대하여, 향후 정식적인 선교활동을 위해 준비하고자 하였다. 이러한 간접 전략에는 주로 한역 『성경』의 배포, 『성경』 번역 및 문서[25]를 통한 선교가 포함되었다.

개신교 선교사들 중 최초로 한역 성경을 출판한 이는 모리슨(馬禮

---

24 타카야 미치오, 『S.R. 브라운 서간집』, 도쿄: 일본 기독교단 출판부, 1965년, 48-49쪽.
25 '문서'는 선교사가 중국어로 저술하거나 번역한 기독교 관련 교리서, 교리 해설서, 선교 소책자 등을 지칭하며, 넓은 의미로는 근대 서구의 과학 기술 문화를 소개하는 저서도 포함된다.(『중국 기독교 전도 문서의 연구』, 서문 II쪽.)

遜)이다. 그는 1813년 광동에서 『신약성경』의 한문 완역본인 『신유조서(新遺詔書)』(전명 『耶穌基利士督我主救者新遺詔書』)를 출판했다. 모리슨은 또 밀른(William Milne1785~1822)과 협력하여 1823년에 『구유조서』와 『신천성서』(구·신약의 합본)를 연이어 출판했다.[26] 이 외에도 마시맨(Joshua Marshman, 1768~1837)과 라사(Joannes Lassar, 1781~1835)의 『신약성서』 번역본(1823), 곽실렵, 메드허스트(W.H. Medhurst, 1796~1857), 비치문, 마유한(J.R. Morrison, 1814~1843)이 합역한 『구세주 예수 신유조서』(1840), 비치문과 칼버트슨(M.S. Culbertson, 1819~1862)의 『신약성서』(1859) 및 『구약성서』(1862) 등이 잇따라 출판되었고, 또 고다드(Josiah Goddard, 高德) 역본, 메드허스트 역본, 셰레셰프스키(Samuel Isaac Joseph Schereschewsky, 施約瑟) 역본 등 다양한 번역본이 출현하였다.[27]

이들 중 일부 번역본은 동시대의 일본에 전해져 널리 유통되었다. 모리슨은 일본인이 한문에 능통하다는 사실을 일찍이 알고 있었기에, 1818년 모 영국 상선이 일본으로 향하는 기회를 틈타, 선장을 통해 『신유조서』 두 부와 대량의 선교 소책자를 에도만의 우라가(浦賀)에 있는 2천 명의 어부들에게 배포했다.[28] 그는 이러한 방법을 통해 중국 민중들 뿐만 아니라 동아시아 여러 민족에게도 그리스도의 복음을 전파할 수 있다고 믿었다.[29] 1831년에 모리슨은 또 자신이 번

---

26 미우라 모토이(三浦基), 『한역 성경 – 로버트 모리슨의 발자취 –』, 난잔대학 도서관 가톨릭 문고 통신, No.5, 1996년 1월, 2-3쪽.
27 쑨쉰(孫遜), 『근대 일본에서의 한역 성경의 수용 – '천국'이라는 단어의 수용을 둘러싸고』, 교토부립대학 학술보고 인문·사회(56), 교토부립대학 학술보고 위원회, 2004년 12월, 74쪽.
28 『한역 성경 – 로버트 모리슨의 발자취』, 3쪽.
29 『닥터 헵번』, 67쪽.

역한『신천성서』와 약간의 선교 소책자를 곽실렵에게 건네었다. 곽
실렵은 항선을 타고 류큐에 이르러 한역 성경을 현지 주민들에게 배
포하였고, 류큐 국왕에게도 세 부 헌상하였다.[30] 일본 개국 이후 선
교사들이 일본으로 향할 때면 대부분 한역『성경』을 소지하였는데,
일본인과 접촉할 기회가 있을 때마다 적극적으로 이를 배포하였다.
이러한 기록은 그들의 일기, 서신, 전기에서 쉽게 찾아볼 수 있다. 존
리긴스는 일본에서 영어를 가르치는 동안 일본 학생들에게 한역『성
경』과 기독교서 문서를 나누어 주었다.[31] 윌리엄스 주교는 일본에
있는 동안 여러 차례 한역『성경』을 방문객들에게 선물하고 함께 연
구하기도 했다.[32] 헵번은 일본 방문 시 다수의 한역『성경』필사본을
가지고 와 일본인들에게 나누어 주었고,[33] 주일 미국 총영사 해리스
를 통해 천황에게 한역『성경』1부를 봉정하였다.[34] 포류운은 일본
에서 머무는 동안 가지고 있던 한역『성경』을 일본인 교사들에게 나
누어 주었다.[35]

　한역 성경은 일본인들 사이에서 널리 유행하여 일본인들이 기독
교를 이해하는 중요한 자료가 되었을 뿐만 아니라, 선교사들의『성
경』일역에도 중요한 참고로 작용하였다. 성경을 일본어로 번역한
첫 사람은 곽실렵이었는데, 그는 세 명의 일본 표류민의 도움을 받아

30　미야코다 츠네타로(都田恒太郞),『귀츨라프와 그 주변』, 도쿄: 교분칸, 1978년,
　　138-139쪽.
31　『일본 기독교의 여명』, 83쪽.
32　같은 책, 64, 69쪽.
33　타카야 미치오,『헵번 서간집』, 도쿄: 이와나미 서점, 16, 31쪽.
34　같은 책, 73쪽.
35　『S.R. 브라운 서간집』, 51쪽.

1837년 싱가포르의 견하서원(堅夏書院)에서 『요한복음지전(約翰福音之傳)』과 『요한 상중하서』를 출판하였다. 이 두 책은 그후 헵번을 통해 일본에 전해졌으며 큰 반향을 일으켰다. 번역 시 곽실렵이 참고한 자료가 바로 모리슨의 한역 『성경』이었다.[36] 초기에 파견된 선교사들도 이와 마찬가지로, 『성경』의 일본어 번역을 일본 초기 선교활동의 가장 중요한 작업으로 삼았고, 선교 활동이 합법화되기 전의 준비작업으로 간주하였다. 초기에 일본으로 파견된 선교사들의 대부분이 『성경』의 일본어 번역을 주도하거나 참여한 적이 있는데, 그들은 번역 과정에서 한역 『성경』을 충분히 참고하고 본 받았다. 예를 들어, 윌리엄스는 한역 『성경』을 참고하여 『주기도문(主禱文)』, 『사도신조(使徒信條)』, 『십계명(十誡)』, 및 『마태복음』의 몇몇 장을 번역하였다.[37] 헵번은 1861년에 포류운과 협력하여 『마가복음』의 일역본을 완성하였는데, 이 복음서는 한역본을 대조하여 완역한 것이다.[38] 1862년, 헵번은 또 일본인 교사의 도움을 받아 한역본을 참조하여 『요한복음』, 『창세기』, 『출애굽기』를 번역하였다. 1872년에는 헵번의 사택에서 최초의 재일 선교사 공동회의가 열려 『성경』 완역을 위한 각 파벌의 연합 작업이 결정되었다. 회의에서는 번역 위원을 선출하고, 그리스어 원본을 기초로 제임스 1세 흠정판 영문 『성경』과 비치문-칼버트슨의 한역 『구신약성경』을 참조하여, 몇 명의 일본인의 도움 아래 번역을 진행하도록 결정하였는데, 1880년에 이르러 전

---

36 『성경의 일본어: 번역의 역사』, 57쪽.
37 에비사와 아키라(海老澤亮), 『일본 기독교 100년사』, 도쿄: 일본기독교단출판부, 1959년, 46쪽.
38 『헵번 서간집』, 72, 80쪽.

문 번역이 완성되었다.[39]

일본 기독교 연구 분야의 저명한 학자 에비사와 아리미치(海老澤有道)는 한역 『성경』의 역할을 다음과 같이 평가하였다.

"일본의 성경을 논할 때 한역 성경은 무시할 수 없는 존재이다. 비록 성경의 일본어 번역은 원전주의에 기반을 두고 있지만 이미 출판된 한역본 역시 참고하였다. 성경의 서명이나 기독교 용어 등에 있어 일역본은 한역본을 많이 계승하였다. ……만약 한역 성경이 없었다면 일역 작업은 훨씬 어려웠을 것이며, 문학적 표현에서도 매우 낮은 수준에 머물렀을 것이다."[40]

한역 『성경』이 선교 과정에서 이렇듯 중요한 역할을 할 수 있었던 이유에는 세 가지가 있다. 첫째, 일본인, 특히 교육 수준이 높은 일본 상류층은 보편적으로 한문에 능통했기 때문에 서양어로 된 『성경』보다 한역 『성경』을 훨씬 더 잘 이해할 수 있었다. 특히 한역 『성경』은 기독교 일부 개념을 번역할 때 중국 고유의 어휘와 고사를 사용하였는데, 이는 유교 경전에 익숙한 일본인들에게 더 친근하고 공감을 불러일으키는 형태로 다가왔다. 둘째, 선교사들이 처음 일본 땅에 발을 디뎠을 때, 그들의 일본어 실력은 일본인과 원활하게 소통할 수준에 이르지 못했고, 당시 일본인들 또한 영어를 접한 시간이

---

39 아키야마 노리에(秋山憲兄), 『책이야기 - 메이지 시대의 기독교서』, 도쿄: 신교출판사, 2006년, 270-271쪽.
40 『일본의 성서: 성경 일역의 역사』, 98쪽.

짧았기 때문에, 선교사와 일본인 번역 보조자 모두에게 한역『성경』은 종교적 견해를 나누는 적절한 매개체이자『성경』일역 작업의 훌륭한 참고 자료가 되었다. 셋째, 막부의 금교 정책으로 인해 선교사들의 활동은 철저히 감시와 통제 하에 있었고, 선교의 자유가 없으니 일본어 기독교 관련 서적을 출판하는 것은 상상조차 할 수 없는 일이었다. 따라서 선교사들은 한역『성경』과 한문 서적을 최대한 활용할 수밖에 없었고, 한역『성경』과 기독교 문서를 배포하는 간접 선교는 기독교가 민중 계층에까지 확산되어 막부의 신경을 자극하는 것을 피면할 수 있었다. 이는 당시 한문을 읽을 수 있는 일본인이 많지 않았고,[41] 귀족, 무사, 문인 등 상류층에 제한되어 있었기 때문이다.[42]

4. 한문 서양서의 영향

'서학동점'의 과정에서 대량의 한문으로 된 서양서가 출현하였다. 미국 장로교회 기관지『Missionary Magazine』의 통계에 따르면, 1859년까지 중국에서 인쇄 및 유통된 한문 서양서는 600만 권에 달하였다.[43] 이러한 한문 서양서들은 다양한 주제를 다루고 있었는

---

41 "한적(漢籍)을 읽을 줄 아는 일본인의 수는 매우 적어, 성인을 기준으로 추정하더라도 대략 50분의 1에 불과하다."(『헵번 서간집』, 73쪽.)
42 "일본의 지배자와 국민 중 중국 서적의 사용 정도는 어떠한가? 귀족, 무사, 문인 및 의사들은 대체로 한적을 읽을 수 있다."(『일본 기독교의 여명』, 40쪽.)
43 "The Opening of China", *The Missionary Magazine*, 1859.Vol.39, P289.

데, 크게는 세 가지로 나눌 수 있다. 첫째는 중국에서 활동하던 선교 사들이 중국어로 저술하고 번역한 선교서, 교리서, 선교용 소책자 등 이른바 '기독교 문서'이다. 이러한 서적들은 주로 기독교의 기본 지식을 소개하고, 기독교의 합리성을 논증하며, 기독교 정신을 찬양 하는 등의 방식으로 중국인들에게 기독교를 전파하고자 했다. 잘 알 려진 작품으로는 정위량(丁韙良, W.A.P. Martin, 1827~1916)의 『천도소원 (天道溯原)』, 매카티(麥嘉締, D.B. McCartee, 1820~1900)의 『진리역지(眞理易知)』 등이 있다. 둘째는 중국에서 활동하던 선교사들이 중국어로 저술하 고 번역한 근대 서구의 자연 및 인문 과학 성과를 소개하는 서적이 다. 이 중 많은 책들은 서구의 근대 과학과 제도의 우월성을 강조하 여, 중국인들이 서구문명에 대해 동경을 품게 함으로써 기독교에 대 한 호감을 유도하였다. 이러한 서적들은 과학의 외피를 쓴 기독교서 라 할 수 있으며, 간접적인 방식으로 선교를 이루려는 의도가 담겨 져 있다.[44] 이아각(理雅各, James Legge, 1815~1897)의 『지환계몽(智環啟蒙)』, 합신(合信, Benjamin Hobson, 1816~1873)의 『전체신론(全體新論)』 등이 이에 포함된다. 셋째는 근대 중국 지식인들이 저술하고 번역한 서학 서적 으로, 위원(魏源)의 『해국도지(海國圖志)』,[45] 서계어(徐繼畬)의 『영환지략 (瀛環志略)』 등을 들 수 있다. 주목할 만한 점은 앞서 언급한 한문 서양 서 중 기독교 문서가 가장 큰 비중을 차지한다는 것이다.[46]

---

44 에비사와 아리미치, 『유신 변혁기와 기독교』, 도쿄: 신생사, 1968년, 282쪽.

45 『해국도지』의 일본 유통 상황에 대해서는 왕샤오츄(王曉秋)의 『근대 중일 문화교 류사』(베이징: 중화서국, 2000년)의 27-44쪽을 참조할 수 있다.

46 중국에 파견된 선교사들이 중국어로 저술한 작품에 관하여, 와일리(Alexander Wylie) 저, 니원쥔(倪文君) 역의 『1867년 이전에 중국에 온 기독교 선교사 전기 및

이러한 한문 서양서는 여러 경로를 통해 막부 말기의 일본에 전해 졌으며, 기독교가 일본에 이식되는 과정에서 중요한 선교 매체로 작용했다. 일본 개국부터 메이지 유신까지 정확히 몇 권의 한문 서양서가 일본에 전해졌는지, 현재의 사료와 연구 성과로는 답을 내리기가 어렵다. 막부 말기 정토진종(淨土眞宗) 동본원사(東本願寺)파의 승려 안큐지 코요(安休寺晃曜)의 기록에 따르면, 1865년 한 해에만 나가사키를 통해 일본에 들어온 한문 서양서는 96종에 달하며,[47] 그 중에는 한역 『신구약 성경』, 『성경』 장절 한역본, 『성경』 주해, 선교사들의 한문 저작 및 천문, 지리 등 자연과학 서적이 포함되어 있었다. 일본 기독교사 연구자 오자와 사부로(小澤三郎)의 통계에 따르면, 1807년 모리슨의 중국 파견 이후로부터 1867년 사이에 선교사들이 중국에서 한문으로 저술하거나 번역한 서양서는 약 800종에 달하며, 그 중 일본에 전해진 서적은 수백 종에 달한다.[48] 분명한 것은 이 시기에 전해진 한문 서양서는 일본에서 광범위하게 유통되었고, 큰 사회적 영향을 미쳤다는 점이다.[49]

저서 목록』(구이린(桂林): 광시 사범대학 출판부, 2011년)에서는 인물별로 정리 하였고, 웅월지(熊月之)의 『서학동진과 만청 사회』에서는 출판지별로 정리하였 다. 웅월지의 통계에 따르면, 1843년부터 1860년까지 청말 최초로 개항한 도시인 홍콩, 광저우, 푸저우, 샤먼, 닝보, 상하이에서 총 434종의 서양서가 출판되었고, 그 중 종교 서적이 329종으로 75.8%를 차지한다. 각 도시에서 출판된 서양서 중 종교 서적의 비율은 모두 절반을 넘었다(『서학동진과 만청 사회』, 7쪽). 자세히 살 펴보면, 종교 서적의 대다수가 기독교 문서임을 알 수 있다.

47 안큐지 코요, 『호법총론』(토쿠시게 아사키치[德重淺吉], 『메이지 불교 전집』제8 권, 도쿄: 슌요도, 1935년), 265-266쪽.

48 『막말·메이지 예수교사 연구』, 141, 171쪽. 구체적인 도서 목록, 저자 및 역자, 출 판 상황, 출처 증거 등이 매우 상세히 나열되었다.

49 "한역 성경 및 기타 기독교 문헌의 유통 수량이 매우 많으며, 이들 문헌의 대부분은

한문 서양서의 일본 전래는 주로 아래와 같은 몇 가지 경로를 통해 이루어졌다. 첫째는 선교사들에 의해 직접 반입된 경우인 데, 이러한 경로로 일본에 전해진 서적의 양이 가장 많다. 예를 들어, 존 리긴스는 일본에 갔을 때 천 부 이상의 한문 서양서를 가지고 가 일본 상류 사회 인사들에게 판매했는데, 물리학, 지리학, 의학, 식물학, 역사 등의 다양한 내용이 포함되어 있었다.[50] 중국에서 활동하던 영국 성공회 선교사 스미스(George Smith, 1815~1871)는 1860년 4월 일본을 방문해 가나가와에서 포류운을 만나는 동안 인근 주민들에게 수천 부의 중국어 기독교 문서를 배포했다.[51] 둘째는 나가사키에 입항한 '당선(唐船)'을 통해 중국에서 수입된 서적들이다. 예를 들어, 앞서 언급한 위원의 『해국도지』와 서계여의 『영환지략』도 이러한 경로를 통해 일본에 들어왔다.[52] 하지만 이 경로로 수입된 서적들은 막부 나가사키 봉행의 엄격한 검열을 받고 나서야 막부의 번서조소(蕃書調所), 지방 다이묘 또는 사찰 승려들에 의해 공식적으로 구매될 수 있었기 때문에, 처음에는 기독교 관련 서적의 수입량이 매우 적었다. 그러나 「안세이 5개국 조약」 체결 이후 나가사키의 회소 무역이 자유 무역으로 전환되면서 외래 서적 검열 제도가 폐지되었고, 나가사키와

상하이와 홍콩의 미국 장로교 전도회 및 런던 전도회의 인쇄소에서 얻은 것이다. 이 책들을 집필한 신앙자들은 본래 중국을 구원하기 위해서였으나, 뜻밖에도 일본에 영향을 미쳤다.(G.F.버벡, 『일본 프로테스탄트 전도사(상)』(일본 기독교회 역사 자료집 7), 하코다테: 일본 기독교회 역사편찬위원회, 1984년, 42쪽.)

50 『일본 기독교의 여명』, 83-84쪽.
51 『S.R.브라운 서간집』, 52쪽.
52 오오바 오사무(大庭脩), 『에도 시대 중국 고전의 일본 유통 연구』, 교토: 도호샤, 1984년, 368, 396쪽.

요코하마 등지가 한문 서양서 수입의 창구로 되었다. 셋째는 동시대에 해외를 방문한 일본인들이 중국에서 구입해 일본으로 가져오는 방식이다. 예를 들어, 타카스기 신사쿠(高杉晉作)는 1862년 상하이 시찰 시 선교사 모유렴(慕維廉, William Muirhead, 1822~1900)으로부터『연방지략』,『상하이 신보』,『수학계몽』등의 서적과 신문잡지를 구입했다.[53] 1860년, '만엔 원년 미국 파견 사절단(万延元年遣米使節團)'이 귀국하는 도중 홍콩에 머무르게 되었는데, 수행원들은 영화서원을 방문해『육합총담』,『화영통어』등의 간행물을 구입했다.[54]

막말(幕末) 유신 시기의 일본에서는 영·미를 중심으로 하는 서학이 난학(蘭学)을 대체하여 서양 학문을 수용하는 주요 경로가 되었다. 이 시기에 대량으로 수입된 한문 서양서는 지식인들의 서학에 대한 호기심과 지식 욕구를 충족시킬 수 있었다. 한문 서양서는 수요가 많고 영향 범위가 넓었으며, 또 에도 시대 이후 일본 출판업과 인쇄업이 활발하게 발전됨에 따라 다양한 복각본, 훈점본, 일역본이 점차 등장하기 시작했다. 기독교 문서의 훈점본 가운데서 가장 영향력을 펼친 것은 정위량의『천도소원』이다. 이 책은 주로 기독교 증거론의 관점에서 대량의 중국 유교 경전을 인용해 기독교 교리를 해석하고 기독교의 합리성을 주장하여, 중국과 일본에 큰 영향을 미쳤다. 1854년 중국 닝보(宁波)에서 처음으로 출판되었고, 이후에도 수차례 재판되었다. 일본에서는 1875년에 계몽 사상가 나카무라 마사나오

---

53 타나카 아키라(田中彰) 교주,『개국』(『일본근대사상대계1』), 이와나미 서점, 1991년, 219쪽.
54 오사타케 타케키(尾佐竹猛),『이적(夷狄)의 나라에: 막말 외교 사절 이야기』, 도쿄: 만리각서방, 1929년, 215쪽.

(中村正直)가 훈점을 붙인 훈점본이 출판되었으며, 이 역시도 10여 차례 재판되고, 여러 번역본과 주해본이 출간되었다.[55] 일역본은 더 헤아릴 수 없이 많았는 데, 그 중에서 특히 주목할 만한 것은 매카티(麥嘉締)의『진리역지』(1853년 닝보 출판)와 엽납청(葉納靑, Ferdinand Genähr, ?~1864)의『묘축문답(廟祝問答)』(1856년 홍콩 출판)이다.『진리역지』는 일본어로 번역된 최초의 기독교 문서로,『성경』의 주요 교의를 11장에 나누어 평이한 언어로 설명하였다. 1867년 헵번에 의해 일본어로 번역되어 상하이에서 출판한 후 일본에 전해졌다. 1882년에는 오쿠노 마사츠나(奧野昌綱)가 교정한 활자본이 출판되었다.『묘축문답』은 신당지기와 선교사의 문답 형식으로 우상을 폐지하고 참된 신을 예배해야 함을 설파하는 내용이다. 1874년 재일 선교사 발라(J.H. Ballagh, 1832~1920)와 오쿠노 마사츠나가 함께 일본어로 번역하였고, 1882년에는 활자본이 출판되었다. 요시노 사쿠조(吉野作造)의 고증에 따르면, 이 두 책은 일본 관동 지역에서 가장 널리 퍼진 기독교 문서이다.[56] 또 에비사와 아리미치의 통계에 따르면, 안세이(安政)부터 메이지 이전(1854~1868)까지 대량의 중국 기독교 문서가 일본에 전해졌고, 일본에서 출판된 재중 선교사들의 저작도 20여 종에 달해 큰 성황을 이루었다.[57]

---

55 『천도소원』이 중국 및 일본에서의 전파 상황에 대해서는 위에서 언급한 요시다 토라의『중국 기독교 전도 문서의 연구』를 참고할 수 있다.

56 요시노 사쿠조(吉野作造),『진리역지 기타 해제』(『메이지 문화 전집』제11권 종교편), 도쿄: 일본 평론사, 1928년, 24쪽.

57 『유신 변혁기와 기독교』, 281쪽.

5. 결론

이상에서는 일본에 파견된 선교사들의 중국 경험, 한역『성경』, 한문 서양서의 세 가지 관점에서 근대 '서학동점'의 배경 아래 기독교 일본 전래 과정에서의 '중국 요인'을 살펴보았다. '중국 요인'이 이토록 큰 역할을 할 수 있었던 이유에 대해, 필자의 소견은 다음과 같다. 우선, 이는 일본이 서구 국가들의 아시아 선교 정책에서 차지하는 위치와 밀접한 관련이 있다고 본다. 앞서 언급했듯이, 서구 교회의 선교 계획에 있어 일본에 대한 선교는 중국 선교 활동의 연장에 불과했기 때문에, 일본 선교를 실현하기 위해서는 중국 선교 사업의 순조로운 발전과 안정이 필수적인 전제조건이었다. 이를 바탕으로, 일본에 파견된 선교사들은 중국에서 취득한 경험과 성과를 일본에 대한 선교에 충분히 활용하였다. 둘째로, 중국어가 한자 문화권 국가에서 지닌 보편적인 적용성을 이유로 꼽을 수 있는데, 이는『성경』번역작업과 문서 선교에서 충분히 보아낼 수 있다. 갓 일본 땅을 밟은 선교사들에게나 영어권 문화를 접한 지 얼마 되지 않은 일본에게나, 언어는 상호 소통에서 직면한 현실적인 장벽이었다. 재일 선교사들은 한역『성경』과 한문 서양서라는 편이한 수단을 효과적으로 활용하여 이러한 문제를 어느 정도 해결할 수 있었던 것이다. 세 번째이자 가장 근본적인 이유는, 중국이 역사와 문화적으로 주변 국가들에 미친 통치력과 영향력에 있다. 일본은 역사적으로 중국이 주도한 동아시아 질서에서 벗어나 자국 문화를 중국 문화로부터 독립시키고자 시도한 적이 있었다. 근대 이후에는 서양 문명의 충격 아래

전통적인 동아시아 질서가 새로운 글로벌 국제 질서로 대체되었고, 동아시아 지역에서 중국 문화의 영향력은 서구 문화에 의해 희석되며 점차 다원화되어 갔다. 그러나 유교 사상을 주체로 하는 중국문화는 일본 문화에 깊이 각인되어 있어, 여전히 일본 사회 전반에 영향을 미치고 있다. 거자오광(葛兆光)이 말했듯이, "정치, 문화, 역사적으로 중국은 동아시아, 특히 일본, 조선, 베트남에 있어 거대한 배경으로 작용하며, 동아시아 여러 나라의 정치, 문화, 역사에 깊이 새겨져 있다."[58] 이는 일본이라는 이질적인 문화 환경에서 기독교를 전파하려는 선교사들이 반드시 고려해야 할 요소이자 활용할 수 있는 요소이기도 하다. 또한 선교사들은 『성경』의 한역 작업과 기독교 문서의 중국어 집필 과정에서 종종 중국의 고사, 중국 문화 속의 풍부한 개념과 사례 등을 이용하여 기독교의 개념과 사상을 설명했으며, 많은 새로운 한자어를 창조해냈다.[59] 이러한 것들은 모두 기독교의 일본 전래 과정에서 '중국 요인'이 작용한 구체적인 사례로, 향후 더 상세하고 심도 있는 연구가 필요하다.

---

58 거자오광(葛兆光), 「문화 간의 경쟁: 일본에 파견된 조선 통신사 문헌의 의의」, 『중화 문사론집』(114기), 2014년 2월, 50쪽.

59 번역, 어휘, 개념 등의 관점에서 전개된 연구에 대해, 학식과 안목의 한계로 필자가 현재 주목하고 있는 것은 아래의 몇 권에 불과하다: 스즈키 노리히사 『성서의 일본어: 번역의 역사』(도쿄: 이와나미 서점, 2006년), 심국위(沈國威) 『근대 중일 어휘 교류 연구: 한자 신어의 창제, 수용 및 공유』(베이징: 중화서국, 2010년), 스즈키 사다미(鈴木貞美), 리우젠후이(劉建輝) 편 『동아시아 근대 여러 개념의 성립』(교토: 국제 일본문화 연구 센터, 2012년), 손건군(孫建軍) 『근대 일본어의 기원: 막말 메이지 초기에 만들어진 신한어』(도쿄: 와세다대학 출판부, 2015년) 등.

제5장

한역(漢譯) 성경의 일본 전파에 대한 고찰

1. 성경의 한역

성경의 한역 역사는 매우 길다. 현존 문헌에 따르면, 가장 오래된 기록은 7세기 경교가 중국에 전파된 시기로 거슬러 올라간다. 대진 경교유행중국비(大秦景教流行中國碑) 비문에 따르면, 635년에 재상 방현령(房玄齡)은 당 태종의 명을 받들어 장안 서쪽 교외에서 중국에 도착한 경교 선교사 아라본(阿羅本, Alopen)을 맞이하고 경전을 번역하게 하였다. 그러나 당 무종의 회창폐불(會昌廢佛, 840~846년) 이후 경교는 점차 쇠퇴하여 전해진 경전이 거의 없고, 그 역경 사업 또한 후대에 큰 영향을 미치지 못하였다. 명말 청초에는 천주교가 중국에 들어왔고, 천주교 교리를 전파하기 위해 예수회 선교사들이 성경의 일부 구절을 한문으로 번역하여 각자의 저서에 수록하였는 데, 이마두 (利瑪竇, Matteo Ricci)의『천주실의(天主實義)』(1595년)와『기인십편(畸人十篇)』(1608년), 판토하(Didacus de Pantoja)의『칠극(七克)』(1604년), 알레니(艾儒略, Giulio Aleni)의『삼산논학기(三山論學記)』(1625년), 양마낙(陽瑪諾, Emmanuel Diaz)의『성경직해(聖經直解)』(1636년), 하청태(賀淸泰, Louis Antoine de Poirot) 의『고신성경(古新聖經)』(1803년 전후) 등을 예로 들 수 있다. 그러나 전반적으로 볼 때, 예수회는 원전주의를 고수하여 성경의 한역을 중국선교의 주요 사업으로 삼지 않았다. 공식적 · 조직적인 역경 활동이 체계적으로 이루어졌던 것이 아니었고, 성경의 한문 완역본 또한 출판되지 않았으며, 예수회 선교사들이 성경의 일부 구절과 문장을 단독으로 발췌해 번역한 것이 대부분이었다. 그러나 예수회 선교사들의 번역 성과는 후세 기독교의 역경 사업에 중요한 참고가 되었다.[1] 천주교의 역경 사업에 있어 18세기 초에 번역된『사사유편(四史攸編)』은 특히 주목할 만하다. 이는 파리 외방전도회 선교사 백일승(白日昇, Jean Basset)의 번역본으로,『사복음서』,『사도행전』및『바울서신』등『신약성경』의 대부분 내용을 한문으로 번역하여 이후 기독교 성경 완역본의 탄생에 중요한 영향을 미쳤다.

　　중국 최초의 성경 한문 완역본은 모리슨(Robert Morrison)의 손에서 태어났다. 모리슨은 중국의 땅을 밟은 첫 기독교 선교사로, 영국 성경협회의 위탁을 받아 1807년 광저우에 도착하여 선교 활동을 진행했고, 얼마 지나지 않아 역경 작업에 착수하였다. 출발 당시 모리슨은 대영 박물관에 보관된『사사유편』을 필사하여 중국으로 가져와 성경 번역의 주요 참고자료로 삼았다.[2] 1813년 모리슨은『신유조서(新遺詔書)』(전명『耶穌基利士督我主救者新遺詔書』) 8권을 번역하였고, 1814년에 광동에서 출판하였다. 이후, 마리슨은 밀른(William Milne)과 협력하여 1819년에 구약 성경을 한문으로 완역하였고,『신유조서』를 수정한 뒤 신구약을 합쳐 1823년에 말라카에서『신천성서(神天聖書)』21권을 출판하였다. 같은 시기에 마시맨(Joshua Marshman)과 라사(Joannes Lassar)가 공동 번역한『신약전서』와『구약전서』한역본도 인도 세람포르에서 출판되었는데(1822년), 이는 모리슨의『신천성서』보다 1년 일찍 출판되어 최초의 성경 한문 완역본으로 알려지고 있다. 그후 곽실렵(郭實獵, Karl Gützlaff), 메드허스트(Walter Medhurst), 비치문(裨治文,

---

1　무라오카 츠네츠구(村岡典嗣),「한역성서원류고(漢譯聖書源流考)」,『증보 일본 사상사 연구』, 이와나미 서점, 1975년, 442쪽.
2　미야코다 츠네타로(都田恒太郎),『로버트 모리슨과 그 주변』, 쿄분칸, 1974년, 57쪽.

Elijah Bridgman), 마유한(馬儒翰, John Morrison) 등이 함께 번역하여 바타비아에서 출판된『구세주 예수 신유조서』(救世主耶穌新遺詔書, 주로 메드허스트가 번역, 1837년)와 싱가포르에서 출판된『구세주 예수 구유조서』(救世主耶穌舊遺詔書, 주로 곽실럽이 번역, 1838년)가 뒤를 이었다. 또한 중국선교사 번역대표위원회가 공동으로 번역하여 상하이에서 출판한 대표역본(Delegates Version, '위임역본'이라고도 함)『신약전서』(1852년)와『구약전서』(1854년), 메드허스트와 스트로나크(John Stronach)의 런던선교회 역본『신구약전서』(1858년), 비치문과 칼버트슨(Michael Culbertson)의『신약전서』(1859년),『구약전서』(1862년) 그리고 1863년의 합본('비치문－칼버트슨 역본') 등 여러 번역본이 출판되었다. 대만 학자 양삼부(楊森富)의 통계에 따르면, 19세기 이후 총 60여 종의 성경 한역본이 출현하였다.[3]

일본 학자 시가 마사토시(志賀正年)는 성경의 한역사를 4개 시대와 5개 번역기로 나누었다. ①한문번역시기－시역(試譯) 시대(13세기 말－19세기 중반, 천주교, 그리스 정교); 문언체번역시기(文理譯期)－번역완성시대(19세기 하반, 신교); ③간단문언체번역시기(淺文理譯期)－번역계승시대(20세기 상반, 신교); ④일본어번역시기 및 ⑤방언번역시기(19세기 말－20세기).[4] 이 구분에 따르면, 한역 성경이 일본에 집중적으로 전파된 시기는 ①과 ② 사이, 즉 19세기 중후반 기독교가 동아시아에 전파된 초기로 볼 수 있다. 전체적으로 볼 때, 천주교에 비해 기독교의 성경 한

---

3 양삼부(楊森富),『중국 기독교사』, 대만상무인서관, 1984년, 350쪽.
4 시가 마사토시(志賀正年),「중국어 번역 성경(Bible)을 통해 본 '신'에 대한 고찰」,『텐리대학 학보』제4권 제1호, 1952년 7월, 79-80쪽.

문 완역본이 완성 시기가 더 빠르고 일본에서의 전파 범위와 영향력도 더 크다.

2. 에도 막부의 금교 제도와 금서 정책

일찍이 예수회 선교사 프란치스코 하비에르(San Francisco Javier)가 일본에서 선교 활동을 하던 시절부터, 한자가 지역 언어로서의 특별한 지위와 한적이 동아시아 각지에서 널리 유통되고 있다는 사실이 선교사들의 주목을 끌었다. 하비에르는 한문으로 선교 서적을 저술함으로써 동아시아 각국 민중들의 천주교 교리에 대한 이해를 도모하여 신앙을 전파하려 했으며, 그 자신도 한문 교리서를 출판하였다.[5] 하비에르 이후, 예수회의 극동 순찰사 알레산드로 발리냐노(Alessandro Valignano)가 이 정책을 계승하고 발전시켰다. 그는 1578년에 마카오에서 교회를 시찰할 때, 현지 선교사들이 대부분 포르투갈어로 선교하고, 중국 신자들에게 포르투갈인의 이름을 지어 포르투갈식 생활을 하도록 요구하는 것을 발견했다. 발리냐노는 이것이 바람직한 선교 방식이 아니라고 판단하여 선교사들이 중국어와 중국 문화를 배우는 적응주의 선교 정책을 채택해야 한다고 주장했다. 이를 위해 그

---

5 치인핑(戚印平)의 연구에 따르면, 하비에르는 일본에 머무는 동안 한문으로 교리 설명서를 작성한 적이 있다고 한다(치인핑, 『원동 예수회사 연구』, 중화서국, 2007년, 85, 174쪽). 또 장시핑(張西平)의 추정에 따르면, 하비에르는 가장 먼저 한자로 선교 서적을 저술한 인물이라고 한다(장시핑, 「근대 이후 한적 서학의 동아시아 전파 연구」, 『중국문화연구』, 2011년 제1호, 211쪽).

는 인도 고아(Goa)로부터 나명견(羅明堅, Michele Ruggieri)과 이마두(利瑪竇, Matteo Ricci)를 중국에 파견하였다. 발리냐노의 이 정책은 두 사람에 의해 계승되었고, 이후 예수회의 동아시아 선교의 기본 원칙이 되었다.[6] 이 기본 원칙에 따라, 명·청 시대의 재중 선교사들은 서학 한적을 대량으로 출간하였으며, 내용은 대체로 종교 서적과 학술 서적으로 나뉘었다. 종교 서적에는 성경, 교리서, 선교용 소책자 등이 포함되었고, 학술 서적에는 근대 서양의 과학, 사상, 문화를 소개하는 저작들이 포함되었다.

일본은 예로부터 한적을 수입하는 전통이 있었는 데, 에도 시대에는 문화가 보급되고 한학이 성행하여 한적에 대한 수요가 더욱 왕성해졌다. 중·일 간에는 한적을 실은 '당선(唐船)'이 정기적으로 왕래하였고, 절강(浙江) 일대에는 일본에 서적을 판매하는 서점이 등장하기도 하면서,[7] 한적 무역이 중·일 무역의 중요한 구성 요소로 되었다. 에도 시대에는 황실, 공가, 무사, 다이묘, 승려로부터 일반 문인에 이르기까지 한문을 통해 지식을 얻는 습관이 이미 형성되었고,[8] 이들 지식 계층은 한적에 대한 수요가 절실하여 자주 나가사키를 통해 중국 상인들의 한적을 주문하곤 하였다. 교토, 에도 등지의 서점에서도 한적은 수요를 충족시키기 어려울 정도로 인기가 높았고,[9]

---

6 야자와 토시히코(矢澤利彦), 『중국과 기독교』, 콘도 출판사, 1972년, 62쪽.
7 오오바 오사무(大庭脩), 『에도 시대 중국 고전의 일본 유통 연구』, 치인핑, 왕융, 왕보핑 역, 항저우대학 출판사, 1998년, 77쪽.
8 미국 성공회의 첫 기 재일 선교사였던 윌리엄스(혜주교[惠主敎]라고도 함, C.M. Williams)는 회고록에서, 일본의 귀족, 무사, 문인 및 의사들은 대부분 한서를 읽을 수 있었다고 언급하였다. 모토다 사쿠노신(元田作之進), 『노감독 윌리엄스』, 교토 지방부 고 윌리엄스 감독 기념 실행 위원회 사무소, 1914년, 40쪽.

서학 한적도 그 가운데 섞여 일본으로 부단히 유입되었다.

에도 시대의 막번 체제는 봉건제, 쇄국, 금교를 세가지 주요 통치 수단으로 삼았다. 막부는 특히 천주교 사상의 유입을 두려워하였고, 초대 쇼군 도쿠가와 이에야스(德川家康)는 1612년에 금교령을 발표하여 "바테렌(伴天連, 선교사를 가리킴-필자 주) 문도를 금하고, 이를 어기는 자는 단 한 순간도 죄를 면할 수 없다"고 규정하였다. 1614년에는 전국적으로 『배기리시탄추방문(排吉利支丹追放文)』을 발포하여 천주교에 대한 탄압과 박해를 시작했다.[10] 3대 쇼군 도쿠가와 이에미츠(德川家光)는 통제를 더 강화하여, '종문 개정', '사청(寺請) 제도', '성화 밟기(踏繪)', '금서령' 등의 정책과 법령을 연이어 시행하며 금교 정책을 제도화하였다.[11]

현존하는 자료에 근거해서는 아직 일본이 서학 한적을 수입하기 시작한 정확한 시기를 확정할 수 없으나, 적어도 간에이(寬永) 7년 (1630년) 이전일 것으로 추정된다. 이 해에 에도 막부는 금교 제도의 일환으로 '금서령'을 발포하고, 한적을 실은 당선에 대한 심사 제도를 도입하기 위해 '서물개역(書物改役)'이라는 직위를 신설하였다.[12] 막부의 '서물봉행(書物奉行)'[13]을 맡았던 콘도 세이사이(近藤正齋)는 그의 저서 『호서고사(好書故事)』에서 당시 32종의 서학 한적이 금지되었

---

9 치인핑, 『원동 예수회사 연구』, 중화 서국, 2007년, 602쪽.

10 일본 기독교 역사 대사전 편집 위원회 편, 『일본 기독교 역사 대사전』, 쿄분칸, 1988년, 407쪽.

11 에비사와 아리미치(海老澤有道), 『일본 기리시탄사』, 하나와 서점, 1966년, 317쪽.

12 이토 타사부로(伊東多三郞), 「금서 연구(상)」, 『역사 지리』 제68권 제4호, 1936년 10월, 3-12쪽.

13 에도 막부의 관직으로, 막부 장서의 관리를 담당한다.

고, 그 가운데는 이마두의 『천주실의』와 『기인십편』, 알레니의 『서학범』 등의 명저가 포함되었음을 기록하고 있다. 또 "간에이 7년 이래, 유럽인 이마두 등이 쓴 32종의 서적과 이단 종파 교화의 서적을 금지하였으나, 이단 종파 국가의 풍속을 소개하는 서적은 판매를 허용하였다"고 특별히 언급되어 있다.[14] 이는 금서령이 주로 종교 서적을 대상으로 하였고, 서양 국가의 상황과 문화를 소개하는 서적에 대해서는 비교적 관대한 태도를 취했음을 보여준다.

쵸쿄(貞享) 2년(1685년) 이후로는 서적 심사 제도가 한층 더 엄격해져, 종교 서적 외에도 선교사들의 전해지는 일화나 사건을 기록한 서적들이 금서로 지정되며 소각, 삭제, 반환 등의 조치가 행해졌다.[15] 이는 서양 사상이 한적을 매개로 중국을 통해 일본에 침투하는 것을 방지하기 위함이었다. 8대 쇼군 도쿠가와 요시무네(德川吉宗)가 집권하여 교호 개혁(亨保改革)을 추진한 이후에야 금서 정책은 어느 정도 완화되었다. 요시무네는 전적의 수집을 중시했으며, 서양의 과학과 문화에도 깊은 관심을 보였다. 그는 대량의 한문 고전을 수집했으며, 교호(亨保) 5년(1720년)에는 금서 정책을 완화하여 "사교 관련 서적은 일체로 금지"하는 전제하에 "선교적 내용이 언급되지 않은" 서적의 유통과 거래를 허용하고, 금서 목록에서 일부 서적을 삭제하였다.[16]

---

14 콘도 모리시게(近藤守重), 『콘도 세이사이 전집(제3권)』, 국서 간행회, 1905년, 215-216쪽.

15 나카무라 기요조(中村喜代三), 「에도 막부의 금서 정책(상)」, 『사림』 제11권 제2호, 1926년 4월, 200쪽.

16 이전의 금서 약 75종 중에서 도쿠가와 요시무네가 19종을 해제했다.[이토 다사부로, 『신앙과 사상의 통제』(『근세사 연구』 제1권), 요시카와 코분칸, 1981년, 268쪽]

도쿠가와 요시무네의 완화 정책은 일본이 서학 한문적을 통해 서양 문화를 이해하는 데 상대적으로 유리한 환경을 조성하였으며, 일본 서학사의 중요한 전환점으로 되었다.

에도 말기에 이르러 일본의 개국과 함께 일본과 외부의 교류는 점차 빈번해졌다. 1858년 『일미수호통상조약』과 『안세이조약』이 체결된 후, 나가사키의 '회소 무역(會所貿易)'[17]은 자유 무역으로 전환되어 수입 서적 심사 제도가 폐지되었고, 요코하마, 시모다, 하코다테 등이 나가사키에 이어 서학 한적의 유입 창구가 되었다. 200여 년간의 쇄국 체제와 금교 제도의 붕괴는 금서 정책을 유명무실하게 만들었고, 이듬해 서양 선교사들의 공식적인 일본 상륙으로 인해 서학 한적의 유입은 급격히 증가하게 된다.[18]

3. 일본인의 한역 성경 접촉 경로

관련 사료를 통해 일본인이 한역 성경에 접촉한 경로에 관한 많은 단서와 증거를 찾을 수 있다. 이러한 현상은 일본 개국 이전부터 존재했으며, 개국 후, 특히는 1859년 기독교가 일본에 전해진 이후부터 규모가 점차 확대되었다. 필자의 소견으로는 주로 다음과 같은 세가지 접촉 경로가 존재했을 것으로 본다. (1) 나가사키 외래 선박의 한적에 섞여 유입된 경우; (2) 선교사들에 의해 간접적으로 유포

---

17 에도 막부가 1698년부터 시행한 무역 통제 제도.
18 이토 타사부로, 「금서 연구(하)」, 『역사 지리』 제68권 제5호, 1936년 11월, 48쪽.

또는 반입된 경우; (3) 중국에 들어온 일본인들이 중국에서 구입한 경우.

(1) 나가사키 외래 선박의 한적에 섞여 유입된 경우

나가사키는 쇄국 기간 동안 일본이 외부 문화를 받아들이는 유일한 창구였으며, 일본이 개국한 후에도 최소한 메이지 초기까지 그 역할을 지속해왔다. 막부의 금서 정책은 매우 엄격했으나, 지식층들이 서학 한적을 통해 서양 세계를 이해하고 서학 지식을 얻고자 했기 때문에 그 정책이 철저하게 시행되었던 것은 아니었다. 특히 에도 중후기에 접어들면서 점점 더 많은 지식인들이 막부의 금교 정책과 '사교(邪敎)' 관념에 의문을 제기하기 시작했으며, 기독교 사상을 소개하고 연구하거나 서학 한적을 비밀리에 소장하는 경우가 발생했다. 이러한 움직임은 유학자, 난학(蘭學)자, 그리고 막부에서 일하던 관료들 사이에서도 나타났다. 예를 들어, 유학자인 히토미 키유(人見璣邑)는 이마두와 서광계가 한역한 『기하원본』을 읽고는 자신의 발문집 『인견서문초발췌(人見黍文草拔萃)』에서 막부의 지나친 금서 정책에 의문을 제기하며, "서양 서적은 중국 번역자들이 몇 부 번역하였으나, 모두 국가에서 엄격히 금지하여 사람들이 읽지 못하게 되었다. 과거에 관에서 새긴 천경(天經) 또한 서양 서적이라고 들었는데, 이 글을 보니 그것과 유사하다. 금서로 분류된 것은 대중의 왜곡일 수도 있으니 확실하지 않다. 글의 내용은 모두 산수(=수학)도에 논변을 곁들인 것일 뿐, 괴이하거나 대중을 현혹하는 내용은 없다. 학자가 이를 읽고 수학의 길을 돕는 데에 무슨 해가 있을까"라고 주장했다.[19] 난학자 와타나베 카잔(渡辺崋山)은 "예수교는 해외의 보편적인 종교로 사교(邪敎)가 아니다"[20]라고 주장하며, 타카노 쵸에이(高野長英), 오제키 산에이(小關三英) 등과 함께 서학 연구 단체 '상치회(尙齒會)'를 결성했다. 모리슨 호 사건[21] 이후, 막부의 양이(攘夷)정책을 비판하던 그는 몇몇 난학자들과 함께 체포되었는 데, 이 사건은 '만사의 옥(蛮社の獄)'이라는 이름으로 알려져 있다. 난학자 야마무라 마사나가(山村昌永)는 그의 지리학 저서 『서양잡기(西洋雜記)』(1848년)에서 대홍수, 노아의 방주, 바벨탑, 모세, 예수 등 성경에 나오는 사건과 인물들을 소개했다.[22] 1925년 오사카 매일신문사가 주최한 고서전시회의 서적 해제목록에는 막부 노중(老中) 마츠다이라 사다노부(松平定信)와 막부 천문학자 타카하시 카게야스(高橋景保)가 개인 소장한 금서들이 열거되었다.[23] 서학 한적에 대한 높은 수요는 막부의 외래 서적 심사 업무에 큰 부담으로 작용하여 비밀 반입과 검열 누락 등의 현상이 빈번히 발생했고, 이에 따른 한역 성경의 유입은 자연스러운 일

---

19 이토 타사부로, 『신앙과 사상의 통제』(『근세사 연구』 제1권), 요시카와 코분칸, 1981년, 270쪽.

20 미야케 토모노부, 『화산 선생 약전(華山先生略傳)』, 와타나베 카잔, 『화산 전집』 제1권, 화산회, 1915년, 321쪽.

21 1837년, 미국 상선 '모리슨'호는 일본의 표류민 송환을 빌미로 일본 연안에 접근하여 일본과의 통상 및 선교를 시도했으나, 에도만과 가고시마만에서 포격을 받고 실패하였다.

22 에비사와 아리미치, 『쇄국사론』, 국서 출판, 1944년, 143-144쪽.

23 마츠다이라 사다노부의 장서는 천문학, 측량, 수리 등 분야에 집중되어 있고, 타카하시 카게야스의 장서는 『서학범』, 『십계』, 『교우론』 등 종교 서적을 포함한다. 참조: 아라키 코타로(荒木幸太郎), 『문명 유입에 관한 고서전람회 목록』, 카이코 학사, 1925년. 인용 출처: 이토 타사부로, 『신앙과 사상의 통제』(『근세사 연구』 제1권), 요시카와 코분칸, 1981년, 268쪽.

이라고 할 수 있었다. '상치회'와 난학자들의 사교권에서는 성경을 돌려 읽는 것이 상당히 일반적인 현상이었다. 와타나베 카산도 친구 하타자키 카나에(幡崎鼎)의 부탁으로 성경을 난학자 미야케 토모노부(三宅友信)에게 빌려준 적이 있었다.[24] 와타나베가 하타자키에게 보낸 서신에는 미야케와 주고받은 서적의 목록이 기록되어 있는데, 거기에는 "舊約□書下屋敷三種, 確實收到"[25]라는 내용이 적혀 있다. 여기서 '下屋敷'는 에도의 스가모에 위치한 미야케의 거처로, 문장을 해석하면 "스가모의 미야케 토모노부로부터 구약 성경 세 권을 받았다"로 이해할 수 있다.[26]

---

24 미야케 토모노부는 타하라(田原) 번주 미야케 야스토모(三宅康友)의 아들로, 청년 시절 에도의 스가모(巢鴨)에서 은거하였다. 그는 와타나베 카잔의 권유로 난학을 연구하였고, 자주 와타나베를 통해 서적을 구입했으며, 그에게 서적 구입을 위한 재정적 지원을 제공하였다.

25 이 서신은 미토번(水戶藩)의 번의(藩醫) 마츠노부(松延) 가문이 소장한 『마츠노부 문서(松延文書)』에 수록되어 있다. 이토 타사부로는 이 서신이 '모리슨'호 사건이 발생한 해인 1837년에 작성되었다고 추측한다. 인용 출처: 이토 타사부로, 『신앙과 사상의 통제』(『근세사 연구』제1권), 요시카와 코분칸, 1981년, 273쪽.

26 일본 학자 에비사와 아리미치는 이 "舊約□書"가 모리슨의 『신천성서』 중 『구유조서(舊遺詔書)』일 가능성이 있다고 추측하며, 그 이유는 타카노 쵸에이(高野長英)의 『만사조액소기(蠻社遭厄小記)』(1841년)에 "모리슨의 저서가 이미 우리나라에 전해져 관고에 보관되어 있다"고 기록되어 있고, 타카노 자신도 "나가사키 유학 중 네덜란드인을 통해 모리슨을 알게 되었고, 모리슨의 자필본도 소장하고 있다"고 언급하였기 때문이라고 한다. 따라서 당시 모리슨의 한역 성경이 이미 일본 국내로 유입되었고, 당시 일본 내에서 유통된 번역본은 『신천성서』뿐이었으므로, 이 "舊約□書"는 『신천성서』의 『구유조서』일 가능성이 있다고 보았다(에비사와 아리미치, 『남만학통 연구』, 소분샤, 1958년, 348쪽). 그러나 필자는 이 "舊約□書"가 마시맨의 번역본일 가능성이 더 크다고 생각한다. 마시맨 번역본에서는 처음으로 '구약'이라는 번역어가 사용되었는데, 두가지 버전이 존재한다. 하나는 중국식 선장 5권본으로, 『구약전서』4권과 『신약전서』1권이 포함되고, 다른 하나는 서양식 하드커버 2권본으로, 『구약전서』와 『신약전서』가 각각 1권씩 포함되었다(孔令雲, 譚樹林, 「'경'에서 '성경'까지: HOLY BIBLE 한역 서명의 변화」, 『종교학연구』, 2022년 제3기, 207쪽). 그러므로 여기서 말하는 "舊約□書"는 5권본 중

일본 개국 이후, 한역 성경의 유입을 기록한 문헌이 많이 출현하였데, 그중 한가지 전형적인 예를 들고자 한다. 정토진종(淨土眞宗) 동본원사파(東本願寺派)의 승려 안큐지 코요(安休寺晃曜)가 『호법총론(護法總論)』에서 열거한 목록에 따르면 게이오(慶應) 을축년(1865년) 동안 일본으로 유입된 서학 한적은 96종에 이르고, 그 중에는 신·구약 성경의 한문 완역본, 각종 복음서의 한역본, 성경 장절 한역본, 성경 한문 주해서 등이 포함된다. 안큐지는 문헌에서 "총 96권이 게이오 을축년에 나가사키로 건너왔다. 오늘날 사서(邪書)가 매우 많이 들어오고 있다. 그 중의 '구약 전서', '신약 전서'는 이들 종파의 성교(聖敎)로 불리는데 불교의 일체경(一切經)과 같은 것이다. 두 가지 번역이 있는데, 하나는 미국 번역본으로 진신본(眞神本)이라 하고, 다른 하나는 영국 번역본으로 상제본(上帝本)이라 한다. 두 본을 비교해보면, 하나는 의미가 통하기 어렵고, 다른 하나는 잘 통한다"[27]라고 특별히 언

3권일 가능성이 있다. 게다가 '구약'이라는 명칭이 사용된 두 번째 번역본은 1854년 대표 위원회가 번역한 『구약전서』로, 시기적으로 차이가 크기 때문에, 와타나베 카잔 등이 본 '구약'이라는 명칭의 번역본은 마시맨 번역본일 수밖에 없는 것이다. 전통적으로 마시맨 번역본의 전파 범위는 매우 제한적이었다고 여겨져 왔다. 예를 들어, 와일리(Alexander Wylie)는 "그것의 발행량은 경건한 저자가 기대했던 만큼에는 미치지 못했다"고 언급한 바 있다(Alexander Wylie, *The Bible in China*, Wason Pamphlet Collection, Cornell University Library, Volume 1, Pamphlet 2, 1897, pp.97-98). 시가 마사토시는 마시맨 번역본이 침례회(浸禮會) 내부에서만 유통되었다고 주장하였다(시가 마사토시, 「성경(Bible) 번역 방법론 고찰-신약 한역을 중심으로」, 『텐리대학학보』제1권 제2·3호, 1949년 10월, 104쪽). 마시맨 번역본이 일본에 전해졌다는 기록을 현재로서는 찾지 못했지만, 필자는 이번 조사를 통해 일본 아이치 대학 도서관에 소장된 1822년판 마시맨 번역본 신약 성경을 발견했다.(https://arcau.iri-project.org/zh-cn/detail/SY-2019-001?p=1, 열람 시간: 2022.12.21.) 현재까지 이 소장본에 대해 언급한 연구가 없기 때문에, 새로운 발견이라고 할 수 있다. 마시맨 번역본이 에도 후기에 일본에 전해졌을 가능성은 매우 높으며, 전해진 연도와 현존 상황에 대해서는 앞으로 추가 연구가 필요하다.

급하였다. 여기서 '진신본'과 '상제본'은 중국 선교사 번역대표위원회가 '용어 문제(Term Question)'에 대한 의견이 엇갈려, 결국에는 미국 성경공회와 대영성서공회가 각자 '신'과 '상제'라는 역명으로 성경을 출판한 사건에서 비롯된다. 문헌에서 언급한 "하나는 의미가 통하기 어렵고, 다른 하나는 잘 통한다"는 것은 후에 출판된 런던선교회 역본과 '비치문－칼버트슨' 역본을 가리키는 것으로 보인다. 런던선교회 역본은 문구가 화려하고 문체가 아름다운 반면, '비치문－칼버트슨' 역본은 원문의 충실한 재현에 힘써 언어가 상대적으로 평이하다.[28] 두 번역본의 언어 표현이 뚜렷이 대비되기 때문에 "하나는 의미가 통하기 어렵고, 다른 하나는 잘 통한다"는 현상이 나타났을 것이다.

(2) 선교사들에 의해 간접적으로 유포 또는 반입된 경우

선교사들은 중국과 동남아시아에서 선교 활동을 하면서 여러 차례 일본의 국문을 열기 위해 시도했지만, 엄격한 쇄국·금교 정책으로 인해 연안 주민들에게 서적 배포하는 간접적인 방식으로 시험적인 선교활동을 진행할 수 밖에 없었다. 모리슨은 이미 중국 이외의 극동 지역에 선교할 계획을 세웠고, 한자가 극동 지역에서 널리 사용된다는 점을 잘 알고 있었으며, 일본인들이 한문에 익숙하다는 사실도 이해하고 있었다.[29] 1818년, 모리슨은 밀른(William Milne)과 함께

---

27 안큐지 코요, 『호법총론』, 토키와 다이죠(常盤大定) 편『메이지 불교 전집 제8권 호법편』, 슌요도, 1935년, 266쪽.

28 양삼부, 『중국 기독교사』, 대만상무인서관, 1984년, 378쪽.

29 모리슨은 그의 저서『중국잡기』(*Chinese Miscellany*, 1825년)에서 다음과 같이

말라카에 영화서원(英華書院)을 설립하여 중국인 교육에 종사함과 동시에 서적 출판을 통한 선교에 힘썼는데, 그 중에서 일본에 대한 선교 계획을 엿볼 수 있다.[30] 그들이 구상한 '간지스 강 넘어 선교회(The Ultra Ganges Mission)'의 선교 계획에도 일본에 대한 선교가 포함되어 있었다.[31] 1818년, 영국 상선 'Brothers'호가 일본으로 향하는 기회를 이용하여, 모리슨은 선장 고든(Peter Gordon)에게 『신조유서』 두 권과 대량의 선교용 소책자를 건네주었다. 이것들을 에도만(江戸湾)의 우라가(浦賀)에 가져가 연안의 약 2천 명 어부들에게 배포함으로

말했다. "중국어 사용자는 여러 국가에 걸쳐 있으며, 전 세계 인구의 상당 부분을 차지하고 지리적으로도 광범위하게 퍼져 있다. 북쪽으로는 러시아 국경, 서쪽으로는 중국 타타르, 동쪽으로는 캄차카, 남쪽으로는 조선, 일본뿐만 아니라 류큐, 교지지나 및 그 주변 섬들(대부분의 주민은 중국인), 그리고 페낭, 말라카, 싱가포르의 명암경계선, 심지어 자바에까지 이른다. 이 지역들은 방언의 차이가 크고, 구어가 다르더라도 모두가 중국 문자를 이해할 수 있다. 항해자, 상인, 여행자, 선교사 등 그 누구든 중국어로만 쓸 수 있다면 동아시아 전역에서 이해될 수 있다."(모리슨, 『중국잡기』, 한링(韓凌) 번역, 여행교육출판사, 2018년, 3쪽.)

30 모리슨은 다음과 같이 언급한 바 있다: "영화서원의 명성과 힘을 빌어 동양과 서양이 하나가 되고, 일본 국민과 영국 국민이 복음을 통해 평화롭게 교류하는 날이 빨리 오기를 바란다."(인용 출처: 타카야 미치오(高谷道男), 『닥터 헵번(ドクトル・ヘボン)』, 오오조라샤, 1989년, 67쪽.)

31 '간지스 강 넘어 선교'는 모리슨이 1815년에 제안한 선교 계획으로, 벵골만 동쪽의 말라카, 인도네시아, 미얀마, 태국, 인도차이나, 중국, 조선, 일본 등지에 선교하는 것을 목표로 했다. 영화서원의 설립은 이 계획의 첫걸음이었다.(미야코다 츠네타로, 『로버트 모리슨과 그 주변』, 쿄분칸, 1974년, 141, 247쪽.) 미국 역사학자 라토렛(Kenneth Latourette)은 모리슨의 일본 선교 계획에 대해, "그의 계획은 일본도 포함하고 있었으며, 당시 일본은 중국보다 더 외부와 격리된 국가였다"고 언급했다.(Kenneth Latourette, *A History of the Expansion of Christianity(1800~1914), The Great Century-North Africa & Asia*, Vol.6, New York & London: Harper & Brothers Publishers, 1944, p298.) 메드허스트도 "모리슨과 밀른은 일본어를 배우려는 의도를 오래전부터 가지고 있었으며, 현재의 중국어 성경이 그들에게 적합한지를 확인하고자 했다"고 언급했다.(Walter Medhurst, *China: Its State and Prospects*, London: John Snow, 1838, p.341)

써 한역 성경을 통해 일본에 선교하고자 하였던 것이다.[32] 1831년에 모리슨은 또 자신이 번역한 『신천성서』와 약간의 선교 소책자를 곽실렵에게 건넸다. 이듬해 곽실렵은 동인도 회사의 '암허스트'호를 타고 류큐에 이르러 현지 어민들에게 한역 성경을 배포하였고, 이후 류큐 국왕에게도 세 부를 헌상하였다.[33]

　1859년, 최초로 일본에 도착한 선교사들은 모두 한역 성경을 지니고 있었는 데, 일본인과 접촉할 기회가 있을 때마다 적극적으로 성경을 배포했다. 이와 같은 기록들은 그들의 일기, 서신, 전기에서 쉽게 찾아볼 수 있다. 존 리긴스(John Liggins)는 일본에서 영어를 가르치는 동안 일본 학생들에게 한역 성경을 나누어 주었다.[34] 윌리엄스(C.M. Williams)는 일본에 있는 동안 여러 차례 한역 성경을 방문객들에게 선물하고 함께 연구하기도 했다.[35] 헵번(James Hepburn)은 일본 방문 시 다수의 한역 성경 필사본을 가지고 와 일본인들에게 나누어 주었고,[36] 주일 미국총영사 해리스(Townsend Harris)를 통해 막부 고위 관료들에게도 한역 성경 여러 권을 봉정하였다.[37] 포류운(鮑留雲, Samuel Brown)은 일본에서 머무는 동안 가지고 있던 한역 성경을 일본인 교사들에게 나누어 주었고,[38] 버벡(Guido Verbeck)은 나가사키에서 선교

32　에비사와 아리미치, 『일본의 성서: 성서 일역의 역사』, 일본기독교단출판국, 1982년, 102쪽.

33　미야코다 츠네타로, 『귀츨라프와 그 주변』, 쿄분칸, 1978년, 138-139쪽.

34　모토다 사쿠노신, 『노감독 윌리엄스』, 교토지방부 故윌리엄스 감독 기념실행위원 사무소, 1914년, 83쪽.

35　모토다 사쿠노신, 『노감독 윌리엄스』, 교토지방부 故윌리엄스 감독 기념실행위원 사무소, 1914년, 64, 69쪽.

36　타카야 미치오, 『헵번 서간집』, 이와나미 서점, 1959년, 16, 31쪽.

37　타카야 미치오, 『헵번 서간집』, 이와나미 서점, 1959년, 73쪽.

활동을 하면서 주변 사람들에게 자주 한역 성경과 기독교 서적을 배포했다.[39]

(3) 중국에 들어온 일본인들이 중국에서 구입한 경우

일본은 개국 이후, 서구 열강과 교섭하고 배움을 청하는 것 외에도 중국과의 교류를 시도했다. 이는 청 정부의 아편전쟁 패배 원인을 조사하고, 통상을 실현하여 이익을 얻고자 함이었다.[40] 일본 항선이 중국에서의 주요한 정착지는 상하이와 홍콩이었는 데, 당시 통상 항구가 개방되면서 상하이는 중국 기독교 선교의 새로운 거점이 되었을 뿐만 아니라,[41] 중요한 무역 집산지와 교통 허브로 되었고, 중국 및 동아시아의 서학 전파 기지로 부상했다.[42] 메드허스트가 상하이에 설립한 묵해서관(墨海書館)은 25만 권의 한역 성경과 170여 종의 한문 선교 서적 및 과학 서적을 인쇄하였다.[43] 1862년, 일본의 관선 '치토세마루(千歲丸)'가 상하이로 파견되면서 일본 개국 후 중·일간의 교류가 본격적으로 시작되었다.[44] 이 배를 타고 중국에 발을 디딘 쵸슈번(長州藩) 번사 타카스기 신사쿠(高杉晉作)는 이번 상하이행을 서

---

38 타카야 미치오, 『S.R. 브라운 서간집』, 일본기독교단출판부, 1965년, 51쪽.

39 타카야 미치오, 『버벡 서간집』, 신교출판사, 1978년, 55, 67쪽.

40 펑텐위(馮天瑜), 『'치토세마루' 상하이행』, 무한대학출판사, 2006년, 24쪽.

41 류젠후이(劉建輝), 『또 하나의 '근대' 로드-19세기 일·유럽 교류에서 광둥, 상하이의 역할』, 류젠휘, 사노 마유코(佐野眞由子) 편, 『'일본 연구' 재고: 북유럽의 실천으로 부터』, 국제일본문화연구센터, 2014년, 224쪽.

42 펑텐위, 『'치토세마루' 상하이행』, 무한대학출판사, 2006년, 187쪽.

43 류젠후이, 「근대 중국에서 개신교 선교사의 문화 활동-상하이 묵해서관을 중심으로」, 『일본 연구: 국제일본문화연구센터 기요』30, 2005년 3월, 296쪽.

44 펑텐위, 『'치토세마루' 상하이행』, 무한대학출판사, 2006년, 24, 33쪽.

학 연수와 서구의 지식을 넓히는 절호의 기회로 삼아[45] 대량의 한적을 구매하였다. 그는 여행기『유청오록·상해엄류일록(游淸五錄·上海淹留日錄)』에서 모유렴(慕維廉, William Muirhead)으로부터『지리전지(地理全志)』,『연방지략(聯邦志略)』,『육합총담(六合叢談)』등의 서적과 잡지를 구매했다고 언급하였다.[46] 타카스기와 동행한 나카무타 쿠라노스케(中牟田倉之助)는 이번 여행에서 구입한 서적 목록을 상세히 기록하였는데, 총수는 40종에 달했고 그 중에는『신약전서』(총 1권)이 포함되어 있었다.[47] 서적 제목과 구매시간으로 보아, 이는 대표 역본 또는 비치문-칼버트슨의 1859년 역본으로 추정된다.

홍콩은 또 다른 중요한 무역, 교통, 정보의 중심지로, 일본 근대 종교사에서 잘 알려진 도시샤 대학 창립자 니지마 조(新島襄)의 미국유학 일화와도 관련이 있다. 니지마 조는 어릴 적부터 한적을 탐독했으며, 1863년 21세에 친구로부터 "모 미국 선교사가 중국어로 쓴 성경"을 빌려 보고는,[48] "상하이 또는 홍콩에서 간행된 이 두세 권의 기독교서가 가장 나의 호기심을 가장 자극한 책들이다"고 언급했다.[49] 이를 계기로 기독교의 존재를 알게 된 그는 서양 문화에 대해 동경을 품게 되었고, 목숨을 걸고 출국을 결심한다. 니지마는 미국 상선에 몰래 승선하여 상하이를 거쳐 홍콩으로, 그리고 다시 미국으

45 펑텐위,『'치토세마루' 상하이행』, 무한대학출판사, 2006년, 190쪽.

46 타나카 아키라(田中彰) 교주,『개국』(『일본근대사상대계1』), 이와나미 서점, 1991년, 219쪽.

47 우치다 케이이치(內田慶市),『근대 동서 언어 문화 접촉 연구』, 간사이 대학출판부, 2001년, 108쪽.

48 니지마 조,『니지마 조 전집』제10권, 도호샤 출판, 1985년, 15쪽.

49 니지마 조,『니지마 조 전집』제10권, 도호샤 출판, 1985년, 37쪽.

로 향했다. 홍콩에 머무는 동안 그는 지니고 있던 칼을 선장에게 팔아 현금을 얻고는 신약 성경 한 권을 구입했다.[50]

한역 성경이 일본에 많이 유입되었고 다양한 판본이 존재하는 데다가, 현재 남아 있는 자료들 역시 제한되어 있어 일본인들이 접한 한역 성경의 번역본을 정확하게 확정하거나 각 개인이 성경을 읽은 구체적 상황을 복원하기가 힘들다. 그러나 전체적인 영향을 고려할 때, 메이지 시대의 기독교 사상가인 우에무라 마사히사(植村正久)의 한 구절로 설명할 수 있다. "유명한 모리슨이 번역한 신유조서는 일본에서 널리 사용되지 않았다. 많이 들어온 것은 오히려 공인된 중국어역 성경(대표역본-필자 주)이었고, 상하이에서 간행된 성경이 더 많았다. 홍콩에서 출판된 순 한문의 중국어역 성경이 일본의 전도에 얼마나 큰 도움이 되었는지는 알 수 없다. 우리는 이를 오래도록 기억해야 한다."[51]

4. 한역 성경이 일역(日譯) 성경에 미친 영향

한역 성경은 일본 지식인들 사이에서 널리 퍼져 일본인들이 기독교와 서구 사상·문화를 이해하는 중요한 매개체가 되었다. 이뿐만 아니라, 한역 성경은 성경의 일본어 번역에도 중요한 영향을 미쳤다. 한역본은 성경의 일역에 중요한 참고자료와 모범으로 작

---

50 니지마 조, 『니지마 조 전집』제10권, 도호샤 출판, 1985년, 47쪽.
51 사바 와타루(佐波亘), 『우에무라 마사히사와 그의 시대』제4권, 쿄분칸, 1966년, 4쪽.

용하였으며, 일부 일역 성경은 한역본을 직접 번역하여 만들어지기도 했다.

에비사와 아리미치(海老澤有道)는 한역 성경이 일역 성경에 미친 영향을 다음과 같이 평가하였다.

"일본의 성경을 논할 때 한역 성경은 무시할 수 없는 존재이다. 비록 성경의 일본어 번역은 원전주의에 기반을 두고 있지만 이미 출판된 한역본 역시 참고하였다. 성경의 서명이나 기독교 용어 등에 있어 일역본은 한역본을 많이 계승하였다. …… 만약 한역 성경이 없었다면 일역 작업은 훨씬 어려웠을 것이며, 문학적 표현에서도 매우 낮은 수준에 머물렀을 것이다."[52]

스즈키 노리히사(鈴木範久)는 종교 용어의 측면에서 한역 성경이 일역 성경에 미친 영향을 언급했다.

"일역 성경은 한역 성경에서 많은 용어를 차용했다. 이는 마치 역사적으로 유교와 불교의 한문 경전이 일본에 전해진 것과 같은 일종의 '원어주의'라 할 수 있다. 근대 이전의 일본인들에게 중국은 고수준의 문화의 원천이었기 때문이다. …… 일본의 성경 번역에 있어 한역 성경은 매우 큰 비중을 차지하였으며, 이는 일본의 기독교 수용에도 영향을 미쳤다. 성경에서 사용된 용어만 보더라도 일본의 기독교는 중국을

---

52 에비사와 아리미치, 『일본의 성서: 성서 일역의 역사』, 일본기독교단출판국, 1982년, 98쪽.

통해 전해졌음을 알 수 있다."[53]

　주목할 점은 성경의 일본어 번역이 일본 국내에서 처음으로 시작
된 것이 아니라는 사실이다. 성경의 일부를 일본어로 번역한 최초의
인물은 중국에 파견된 선교사 곽실렵으로, 그는 세 명의 일본 표류
민의 도움을 받아 1837년에 『요한복음지전(約翰福音之傳)』과 『요한 상
중하서』 전문을 가타카나로 번역해 싱가포르의 견하서원(堅夏書院)에
서 출판하였다. 곽실렵이 성경을 번역할 때 참고한 자료 중 하나가
바로 모리슨의 『신천성서』였다.[54] 1850년, 중국에 파견된 선교사 위
삼외(衛三畏, Samuel Williams)는 "모 한역본"을 참고하여 『마태복음전』
을 번역한다.[55] 류큐의 선교사 베텔하임(Bernard Bettelheim)은 대표 위
원회의 상제본을 참고하여 1855년부터 네 복음서를 연이어 번역하
였고, 1858년에는 그 중 하나인 『누가복음』(일본어 제목: 『누가전복음서』)
한일(漢日) 대역본이 홍콩에서 출판되었다.[56]
　초기 재일 선교사들이 번역한 일본어 성경 또한 한역 성경의 영향
을 받았다. 성경의 일본어 번역은 초기 일본 선교 활동에서 가장 중
요한 작업으로 여겨졌으며, 당시 거의 대부분의 선교사들이 성경의
일본어 번역을 주도하거나 참여한 적이 있었는데, 그들은 번역 과정
에서 한역 성경을 충분히 참고하고 본 받았다. 예를 들어, 윌리엄스

53　스즈키 노리히사, 『성서의 일본어: 번역의 역사』, 이와나미 서점, 2006년, 219-220쪽.
54　스즈키 노리히사, 『성서의 일본어: 번역의 역사』, 이와나미 서점, 2006년, 57쪽.
55　카스가 마사지(春日政治), 「1850년 일역 마태전」, 『문학연구』, 1948년 3월, 59쪽.
56　에비사와 아리미치, 『일본의 성서: 성서 일역의 역사』, 일본기독교단출판국, 1982년,
　　128, 133쪽.

는 자신이 1861년에 "모 한역 성경"을 참고하여『주기도문(主禱文)』,
『사도신조(使徒信條)』,『십계명(十誡)』, 및『마태복음』의 몇몇 장을 번
역한바 있다고 언급하였다.[57] 헵번은 1861년에 포류운(鮑留雲)과 협
력하여『마가복음』의 일역본을 완성하였는데, 이 복음서는『마가복
음』의 한역본을 전량 번역한 것이다.[58] 1862년, 헵번은 또 일본인의
도움을 받아 비치문-칼버트슨의『신약전서』를 참조하여『요한복
음』,『창세기』,『출애굽기』를 번역하였다.[59] 1870년, 버벡은 일본 학
생들에게 "모 신구약 성경" 한역본의 일부 장을 일본어로 번역하도
록 지도했다.[60] 1872년에는 헵번의 사택에서 최초의 재일 선교사 공
동회의가 열려 성경 완역을 위한 각 파벌의 연합 작업이 결정되었다.
회의에서는 '번역위원사중(翻譯委員社中)'을 설립하고, 번역 위원을 선
출하였으며, 그리스어 원본을 기초로 제임스 1세 흠정판 영문 성경
과 비치문-칼버트슨의『구신약전서』를 참조하여, 몇 명의 일본인
의 도움 아래 신약성경 전량을 번역하였다(제목:『신약전서』).[61]

  일역 성경 중 상당수는 한역본을 중역(重譯)한 것이 많았으며, 한문
훈독체가 자주 사용되었다. 예를 들어, 베텔하임이 번역한『누가전복
음서』는 대표 위원회 상제본의『누가복음』을 중역한 것으로, 한일 대

---

57 에비사와 아키라(海老澤亮),『일본 기독교 100년사』, 일본기독교단출판부, 1959년,
    46쪽.
58 타카야 미치오,『헵번 서간집』, 이와나미 서점, 1959년, 72, 80쪽.
59 에비사와 아리미치,『일본의 성서: 성서 일역의 역사』, 일본기독교단출판국, 1982년,
    147쪽.
60 타카야 미치오,『버벡 서간집』, 신교출판사, 1978년, 168-169쪽.
61 아키야마 노리에(秋山憲兄),『책 이야기-메이지 시대의 기독교서』, 신교출판사,
    2006년, 270-271쪽.

역의 방식이 사용되었고, 각 한문 단락 뒤에 한문 훈독체로 가타카나 번역문이 첨부되어 있었다. 서두는 다음과 같은 구절로 시작된다.

蓋有多人以我中足徵之事、筆之於書、乃本傳道者自始親見、而授同人。我又參互考証、次第書之、達提阿非羅閣下、欲爾深知所學之確然也。[62]

번역문에는 베텔하임 자신의 해석이 추가되어 있어 원문을 완전히 따르지는 않았지만, 문체는 여전히 한문 훈독체가 사용되었다.

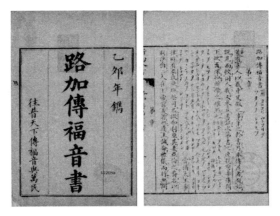

<도1> 1855년 베텔하임이 번역한 『누가전복음서』의 표지와 서두
(오사카부립 도서관 소장)

---

62 필자가 가타카나 부분을 한자―히라가나로 번역한다면 다음과 같다. "蓋し多き人有り。我らが中、きわめ証拠せらるの事を以て、一々のび筆し、その始めより親しく見て、而して理を教える。ものどもの、我らに伝えたる通りにせんとする。故に我も亦始めより事皆全く悟りたり。一々爾達つ時、提阿非羅にかかんとするをよしと思えて、爾が学ぶところの実を知らしめん。"

서명이나 장의 제목이 한풍(漢風)을 따른 것이 많아 메이지 시대의 일역본 역시 한역본을 광범위하게 계승하였음을 알 수 있다. 이러한 현상은 외래어의 표기에 있어 특히 현저하다. 예를 들어,『마태복음』,『마가복음』,『누가복음』,『요한복음』, 서신 중의『로마서』,『야고보서』등 네 복음서의 대부분 번역본이 한역본의 표기를 따랐다. 다음 표는 비치문-칼버트슨의 한역『신약전서』와 이를 참고한 '번역위원사중'『신약전서』의 각 장 제목을 비교한 것이다. 후자 제목의 외래어 번역이 전자의 표현을 그대로 따랐음을 알 수 있다(표1, 표2의 굵은 부분).

<표1>[63]

'비치문-칼버트슨'의『신약전서』	
馬太傳福音書	使徒保羅達提摩太前書
馬可傳福音書	使徒保羅達提摩太後書
路加傳福音書	使徒保羅達提多書
約翰傳福音書	使徒保羅達腓利門書
使徒行傳	使徒保羅達希伯來人書
使徒保羅達羅馬人書	使徒雅各書
使徒保羅達哥林多人前書	使徒彼得前書
使徒保羅達哥林多人後書	使徒彼得後書
保羅達加拉太書	使徒約翰第一書
使徒保羅達以弗所人書	使徒約翰第二書
使徒保羅達腓立比人書	使徒約翰第三書
使徒保羅達哥羅西人書	使徒猶大書
使徒保羅達帖撒羅尼迦人前書	使徒約翰默示錄
使徒保羅達帖撒羅尼迦人後書	

---

63 나가이 타카히로(永井崇弘),「한역 성서의 문서 표제에 대하여 - 개신교의 신약성서를 중심으로」,『후쿠이대학 교육지역과학부 기요』제5권, 2015년 1월, 6쪽.

<표2>⁶⁴

'번역위원사중'의 『신약전서』	
路加傳	哥林多前書
希伯来書	哥林多後書
馬太傳	以弗所腓立比書
馬可傳	帖撒羅尼迦前後書
約翰傳	哥羅西書
使徒行傳	提摩太前後書提多腓利門書
羅馬書	雅各彼得前後猶大書
約翰書	約翰默示録
加拉太書	

다이쇼(大正) 시대(1910년대) 전후에 이르러 일본에서는 성경을 개역해야 한다는 목소리가 점차 높아졌다. 이에 응하여, 다이쇼 개역판 『신약성서(新約聖書)』는 각 장 제목의 외래어를 모두 가타카나로 변경하였다.⁶⁵ 이후 서명과 장 제목의 외래어 표기에서 가타카나가 점차 한자를 대체하게 되었다.

---

64 아키야마 노리에, 『책 이야기 – 메이지 시대의 기독교서』, 신교출판사, 2006년, 271쪽.
65 일본성서협회, 『일본성서협회 100년사』, 일본성서협회, 1975년, 86쪽.

<도2> 1917년 다이쇼 개역 『신약성서』의 표지와 목차
(메이지가쿠인대학 도서관 소장)

　훈점본 성경의 발행에서도 한역 성경의 영향을 확인할 수 있다. 최초의 신약성경 일본어 완역본은 1880년 출판된 '번역위원사중'역의 『신약전서』이고, 최초의 구약성경 일본어 완역본은 1888년 출판된 '도쿄 성서 번역위원회'역의 『구약전서』이다. 1889년에는 신약과 구약을 합본한 일본어 완역본이 출판되었으며, 제목은 『구신약전서』였다. 그러나 성경의 일본어 완역본이 등장한 후에도 일본 국내에서 한역본에 대한 수요는 여전히 높았으며, 이에 따라 다양한 훈점본들이 잇따라 출판되었고 이러한 현상은 19세기 말까지 지속되었다. 훈점본이란 한학에 소양이 깊은 일본 지식층의 독서 습관을 고려하여 본문 옆에 훈점을 붙여 독해를 돕는 형태로, 본질적으로는 한역본에 속한다. 훈점본에서 일반적으로 사용되는 원본은 비치문－칼버트슨의 『구신약전서』로, 여기에서도 한역본이 훈점본에 미친 영향을 엿볼 수 있다.

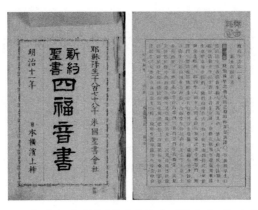

<도3> 1878년 미국 성서회사『신약성서 사복음서』의 표지와 서두
(큐슈대학 부속 도서관 소장)

최초의 훈점본 성경은 1878년 미국 성서회사[66]가 출판한『신약성
서 사복음서 전편(新約聖書四福音書前編)』으로, 1898년까지 20년간 유통
되었고, 그동안 약 30종의 버전이 출판되었다. 훈점본 성경의 출판
상황은 아래의 표와 같다.

<표3>[67]

서명	출판시간	출판사
『신약성서 사복음서 전편』	1878년	미국 성서회사
『신약성서 사복음서 후편』, 『신약전서』,『훈점 신약전서』, 『훈점 신약 사복음서』	1879~1884년	미국 성서회사, 북영국 성서 회사(미국), 북영국 성서회사 (영국)

---

66 미국성경공회의 일본 분회.
67 본 표는『일본성서협회 100년사』62-64쪽을 참고하여 작성됨.

『구약전서 시편』, 『훈점 구약 성서』(『창세기』, 『출애굽기』, 『민수기략(民數記略)』, 『잠언(箴言)』, 『신명기(申命記)』), 『훈점 구약전서』	1880~1885년	미국 성서회사, 북영국 성서회사(미국), 북영국 성서회사(영국), 대영국 성서회사
『훈점 구신약전서』	1887~1898년	북영국 성서회사(미국), 대영국 성서회사, 대일본 성서관

메이지 중기(1880년대) 이후, 선교의 대상이 지식층에서 서민층으로 확장됨에 따라 한학 소양과 높은 지식 수준을 요구하는 훈점본은 더 이상 선교의 필요를 충족시킬 수 없었다. 더불어 메이지 시대 이후 '언문 일치' 운동의 영향으로, 새로 출판된 번역본은 의도적으로 한문의 영향을 배제하고, 한자의 사용을 줄였으며, 문체를 구어체에 가깝게 하려는 경향을 보였다. 이로써 훈점본은 서서히 역사에서 퇴장하게 된 것이다.

5. 결론

문화 간의 접촉에서 언어와 문자는 현실적 장벽으로 작용한다. 에도 시대 일본 상류층의 지식인들은 대체로 한학 교육을 받았고, 한문으로 중국 고전을 능숙하게 읽을 수 있었다. 그들은 서양어 원서보다 한적을 더 잘 이해할 수 있었기 때문에, 한역 성경은 서학 한적의 중요한 고전으로서 일역 성경이 보급되기 전까지 일본인들이 기독교를 이해하는 매개체 역할을 하였다. 그중 일부는 일본어 성경 번역의 원본으로 사용되거나 중요한 참고 자료가 되었다. 일역 성경은 서명, 제목, 어휘 사용에서 한역 성경을 많이 계승하였다. 일역 성경의 완역본이 출현한 이후에도 일본 내에서 한역본에 대한 수요는 여전히 존재하였고, 19세기 말까지 다양한 훈점본이 등장하였다.

이러한 현상의 근본 원인은 주변국들에 미친 중국의 막대한 영향력에 있으며, 한자와 한문의 보편적인 적용은 그 문화적 표징이라 볼 수 있다. 일본은 역사적으로 중국이 주도한 동아시아 질서에서 벗어나고, 자국 문화를 중국 문화로부터 독립시키려 시도해왔다. 근대 이후에는 서양 문명의 충격 아래 전통적인 동아시아 질서가 새로운 국제 질서로 대체되었고, 동아시아 지역의 문화는 점차 다원화되어 갔다. 그러나 유교 사상을 주체로 하는 한(漢)문화는 일본 문화에 깊이 각인되어 있어, 여전히 일본 사회 전반에 영향을 미치고 있다. 한역 성경은 기독교가 중국에서 토착화된 대표적인 사례이며, 이러한 중국 토착화된 서양 문명이 일본에서 오랜 기간 전파된 것은 일본이 서양 문화를 수용하는 과정에서 중국 문화의 영향을 깊이 받았음을 보여주고 있다. 이는 역사적 시각에서 본 '중국 문화의 해외 진출 (中國文化走出去)'이라 할 수 있겠다.

제6장

일본 메이지 계몽 사상과 기독교
-『메이로쿠 잡지(明六雜誌)』의 종교언론을 중심으로-

1. 들어가는 말

메이지 유신 이후, 일본이 서방 국가들의 선진 과학기술과 문화를 적극적으로 받아들이는 큰 흐름 가운데, 지식인들은 서구의 종교인 기독교를 어떻게 바라볼 것인가라는 과제에 직면하게 되었다. 그들은 서구 사상과 기독교의 관계를 고찰하며, 동일한 기준으로 수용하여 전면적인 서구화로 나아갈 것인지, 아니면 기독교를 별도로 구분하여 접근할 것인지에 대해 논의할 필요가 있었다. 아울러, 기독교와 일본의 토착 종교 및 사상의 관계를 분석하고, 이를 기존의 종교·사상 체계와 유기적으로 융합할 방안을 모색하는 것도 중요한 과제였다. 메이지 정부의 싱크탱크 역할을 한 계몽 사상가들은 메이지 사상의 최전선에 서서 이 과제를 가장 먼저 떠맡았다. 그들은 대부분 관료 출신으로, 막부 말기에 서양 학문을 통해 서구 사상을 폭넓게 접했으며, 유신 후에는 다양한 형태로 유학길에 올라 구미권의 종교, 사상, 문화를 직접 경험했다. 때문에 메이지 초기에, 기독교에 관한 그들의 발언은 일본 사상계에서 가장 대표적이며, 그들의 인식 또한 가장 깊이 있다고 할 수 있다. 그들의 발언에 대한 고찰을 통하여, 메이지 초 일본 사상계의 기독교에 대한 인식 상태를 충분히 이해할 수 있을 것이다.

안세이(安政) 5년(1858), 도쿠가와 막부(德川幕府)는 미국 총영사 해리스(T. Harris)와 「일미수호통상조약(日米修好通商條約)」을 체결하였으며, 그 중 제8조에는 '종교의 자유'에 관하여 "일본에 거주하는 미국인은 자국의 종교 법을 따를(종교를 신앙 할) 수 있으며, 거주지 내에 예배당을 설치할 수 있다. 이 건물을 파괴하거나 미국인이 자국의 종교 법을 따르는 것을 방해해서는 안 된다.'"라고 명시되어 있다. 이 조약은 미국인들의 일본 내 선교활동을 제외한 종교활동의 자유를 인정하였다. 이 조약을 계기로 여러 나라의 선교사들은 연이어 일본에 가서 일본에서의 선교 활동을 진행하기 위한 준비를 시작하였다. 유신 초기, 메이지 정부는 에도 시대부터 이어진 금교 정책을 그대로 유지하며, 일본 내 기독교의 선교 활동에 대해 엄격한 제한과 탄압을 가했다. 그러나 메이지 6년(1873)에 이르러서는 열강의 압력에 못 이겨 '기리시탄 금제(切支丹禁制)'를 해제하고, 구미 기독교 교회들의 일본 내 선교 활동을 묵인하였다. 메이지 6년은 바로 메이지 계몽 사상가들이 '메이로쿠샤'를 구성한 해이기도 하며, '기리시탄 금제'의 해제는 종교 문제를 그들의 주요 관심사 중 하나로 만들었다. 그 이듬해, 그들은 『메이로쿠 잡지』를 창간하여 기독교 문제에 대해 적극적으로 논의하였다.

2. 츠다 마미치(津田眞道, 1829~1903)의 '기독교 수용론'

츠다 마미치는 메이로쿠샤 회원 중 일본이 기독교를 수용해야 한다고 가장 적극적으로 주장한 계몽 사상가이다. 그는 「개화를 촉진

---

1 이소마에 준이치(磯前順一), 『근대 일본의 종교 담론과 그 계보(近代日本の宗教言説とその系譜)』, 이와나미 서점, 2003년, 33쪽.

하는 방법에 대한 논의」²에서 일본의 문명 개화를 촉진하는 방법으로, 학문과 종교 두 가지를 제시하였다. 그 중 학문은 허학과 실학 두 가지로 나뉘는데, 동양의 허학은 고상한 이론과 성(性)과 리(理)의 도덕을 강조하는 반면, 서양의 실학은 천문의 이치를 파악하는 것과 과학철학을 탐구한다는 것이다. 그는 한 나라가 실학을 널리 퍼뜨리고 국민이 그 이치를 이해해야만 '문명'에 도달했다고 할 수 있다고 보았다. 하지만 이러한 목표를 달성하는 데는 오랜 시간이 필요하다. 단기간 내에 일본의 문명 개화를 이루고 국민을 잘 인도하려면 오직 종교에 의거해야 할 수밖에 없다고 보았다. 종교에 대해 츠다는 다음과 같은 기록을 남겼다.

> 종교에는 여러 가지가 있는데, 여태껏 국내(일본)에서 유행한 것들은 신(神)교와 불교가 있고, 해외에서는 유행하는 것이 셀 수 없이 많지만, 가장 유명한 것으로는 불교, 화교, 회교(이슬람교), 기독교에 불과하고, 그 중에서 기독교가 가장 뛰어나다. 기독교는 그리스, 천주교, 이종(異宗) 세 가지로 나뉘며, 이종이 가장 뛰어나다. (중략) 이종은 또 신파와 구파로 나뉘며, 신파는 자유를 주된 것으로 삼으니 문명에 가장 가까운 사상이다.

츠다는 종교에는 우열의 구별이 있으며, 근대 서양 문명을 지탱하

---

2 츠다 마미치(津田眞道), 「개화를 촉진하는 방법에 대한 논의(開化を進る方法を論ず)」, 야마무로 신이치(山室信一)・나카노메 토오루(中野目徹) 교주, 『메이로쿠잡지(上)』, 이와나미 문고, 1999년, 117-121쪽.

는 신앙으로, 기독교가 가장 우수한 종교라고 평가하였다. 그 중에서 특히 신교 일파를 "문명에 가장 적합한 사상"이라고 평가하였다. 그 이유를 살피면, 츠다는 "종교의 유행은 그 흐름이 물과 같아서, 상등이 하등을 압도하고, 새로운 것이 오래된 것을 이기는 것이 보편적 상태"라고 보았다. 따라서 "현재 상황을 보면 기독교가 우리 나라에 침입하는 것은 자연스러운 흐름이며, 마치 강물이 흐르는 것처럼 막을 수 없는 일"이라며, "현재 전 세계 사람들의 개화에 가장 유리한 것은 기독교이므로, 가장 최신의, 가장 우수한, 가장 자유롭고 문명적인 이 사상을 채택하여 우리의 개화를 돕는 것이 오늘날 우리 나라에 가장 적합한 방책이다. 현재 여러 지역에서 서양인을 고용하여 그들의 학문을 전수받는 것처럼, 가장 우수하고 최신의 교법을 가르칠 교사를 고용하여 우리 국민에게 공개적으로 교육하는 것이 어떠한지"에 대해 제안하기도 하였다.

츠다의 주장은 간단명료하지만, 그 중에는 몇 가지 문제가 있다. 우선, 츠다는 기독교와 서구 근대 문명을 혼동하고 있다. 그는 기독교를 단순히 "문명에 가장 가까운 사상"으로 서양 국가가 근대 문명을 실현하는 데 있어 기독교가 신앙적 기반이 되었다고만 설명하였다. 그러나 그는 기독교가 왜 가장 문명적인 종교인지, 서구 근대 문명과의 내재적 연관성에 대해서는 설명하지 않았다. 기독교의 교리 주장에 대해서 츠다는 오로지 "기독교는 자유를 주된 것으로 한다"는 한 문장으로 요약하고는 기독교 교리의 주장으로부터 그 우수성을 입증하지 않았고, 과거에 종교가 유행해온 역사에 비쳤을 때, '새로운 것'의 출현이 반드시 '오래된 것'보다 우월하다고 단순히 간주하고 있다. 둘째로, 츠다가 기독교를 수용하자는 주장은 기독교 교리에 대한 인정에서 비롯된 것이 아니라는 점이다. 그는 「본원이 하나가 아님을 논함」[3]에서, 기독교의 세계 본원에 대한 주장을 비과학적인 것이라고 평가하며, "서양의 종교는 모든 천지만물을 창조주가 만든 것이라고 말하지만, 천신이나 창조주가 실제로 존재하는지 여부는 인간의 지능으로는 알 수 없다"고 주장하면서, "만물의 본질, 만상의 근원은 하나가 아니라 반드시 여러 개에 있다"고 보았다.

여기서 알 수 있듯이 츠다가 일본이 기독교를 수용해야 한다고 주장한 이유는 기독교 교리의 합리성 때문이 아니라, "대세의 흐름"과 현실적인 이익이 일본의 문명 개화에 도움이 되기 때문이었음을 알 수 있다. 이러한 급진적 실용주의 사상은 일본 메이지 유신 이후의 급진적인 근대화 노선과 궤를 같이한다. 그러나 에도 시대 이후 일본이 취한 종교 금지 정책에 비하여, 츠다가 보여준 기독교에 대한 관용적 태도는 진보적인 성격을 가지고 있음이 분명한 동시에, 메이지 6년, 정부의 '기리시탄 금제' 해제령에 대한 적극적인 반응이라고도 할 수 있다.

---

3 츠다 마사미치: 「본원이 하나가 아님을 논함(本は一にあらざる論)」, 야마무로 신이치 · 나카노메 토오루 교주: 『메이로쿠 잡지(上)』, 이와나미 문고, 1999년, 292-297쪽.

3. 나카무라 마사나오(中村正直)의 『서학일반(西學一斑)』

나카무라 마사나오의 번역서 『서학일반』은 총 7편으로 구성되어 있으며, 구미 사상의 역사적 발전과 배경 및 특징을 소개하였고 서학의 도입을 적극적으로 권장하였다. 특히 기독교의 역사적 발전은 필수적으로 다뤄야 할 문제였다. 비록 이 책은 번역서임에도, 나카무라 개인의 이해에 따라 정리된 것이며, 많은 부분에 그의 해석이 더해져 있다.[4] 따라서 이는 그의 개인적인 관점을 반영한다고 할 수 있다. 나카무라는 "독일의 종교개혁가 마르틴 루터(Martin Luther)가 루터교라는 신교를 창립한 이래, 사람들은 종교적으로 해방되었고, 학문적으로는 새로운 것을 창출하며, 유럽 대륙의 학문이 번성하고 상업이 번영하며 민중의 지혜가 개화되었다"고 보았다.[5] 여기서 그는 "세상의 학문이 발전하는 이유는 우선 신교의 흥기에 있으며, 사람들이 모두 법학 교육서를 읽기 때문이다"라고 강조하면서, 기독교가 학문의 흥기에 기여한 공적을 높이 평가하였다. 이어서 두 번째 편에서도 "이 개혁적인 하나님의 교(신교)가 흥기한 이래로 로마 교황청의 교리가 쇠퇴하게 된다. 이는 계시에 어긋났던 것이며 인간 마음의 공의를 위반하는 것이었으며, 세상의 인식을 방해하던 것들이 날이 갈수록 제거되고 있는 것이다. 이로써 하나님의 계시와 인심의 천성이 점점 명확해지고있다."[6] 라고 언급하며, 종교개혁과 신

---

4 야마무로 신이치·나카노메 토오루 교주, 『메이로쿠 잡지(上)』, 이와나미 문고, 1999년, 341쪽.

5 나카무라 마사나오(中村正直), 「서학일반(西學一斑)(1)」, 야마무로 신이치·나카노메 토오루 교주, 『메이로쿠 잡지(上)』, 이와나미 문고, 1999년, 344쪽.

교의 출현이 유럽에 가져다 준 변화를 더욱이 칭송하였다.

기독교가 사상 번영, 민중의 지혜 개화, 사회 발전에 유리하다면, 일본이 이 종교를 도입함으로써 기존의 전통 종교를 대체할 수 있는 것일까? 이 문제에 대해, 나카무라 마사나오는 오히려 보수적이고 신중한 입장을 취한다. 그는 "국민이 종교의 자유를 추구하는 것"은 비록 "관대하고 명확한 일"이지만, "종교 자유의 권리를 얻기 위해 지나친 개혁을 추진하는 것은 정치적 패착을 낳으며, 국가에 해를 끼칠 수 있다"고 여겼다. 이어서 그는 프랑스 정치가 장 보댕(Jean Bodin)의 말을 인용하여 "군주가 국민을 다스릴 때, 감정에 휩쓸려 급격한 개혁을 진행하면 큰 해를 초래할 것"이며, "세상에서 가장 위험한 일은 하루아침에 국민이 오랫동안 행해온 예절, 법률, 풍속을 개혁하려는 것"이라고 강조하였다. 때문에 "나라를 다스리는 방법은, 하나님이 천지를 창조할 때의 큰 역할을 본받아야 한다. 만물이 성장하고 번성하는 것은 겉보기에는 쉬워 보이지만, 오늘날의 모습에 이르기까지 차츰차츰 단계적으로 이루어진 것이다. 그리고 주재하시는 참된 신(하나님)께서는 지나치게 급한 일을 싫어하시어, 봄을 겨울과 여름 사이에, 가을을 여름과 겨울 사이에 두어 기후를 조절하고 급격한 변화를 방지하셨다"고 하였다.[7]

나카무라는 기독교가 사회, 문화, 사상에 미치는 긍정적인 영향을 충분히 인정하며 "국민의 천성"을 개조하는 두 가지의 방법 중 하나

---

6 나카무라 마사나오, 「서학일반(2)」, 야마무로 신이치·나카노메 토오루 교주, 『메이로쿠 잡지(上)』, 이와나미 문고, 1999년, 373쪽.
7 나카무라 마사나오, 「서학일반(4)」, 야마무로 신이치·나카노메 토오루 교주, 『메이로쿠 잡지(中)』, 이와나미 문고, 2008년, 58-61쪽.

로 예술(과학)을, 다른 하나로 교법(종교)을 꼽았다. 그러나 학자들은 예술에만 집중하여 종교를 무시하거나, 서양의 교법(기독교)을 혐오하면서도 "이를 제외하고는 우리 국민의 천성을 개조하고, 유럽과 아시아 여러 나라의 국민들 간의 격차를 줄이는 방법은 더이상 없다"[8]고 주장하였다. 다른 한편, 나카무라는 급진적인 개혁을 통해 사회의 현황을 변화시키는 것을 거부했다. 그가 보기에 하나님이 세상을 창조하였다는 기독교의 주장 자체가 곧 점진적인 과정이며, 기독교 그 자체가 "점진적인 종교"인 것이었다. 이로부터, 메이지 시대 일본의 현실에 비춰 본다고 해도 그가 같은 견해를 가졌을 것이라는 사실을 어렵지 않게 알 수 있다.

4. 가토 히로유키(加藤弘之)의 기독교 국가에서의 정치와 종교 관계에 대한 소개

가토 히로유키는 미국 목사 톰슨의 「미국 정교(米国政教)」를 번역하여 『메이로쿠 잡지』에 세 번에 걸쳐 게재하였다. 번역본의 서문에서 그는 "이 책은 미국의 제도는 제사와 정치의 분리, 정치와 종교의 구분을 원칙으로 하며, 정부와 교회가 각각 독립적이며 상호 관련이 없다는 것을 설명하였다. 또한, 사람의 지혜를 개명하고 국가의 안

---

8 나카무라 마사나오, 「인민의 성질을 개조하는 설(人民の性質を改造する説)」, 야마무로 신이치・나카노메 토오루 교주, 『메이로쿠 잡지(下)』, 이와나미 문고, 2009년, 69쪽.

정을 위해서 이 제도가 필수적이라는 이유를 설명하였다. 내가 이 책을 깊이 들여다보니, 과거 유럽의 국가들에서 정치와 종교가 일치된 제도가 사람들의 지식을 억압하고 세상의 혼란을 초래한 원인이었음을 알게 되었으며, 최근 구미권 국가들에서 이러한 제도를 점진적으로 폐지하여 정부와 교회가 독립적으로 존재하게 되면서, 인민의 지혜가 개명되고 국가 안정에 큰 보탬이 되었다는 것을 알게 되었다. 이는 뜻을 지닌 사람이라면 반드시 읽어야 할 책이다"[9]라고 평했다. 가토는 이 책에서 설명한 기독교 국가의 정치와 종교의 분리에 관한 정책을 대단히 찬양하며, 그것이 "인민의 지혜를 개명하고 국가의 안정을 유지하는 데"에 유익하다고 평가하였다. 이를 통해 그가 이 책을 번역한 목적이 메이지 정부에 정치와 종교의 분리 정책을 채택할 것을 제안함으로써 일본의 문명 개화와 국가 건설의 근대화에 이바지하는 데 있었음을 알 수 있다.

「미국 정교」는 네 장으로 구성되어 있으며, 네 개 측면에서 정치와 종교 관계를 논의한다. 구체적으로는 헌법과 종교, 종교 자유의 두 가지 유형, 각국의 종교 정책 현황, 그리고 종교에 대한 규제가 있다. 첫 번째 장 "신도(종교)에 관한 사항, 합중국 헌법에 명시된 조항 및 교회 관련 헌법"[10]에서는 "미국의 헌법에서는 정부 관리의 선발이 그들의 종교적 신앙과 무관하며, 특정 종파를 국가의 공식 종교로 삼지 않고, 시민의 종교적 자유를 침해하지 않는다고 규정하였다"

---

9 가토 히로유키, 「미국 정교(1)」, 야마무로 신이치・나카노메 토오루 교주, 『메이로쿠 잡지(上)』, 이와나미 문고, 1999년, 196쪽.
10 같은 책, 197쪽.

고 명시하고 있다. 즉, 미국의 정치와 종교 관계에 대해 헌법은 종교가 정치에 개입하는 것을 금지하고, 국교를 설정하지 않음으로써 각 종파의 평등한 지위를 보장하며, 정치가 시민의 종교 신앙의 자유에 간섭하지 않도록 규정하고 있다는 것이다. 두 번째 장 "종교인이 되는 자유에 관한 권리(관용과의 차이)"[11]에서는 "종교적 자유"와 "종교적 관용"의 차이를 명확히 하였다. "종교적 관용"이라는 것은 국교를 설립한 전제하에 다른 종교나 교파의 신앙 자유를 허용하는 것(예: 영국)을 의미하며, "종교적 자유"는 정부와 종교가 완전히 관계를 맺지 않는, 즉 정치와 종교가 완전히 분리된 상태(예: 미국)를 의미한다. 그 이유는 "신민(臣民)의 종교적 언론의 자유와 예배의 자유 및 기타 종교와 관련된 모든 자유는 정부가 부여한 특권이 아니라, 양심에 따라 판단할 자유의 권리이며(하늘이 부여한 양심에 따라 자유롭게 사물의 시비를 판단할 권리), 이는 정부의 통제와는 무관하다"는 것이다. 세 번째 장 "각국의 종교와 헌법"[12]에서는 각 기독교 국가들의 헌법에서 정치와 종교의 관계를 다룬 조항들을 소개하며, 모든 기독교 국가들의 종교 문제에 관한 헌법에는 다음과 같은 조항이 없다고 언급한다. 1. 국교를 설정하는 헌법(즉 국교를 설정하지 않음)에 관한 조항, 2. 신도(종교) 교육을 위한 세금을 강제하는 조항, 3. 강제적으로 신을 숭배하게 하거나 예배를 요구하는 조항, 4. 양심에 따라 신도(종교)를 믿을 자유를 제한하는 조항, 5. 자신이 믿는 신도(종교)에 대해 논의할 자유를 제한

---

11 같은 책, 197-201쪽.
12 가토 히로유키, 「미국 정교(2)」, 야마무로 신이치·나카노메 토오루 교주, 『메이로쿠 잡지(上)』, 이와나미 문고, 1999년, 213-219쪽.

하는 조항. 네 번째 장 "신도(종교)는 절대 범죄를 은폐하는 도구가 되어서는 안 된다"[13]에서는 앞서 언급한 종교 자유에 대해 제한을 가하며, "어떠한 사람도 자신이 믿는 신도(종교)를 범죄를 은폐하기 위한 도구로 사용할 수 없다"고 강조한다. 즉, 아무리 자유로운 나라일지라도, 어떤 종교나 종파라도 만약 그 행동이 윤리를 위반하거나 평화와 질서를 해친다면 정부는 이를 금지하고 처벌할 권리가 있다. 정부는 헌법을 통해 명령을 보이는 형식으로 종교의 자유를 엄격히 제한할 수 있으며, 이를 통해 국가의 안정을 해치는 것을 방지할 수 있다. 절대로 이 권한을 잘못 이해하여 교회(기독교회를 암시)에 자치 권한을 위임해서는 안 된다.

비록 「미국 정교」는 번역된 글이지만, 앞서 소개한 번역본의 서문에서 알 수 있듯이, 역자 가토의 정치와 종교 관계에 대한 태도가 어느 정도 반영되어 있다. 가토는 각 기독교 국가가 정치와 종교의 관계를 처리하는 데 있어서, 모두 개방적이고 자유로운 정교분리 정책을 시행하는데, 그 중에서도 미국의 종교 정책이 특히 뛰어나다고 평가한다. 그는 미국이 시행하는 정치와 종교의 분리와 서로 간섭하지 않는 종교 정책을 높이 평가하며, 이를 일본의 문명개화와 장기적인 안정을 실현하는데 효과적인 수단으로 보았다. 다만, 이러한 시민의 종교와 신앙의 자유는 윤리와 도덕에 어긋나지 않고, 국가 치안에 해를 끼치지 않는 조건 하에서만 허용되는 제한적인 자유라 인식하였다.

---

13 가토 히로유키, 「미국 정교(3)」, 야마무로 신이치・나카노메 토오루 교주, 『메이로쿠 잡지(上)』, 이와나미 문고, 1999년, 409-415쪽.

5. 니시 아마네(西周)의 종교 신앙 자유론

니시 아마네는 『메이로쿠 잡지』에 "교문론(敎門論)"이라는 제목으로 여섯 편의 글을 연재하며 종교 신앙의 자유 및 정치와 종교의 분리의 필요성에 대해 논의했다. 첫 편[14]에서 니시 아마네는 다음과 같이 설명한다. "종교는 믿음으로 인해 성립된다. 믿음은 앎이 미치지 못하는 것에서 비롯된다. 사람이 이미 그것을 안다면 그 이치는 자신에게 있는 것이다; 그러나, 만약 얻었어도 알 수 없는 것이라면, 오로지 자신이 아는 것을 바탕으로 알 수 없는 부분을 믿는 수 밖에 없다. 따라서 그 이치는 자신의 것이 아니다."

그는 종교 신앙의 진리는 알 수 없는 것이며, 종교의 진리를 이해하는 것이 종교를 믿는 데 필수적인 전제 조건이 아니라고 강조한다. 사람들이 종교를 믿는 것은 "알 수 없는 것에 대한 믿음"이라고 한다. 때문에 "진리를 믿거나 하나님을 믿는 것은 모두 알 수 없는 것을 믿는 것", "믿음이란 사람의 마음 속에 존재하는 것이므로, 용감한 자가 타인의 믿음을 힘으로 빼앗을 수 없고, 지혜로운 자가 논리로 타인에게 믿음을 강요할 수 없다. 정부는 종교에 대해서도 마찬가지로 각자가 믿는 것을 존중해야 하며, 믿거나 믿지 않는 것을 강요해서는 안 된다. 정부라는 곳을 운영하는 자 역시 인간이기 때문에, 인간인 이상 자신이 알 수 없는 부분을 믿어야 하며, 자신이 알지 못하는 진리를 사람들에게 강요할 수 없다. 진리가 없으므로, 그 권한도

---

14 니시 아마네(西周), 「교문론(敎門論)(1)」, 야마무로 신이치·나카노메 토오루 교주, 『메이로쿠 잡지(상)』, 이와나미 문고, 1999년, 155-160쪽.

없다." 종교의 진리는 알 수 없는 것이기 때문에, 나라와 정부는 강제적인 수단으로 민중의 종교 신앙의 자유에 개입할 수 없으며, 국가와 정부는 세속적인 권력으로서, 종교에 대해 가지는 이해는 민중과 같다. 따라서 일본 민중이 기독교를 믿는 것도 "알 수 없는 믿음"으로 간주되며, 정부는 이를 간섭할 권한이 없다는 결론을 내릴 수 있다.

그렇다면, 국민들의 종교 신앙 자유는 정부의 관할을 벗어나 완전히 독립하여, 종교 문제에 대해 정부는 완전히 방임해야 하는 것일까? 종교 신앙의 자유를 인정하는 것이 일본의 국가 체제(즉, 메이지 정부가 시행한 신도 국교화 정책)와 충돌하는 것일까? 앞의 문제에 대해, 니시 아마네는 다음과 같이 설명한다. "정치 권력과 종교의 도(道)는 근본적으로 다르다. 정치의 주된 목적은 국민을 모아 나라를 이루고, 부정한 것을 막아 정의를 수호하며, 안정을 보장하는 것인데, 이것이 정부의 의무와 권력이다. 종교의 도는 이와 반대로 사람의 마음에 관한 것이며, 선악과 옳고 그름을 판단하는 것이다. 그러므로 종교가 정치에 해를 끼치는 일은 없다. 정부는 정교분리의 원칙을 철저히 지켜야 하며, 종교로 인해 정치가 해를 입지 않도록 해야 한다." 여기서 그는 정치와 종교는 본래부터 같은 차원의 개념이 아니며, 정치는 국가 통치에, 종교는 사람의 마음에 관련된 것임을 명확히 밝혔다. 그렇기에 국가는 정교분리 정책을 시행해야 한다고 주장한다. 이를 바탕으로 니시 아마네는 "정교일치의 맥락을 끊는 방법으로 종교 관리부서인 사교아문(司敎衙門)을 설치해 종교를 관리하되, 그 범위를 분쟁 상황으로 한정하고, 신앙의 내용에는 관여하지 말아야 한다"[15]고 강조하였다. 종교와 일본 국체의 관계에 대해서, 니시 아마네는 "일통만세(一統萬世)는 우리 나라 제도에서 가장 중요한 것으로, 이에 상충하는 것은 엄격히 제재해야 한다"[16]며 천황제와 국가 신도(神道)의 절대 권위를 인정하면서도, 이와 동시에 "종묘에서의 제사와 사당의 전례는 왕실의 가정사이므로, 다른 성씨의 신은 그 후손들이 모시도록 해야 하는 것으로 정부와는 무관한 것이다. 정부는 오직 정치 권력만으로 국정에 임하고, 동시에 문화와 교육을 밝혀 정치를 돕는 역할을 해야 한다. 그러면 국민의 지혜가 나날이 발전하고, 국민의 신앙도 지나치게 높아지지 않게 될 것이다"라고 강조한다.[17]

니시 아마네는 기독교 등 다양한 종교의 합법적 지위를 인정하며, 천황의 신성한 권위에 영향을 끼치지 않는 선에 한하여, 정부는 신앙의 자유에 간섭해서는 안 된다고 주장하였다. 종교 문제에 있어서 정부의 역할은 두 가지로, 첫째는 종교 활동으로 인한 갈등이 치안에 위협이 되지 않도록 감독하는 역할이며, 둘째는 교육에 대한 추진을 통해 국민의 지적 수준을 높여 종교 신앙의 질을 향상시키도록 인도하는 것이다. 동시에 "현철(賢哲)"한 신앙의 자유를 보장하여, 대중을 "선교(善敎)를 따르도록" 유도하는 것이다.[18] "선교"란 무엇일까? 니

---

15 니시 아마네, 「교문론(2)」, 야마무로 신이치・나카노메 토오루 교주, 『메이로쿠 잡지』, 이와나미 문고, 1999년, 177쪽.
16 니시 아마네, 「교문론(3)」, 야마무로 신이치・나카노메 토오루 교주, 『메이로쿠 잡지(상)』, 이와나미 문고, 1999년, 209쪽.
17 같은 책, 210쪽.
18 니시 아마네, 「교문론(5)」, 야마무로 신이치・나카노메 토오루 교주, 『메이로쿠 잡지(상)』, 이와나미 문고, 1999년, 288쪽.

시 아마네는 종교 신앙에는 높낮이와 깊고 얕은 차이가 있어, 어리석은 사람들은 여우나 벌레를 신뢰하고, 현명한 사람들은 하나님이 주재하고 있음을 믿고, "만유의 이치에 통달하여 심성의 미세한 부분까지 꿰뚫어, '지(知)'를 통해 '주재자'의 존재를 인식하고 이를 믿는 것 만으로 족하다."[19]고 하였다. 여기서 그는 초월적 인격신인 '주재자'의 존재를 인정하였다. 따라서 초월적 '주재자'인 하나님을 신앙하는 기독교가 자연스럽게 '선교(善敎)'로 분류되었음을 알 수 있다.

이상의 내용을 정리해보면, 종교에 대한 니시 아마네의 태도는 매우 관대하며, 종교 문제에 대한 정부의 직능과 권한을 명확히 구분하고, 시민들의 종교 신앙에 최대한의 자유를 주어야 한다고 주장한다. 비록 기독교의 문제에 대하여 그가 특별히 다루지는 않았지만, 위의 논의를 바탕으로 보면 기독교에 대한 그의 태도를 추측해볼 수 있다. 즉 기독교를 지혜롭고 현명한 사람들의 종교로 보고, 국가와 정부는 국내에서 기독교의 합법적인 지위와 시민들의 신앙의 자유를 충분히 보장해 주어야 한다는 태도를 취했던 것으로 짐작해볼 수 있다.

6. 결론

메이지 초기에 메이지 정부는 신도를 국교화하려는 정책을 추진

---

19 같은 책, 291쪽.

하며, 신기성(神祇省)을 폐지하고, 교부성(敎部省)과 대교원(大敎院)을 새로 설립하여, "삼개조 교칙"을 반포하였다. 이를 통해 신도(神道)를 국교로 삼고 종교적으로 국민의 의식을 통합하려고 시도하였다. 그러나 메이지 6년(1873)에는 열강의 압력과 불평등 조약의 철폐, 그리고 근대 국가를 신속히 구축할 필요성에 따라 메이지 원년(1868년) "오방의 게시(五榜の揭示)"를 대표로하는 기독교 금지령을 철회하고 일본 내에서 기독교의 합법적 지위를 인정하였는데, 이로 인해 기독교 금령 철폐에 관한 논쟁이 일어났다. 메이로쿠샤가 종교 문제에 대해 가진 관심은 시대적 필요에서 비롯된 것이며, 이러한 시대적 배경에 대한 적극적인 반영이기도 하다.

『메이로쿠 잡지』 제1호는 창간 취지를 "학문을 연마하고, 정신을 맑게 하며, 국민의 지식을 넓히는 것"[20]으로 정하였다. 이는 그들의 가장 큰 목적이 국민을 교육하여 개화시키고, 지식 수준의 진보를 촉진하는 데 있음을 보여준다. 국민의 정신 문명의 개화의 핵심이 무엇인지, 어떤 방법이 가장 효과적인지는 메이로쿠샤가 직면한 가장 긴급한 과제였지만, 이와 동시에 정치와 종교의 관계, 종교 정책, 종교 신앙의 자유 등의 문제도 그들이 반드시 대면해야 할 문제였다. 메이로쿠샤의 회원들이 서구 사상과 함께 들어온 기독교에 대해 소개하고, 평하며, 비판하는 것은 상술한 문제에 대한 그들의 탐색 과정과 사고의 흐름을 보여준다.

메이로쿠샤의 계몽 사상가들은 기독교에 대한 인식과 태도를 다

---

20 야마무로 신이치 · 나카노메 토오루 교주: 『메이로쿠 잡지(상)』, 이와나미 문고, 1999년, 26쪽.

양한 각도에서 설명하였다. 기독교를 서구 사상의 신앙적 기반으로서 우월하다고 인정하는 견해, 기독교 국가의 정치와 종교 분리 정책을 본받아야 한다는 주장, 그리고 기독교에 합법적 지위를 부여하고 시민의 신앙 자유를 보장해야 한다는 의견 등은 모두 뚜렷한 시대적 진보성을 갖추고 있다. 동시에 "일본 천황제의 지속성을 상징하는 일통만세(一統萬世)는 우리 나라 제도에서 가장 중요한 것으로, 이에 상충하는 것은 엄격히 제재해야 한다(니시 아마네)"와 같이 천황제를 중심으로 한 국가 신도(神道)적 관점에 타협하는 측면도 남아 있다. 이는 전통과 근대, 보수와 진보가 얽힌 메이지 시대의 계몽 사상가들에게 부여된 시대적 특성이라고 할 수 있다.

제7장

가토 히로유키(加藤弘之)의 종교 비판과 진화론 사상

1. 종교와 과학

'종교와 과학' 사이의 관계 문제는 근대(메이지 시대) 일본 사상계의 주된 맥락을 이루었다고 할 수 있다. 이는 메이지 유신 이후 일본이 서양의 선진 과학기술과 문화를 적극적으로 수용하는 큰 흐름 가운데, 지식인들은 이와 함께 들어온 종교, 특히 기독교를 어떻게 바라볼 것인지 고민할 수밖에 없었기 때문이다. 또한 '종교와 과학'이라는 근본적으로 대립되는 두 모순을 어떻게 조화시켜 일본의 근대화 발전에 발맞출지 생각해야 했다. 메이지 시대의 유명한 신학자이자 일본 연합 기독교회 회장인 고자키 히로미치(小崎弘道)의 다음과 같은 발언은 이러한 실상을 잘 반영하고 있다.

> 우리나라(일본－필자 주)의 신도들이 가장 먼저 직면하게 된 것은 '기독교와 과학의 관계'의 문제이다. 최초에 기독교는 서양의 문물 기계, 과학 기술과 함께 우리나라에 들어왔다. 그러나 다른 한편으로 과학과 기독교가 말하는 내용은 전혀 상반되기에 함께 공존하기 어려워 보였다. 특히 당시의 서양에서는 새로운 과학이 날로 융성해가며 제약 없이 자유롭게 발전할 수 있었다. 많은 과학자들이 기독교를 무시하고 의심하는 태도를 보이기 시작하였는데, 이런 풍조는 당연히 우리나라에도 전해져 들어왔다. 또한 유신을 전후로 하여 우리나라의 지식인들은 대부분 기독교에 대해 지울 수 없는 편견과 혐오감을 가지고 있었기 때문에 그들은 서양의 과학과 기독교를 완전히 구분하여 전자만 받아들인 채 후자는 배척하고자 하였다.[1]

특히 일본에 다윈의 진화론이 소개된 이후, 이처럼 서양의 과학과 종교를 구별 짓고, 수용하는 데 있어 이중의 잣대를 두는 주장은 일본 사상계에서 더욱 두드러졌다. 『종의 기원』이 출판되자 영국에서 전통 종교 사상과의 갈등으로 과학자와 종교인 간의 논쟁이 촉발되었던 것처럼,[2] 진화론은 일본에서도 많은 사상가들에게 '과학'의 대명사로 여겨졌으며 그들은 그것을 종교를 비판하고 공격하는 강력한 무기로 사용하였다. 진화론을 일본에 소개한 모스(Edward S. Morse) 조차도 그의 저작 『동물 진화론』에서, 도쿄 대학의 진화론 강좌를 개설한 최초의 이유는 종교의 비과학성을 폭로하기 위함이라고 명확히 언급하였다.

종교 신자는 신기루 속에서 헛된 꿈을 꾸고, 사악한 종교의 요망한 말을 세상에 퍼뜨려 사람들의 눈과 귀를 막고, 세상을 오염시킨다. 심지어 유능하고 명석한 사람조차도 그 오염 속에 빠져 깊이 취해서 그 속에서 깨어나지 못하고 태어나서 죽을 때까지 전혀 깨닫지 못하고 있다. (나는) 이 진화론 학설을 설파함으로써 종교를 반박하고자 한다. 종

---

1 고자키 히로미치, 「기독교의 본질(基督教の本質)」, 『고자키 전집』 제1권, 고자키 전집 간행회, 1938년, 9-10쪽.

2 "1859년 11월 24일, 『종의 기원』이 출판되었다. (중략) 이를 지지하는 몇몇 젊은 과학자를 제외하면, 대부분 사람들의 초기 반응은 부정적이었다. 한 목사는 다윈에게 '영국에서 가장 위험한 인물'이라는 이름을 붙였다고 한다. 보수파가 얼마나 격렬히 반발했는지 놀랄 필요는 없다. 왜냐하면 진화론은 종교, 특히 기존 사회의 기둥으로 여겨졌던 교회의 이익에 위협이 되었기 때문이다. 진화론에 대한 과학적 논쟁이 끊임없이 일어났고, 그중 일부 논쟁은 다윈과 그의 지지자들에게 커다란 문제가 되었기 때문이다.", 피터 J. 보울러 저(Peter J. Bowler), 스즈키 젠지(鈴木善次) 등 역, 『진화 사상의 역사(進化思想の歷史)』, 아사히신문사(朝日新聞社), 1987년, 303쪽.

교는 결국 바른 길 위에 놓인 가시덤불에 불과하며, 진보된 오늘날에 이르러서, 올바른 길을 가로막는 장애물을 제거하고 요망한 것들을 배척하여, 변천하고 진화하는 이론이 다른 점점 정밀한 학문들에 뒤처지지 않게 하는 것이 학자의 본분이다.[3]

반면, 우치무라 간조와 고자키 히로미치를 대표로 하는 기독교 신자들은 기독교와 진화론 간에 근본적인 대립이 존재하지 않는다는 것을 증명하고자 하였다. 우치무라 간조에게 있어 진화론은 진리이며, 진화론을 견지하는 것은 사람들이 기독교를 더 잘 이해하는 데 도움이 된다고 주장했다. 그러나 진화론은 단지 세상 만물을 설명하는 하나의 방법일 뿐이며, 기독교야 말로 진화론에 의존하지 않는 절대적 진리로 두 가지 모두 진리를 실현하는 것을 목표로 한다. 기독교는 창조의 결과에 초점을 맞추고, 진화론은 그러한 결과를 실현하는 방법에 초점을 맞추기 때문에 두 가지의 원리는 근본적으로 모순되지 않는다.[4] 고자키 히로미치는 이를 바탕으로 한 걸음 더 나아가, 진화의 법칙은 신이 세계를 창조한 하나의 수단이자, 신이 세계를 창조하는 시작 때부터 자연계에 부여한 이법(理法, 즉 이치와 법칙)이라고 보았다. 이후의 천지 발전은 이 이법을 따른 것이며, 진화 법칙은 신의 행위의 연장일 뿐이다. 한마디로 진화의 법칙과 세계는 모

---

3 에드워드 S. 모스(Edward S. Morse) 저, 이시카와 치요마쓰(石川千代松) 역, 「동물 진화론」, 메이지 문화 연구회 편집『메이지 문화 전집』제27권(과학편), 일본평론사, 1967년, 362쪽.
4 우치무라 간조, 「진화론과 기독교(進化論と基督教)」, 『우치무라 간조 전집』제27권, 이와나미 서점, 1980~1983년, 244-245쪽.

두 신의 창조물이며, 기독교와 모순되지 않을 뿐 아니라 종교관의 변화와 발전을 촉진하고, 종교에 대한 이해를 심화 시킬 수 있다.[5] 그러므로 "현시대의 큰 문제는 진화론과 유신론의 관계를 조화시키는 것이 아니라, 진화의 법칙을 기독교 교리에 어떻게 적용할 것인가" 에 대한 것이다.[6]

'종교와 과학'의 관계 문제가 메이지 시대에 큰 영향을 미친 또 다른 이유는 불교에 있다. 에도 시대 후기에 불교 세력은 내부에서부터 붕괴하기 시작하여 점차 쇠퇴의 징후를 보였다. 특히 메이지 유신 이후 정부가 신불(神佛)분리령을 발표하고 폐불훼석(廢佛毀釋) 운동을 전개하면서 국가 신도 체제를 점차 확립하였다. 반면 기독교 세력은 끊임없이 확장되었고, 메이지 6년(1873년) 메이지 정부가 기독교 금지령을 철회한 후 형식적으로 일본 내에서의 합법적인 지위와 신앙의 자유를 얻게 되었다.[7] 이중 타격으로 불교는 거의 멸망 직전에 이르게 되었다. 이노우에 엔료(井上圓了)는 불교가 지속적으로 침체되고 쇠퇴하면 '적자생존'의 진화 법칙에 따라 결국 멸망할 운명을 피할 수 없을 것이라고 한탄하기도 하였다.[8] 이에 불교 신자들은 진화론

---

5 "이로써 우리는 신학적 문제를 더 쉽게 설명할 수 있고, 종교적 체험을 심화하며 신앙을 고취시킬 수 있다.", 고자키 히로미치, 「우리나라의 종교 및 도덕(我国の宗教及道德)」, 『고자키 전집』 제3권, 488쪽.

6 같은 책, 480쪽.

7 량밍샤(梁明霞), 『근대 일본 신불교 운동 연구』, 북경대학교 박사학위논문, 2011년, 1쪽.

8 "사회 진화의 큰 배경과 당시 유행하던 진화론 사상에 비추어 보면, 오늘날의 추세대로 발전해 나간다면 불교는 경쟁의 변화, 적자생존, 자연도태의 규칙에 의해 필연적으로 멸망의 운명을 피할 수 없을 것이다." 토키와 다이죠(常盤大定), 「『진리금침(초편)』해제(『眞理金針(初篇)』解題)」, 메이지 문화 연구회 편집 『메이지 문화 전집』 제11권(종교편), 일본평론사, 1928년, 32쪽.

을 통해 불교의 과학성을 입증하여 위기를 극복하고자 했다. 불교 교단 내부에서는 이노우에 엔료, 기요자와 만시(淸澤滿之)와 같은 불교와 진화론의 융합을 적극적으로 주창하는 불교 신자들이 잇따라 등장했다. 따라서 기독교 신자들과 마찬가지로 불교 신자들도 필히 진화론을 대표로 하는 과학과 불교 간의 관계를 탐구해야만 했다.

그럼에도 불구하고, 종교와 진화론을 대표로 하는 과학 간의 융합은 순탄하지 만은 않았다. 메이지 시대의 기독교와 불교는 국가 신도의 체제 아래에서 힘겹게 생존과 발전을 모색했어야 할 뿐만 아니라, 동시에 상당히 오랜 기간 동안 국가주의자들로부터 국체론과 교리 두 측면에서의 비판과 공격을 받고 있었다. 그 중 가장 대표적인 예는 진화론의 대변자인 가토 히로유키의 종교 비판으로, 진화론과 종교 간의 격렬한 충돌은 가토 히로유키와 종교인들 간의 논쟁에서 여실히 드러난다. 가토 히로유키의 종교 비판은 이후의 종교 비판론에도 결정적인 영향을 미쳤다.[9] 그러나 기존 연구들은 가토 히로유키가 어떻게 국체론의 관점에서 종교를 비판하였고 그 논쟁 과정을 탐구하는 데만 중점을 두었을 뿐,[10] 당시에 그가 만년에 접어들어 이미 비교적 성숙한 진화론 사상가였으며, (그의) 종교 비판 내용 역시 기본적으로 진화론의 틀에 근거하고 있음에도, "그가 진화론 사상의 관점에서 종교 교리를 비판하고 진화론 사상이 그의 종교 비판과 종교계와의 논쟁에서 어떤 역할을 했는지"에 대해서는 충분히 주목

---

9 요시다 히로지, 『가토 히로유키의 연구(加藤弘之の硏究)』, 오하라 신세이샤(大原新生社), 1976년, 122쪽.

10 예를 들면, 타바타 시노부(田畑忍), 『가토 히로유키』, 1959년; 요시다 히로지, 『가토 히로유키의 연구』, 오하라 신세이샤, 1959년 등이 있다.

하지 않았다.[11] 따라서 본문에서는 이 문제에 대하여 중점적으로 다루고자 한다.

2. 가토 히로유키의 종교관

일본 철학자 나가타 히로시(永田廣志)는 그의 논문 「메이지 시대 종교 비판의 특성」에서 메이지 시대의 종교 비판을 세 가지 유형으로 나누었으며, 그 중 두 번째 유형, 즉 가토 히로유키와 이노우에 테츠지로(井上哲次郎) 등을 대표로 하는 국가주의자의 종교 비판을 일본 종교 비판사 가운데 가장 특징적인 유형으로 평가하였다.[12] 가토 히로유키는 그의 신랄하고 날선 종교 비판으로 유명하다. 하지만 그의 종교 비판을 논하기 전에 먼저 그의 종교관을 이해할 필요가 있다. 아래 문단에서 종교에 대한 그의 기본적인 태도를 볼 수 있다.

"나는 기독교가 우리나라 체제에 큰 해를 끼친다고 생각하므로, 과학적인 방법으로 그 이유를 증명하고자 한다. 기독교 뿐만 아니라, 모든 종교를 포함해서, 어떤 종파이든지 간에 나는 모두 인정하지 않는다. 그 원인은 모든 종교는 미신을 초래하고 지식의 발전을 방해하기 때문이다. 불교는 자신의 신앙만을 올바른 신앙으로 여기고 다른 모든 종교 신앙을 미신으로 간주한다. 기독교도 마찬가지로 자신의 신앙을

---

11 같은 책, 124쪽.
12 나가타 히로시(永田廣志): 「메이지 시대의 종교 비판의 특질―『일본 부르주아 유물론자』 속편(明治時代における宗教批判の特質―『日本ブルジョア唯物論者』続編)」, 『나가타 히로시 선집 제4권 일본 철학 사상사』, 백양사, 1948년, 413쪽.

올바른 신앙으로 여기고 다른 종교 신앙을 미신으로 간주한다. 기타 종교도 또한 여전히 자기 신앙만을 주장하고 다른 신앙을 배척한다. 그러나 각 종교에서 주장하는 올바른 신앙은 모두 미신에 속하지 않는 것이 없고 종교 간의 투쟁은 결국 미신과 미신의 싸움에 불과하다. 그러므로, 지적 성장을 희망하는 우리 국민들은 궁극적으로 어떤 종교도 믿을 수 없는 것이다."[13]

가토 히로유키의 종교관은 "종교는 미신이며 일본의 국가 체제에 큰 해를 끼친다"는 것으로 요약할 수 있는데, 구체적으로 말하자면 두 가지 측면을 들 수 있다. 첫째로 국체론의 관점에서 볼 때, 종교의 주장은 천황제를 중심으로 한 중앙 집권 국가 체제와 상충하며 국가의 통치 기반을 위협할 수 있다는 것이다. 따라서 종교와 국가는 본질적으로 대립되는 것으로 물과 불처럼 양립할 수 없는 관계이며, 종교를 믿으면 국가에 충성할 수 없고 국가에 충성하면 종교 교리를 위배하게 된다는 것이다. 두번째로 교리의 관점에서, 종교는 '미신(迷信)'으로 간주되며 '정신(正信)'과 대립된다. '정신'이란 이미 알려진 사물에 대한 믿음을 의미하며, 미신은 아직 증명되지 않은 사물에 대한 믿음을 의미한다. 종교는 사람들이 증명되지 않은, 실존이 증명되지 않은 사물에 대한 신앙을 가지도록 함으로써 '지적 성장'을 방해한다.[14] 하지만 가토 히로유키의 종교 비판은 이론적인 수준에 머물러 있을 뿐 종교에 대한 구체적인 반대 주장은 제시하지 않았다.

---

13 가토 히로유키: 『우리 국체와 기독교(吾国体と基督教)』, 금항당, 1907년, 1-2쪽.
14 같은 책, 8쪽.

그것은 그가 종교의 존재가 일정한 현실성과 필요성을 갖추고 있다는 점을 인식하였기 때문이다.

"비록 내가 종교 신앙의 해로움에 대하여 이토록 열심히 논증했지만, 유감스럽게도 이러한 해로운 신앙은 어떤 의미상으로는 일정한 정도로 필요할 수도 있다. 이는 절대 나의 본뜻은 아니지만, 확실히 어쩔 수 없는 일이다. 고대에는 (사람들의) 지식 수준이 극히 낮았다. 뿐만 아니라 개명한 오늘날의 세상에서도 하층 사회에서는 무지한 사람들이 여전히 다수를 차지하고 있기 때문이다. …(중략)… 이런 사람들을 다루기 위해서는 요괴나 유령, 신불의 자비와 상벌 같은 이해하기 쉬운 개념을 사용하는 수밖에 없다. …(중략)… 게다가 개명과 진보가 진행됨에 따라 불교의 아미타나 기독교의 유일신도 이미 가장 높은 등급의 요괴나 유령이 되었다."[15]

그외에도 가토 히로유키는 종교의 긍정적인 측면을 인정하기도 하였다. 즉, 종교는 예로부터 지금까지 사회를 위한 자선 사업에 많은 기여를 해왔다. 그러나 그는 "이러한 기여는 모두 정신적인 측면이 아닌 물질적인 측면에 해당하고, 정신을 근본으로 삼는 종교에서 보았을 때 부차적인 역할일 뿐이며, 전반적으로 종교가 가져오는 부정적인 결과는 긍정적인 결과보다 크다"[16]고 하였다. 이는 그가 종교에 대해 본질적으로 비판적이고 부정적인 태도를 가지고 있음을 시

---

15 같은 책, 13-15쪽.
16 같은 책, 18쪽.

사한다.

그렇다면 그의 종교 비판은 무엇을 기반으로 하여 세워진 것일까? 다시 말해, 그가 종교에 대해 절대적으로 부정적인 태도를 갖게 된 요인은 무엇이며, 또한 그는 어떤 이론을 통해 자신의 견해를 증명한 것인가? 필자가 보기에 가토 히로유키의 종교 비판의 이론적 전제 중 하나는 그의 진화론 사상에 있다. 구체적으로 말하자면 진화론 사상을 중심으로 한 유기체설과 일원주의이다. 먼저, 그는 독일의 진화론자 에른스트 헤켈(Ernst Haeckel, 1834~1919)의 국가 유기체론을 참고하여 자연계와 인간 사회에서 유기체의 존재 형태는—단세포 유기체(세포체), 다세포 유기체(생물 개체) 및 다다세포 유기체(사회 집단)의 낮은 단계에서 높은 단계로 세 단계로 나뉜다고 보았다. 더 높은 단계의 각 유기체는 모두 여러 보다 낮은 단계의 유기체로 구성되어 있으며, 자연계와 인간 사회는 항상 낮은 단계의 유기체에서 높은 단계의 유기체로 끊임없이 진화하는 법칙을 따른다.[17] 따라서 국가는 인간 사회 현 단계 진화 발전에서의 최고 형태로서 최고의 지위를 가지고 있으며, 그 국가라는 유기체를 구성하는 '신민(臣民)'은 모두 국가 의지에 복종하는 것을 행동 원칙으로 삼고, 국가의 통일과 이익을 최고 목표로 삼아야 한다고 보았다.[18] 그러므로, 불교와 기독교 같이 전 인류의 평등을 주장하고 개인의 영혼을 구제하는 것을 궁극적인 목표로 삼는 세계의 종교가 국가와 근본적으로 충돌할 수밖에 없으

---

17 가토 히로유키, 『자연계의 모순과 진화(自然界の矛盾と進化)』, 금항당, 1906년, 67-68쪽.
18 같은 책, 22쪽, 27쪽.

며, 가토 히로유키가 극력 비판하는 대상이 될 수밖에 없었다.

둘째로, 가토 히로유키가 모든 종교를 '미신'으로 분류하는 철학적 근거는 진화론 사상에 기초한 일원주의에서 비롯한다. 그의 주장에 따르면, 일원주의는 인과주의로써, 우주에 단 하나의 본원인 인과 법칙(자연 법칙)만이 존재하고, 만물의 생성, 발전, 멸망은 모두 이 법칙의 지배를 받으며, 모두 원인과 결과의 필연적인 연관성을 통해 이루어지는 것이다. 가토 히로유키는 이러한 인과주의는 이미 진화론을 통해 "과학적으로 증명"되었다고 보았다.[19] 반면, 이에 대립되는 이론을 이원주의, 또는 목적론이라고 불리는데, 이 관점은 자연법의 범위를 넘어서는 초자연적 법칙이나 의지가 존재한다고 본다. 이런 초자연적 법칙이나 의지는 우주의 발전과 변화를 자유롭게 지배할 수 있으며, 세상 만물은 모두 어떠한 목적을 이루기 위해 초자연적 법칙이나 의지에 의해 창조되었다고 주장한다. 그 발전과 변화역시 일정한 목적에 부합하기 위해 이루어진 것이며, 기독교의 유일신 개념이 바로 이 관점의 대표적인 예이다. 가토 히로유키는 이러한 목적론은 진화론에 의해 틀렸음이 증명된다고 본다. 이는 목적은 진화 단계에 따라 변할 수 있으며, 처음 설정된 후로는 변하지 않는 것이 아니라, 진화 자체가 인과 법칙의 산물이기 때문이다. 종교가 미신에 속하는 이유는 사람들이 신비롭고 알 수 없는, 혹은 검증되지 않은 초자연적 존재를 믿도록 부추겨, 이른바 이원주의의 함정에 빠지게 하기 때문이라고 보았다.[20]

---

19 같은 책, 21쪽.
20 같은 책, 9-10쪽.

종교가 당시 사회에서 매우 널리 퍼진 상황에 어떻게 대응해야 하는지에 대해서도 가토 히로유키는 자신의 견해를 가지고 있는데, 간단히 말하자면 '현상 유지'라는 네 글자로 요약할 수 있다. 앞서 언급한 바와 같이, 종교에 대해 그는 절대적으로 부정적인 태도를 가지고 있었지만, 종교가 장기적으로 존재할 현실성과 더불어 어느정도 긍정적인 역할도 하고 있다는 점을 인정하지 않을 수만은 없었다. 즉, 종교는 쉽게 이해할 수 있는 설교의 방식을 통해 지식 수준이 낮은 계층과 정신적으로 미성숙한 어린 아이들로 하여금 신뢰할 수 있도록 하여 안심하고 살아갈 수 있게 하고 사회를 안정시키는 효과를 거둘 수 있다는 것이다. 따라서 사회에는 항상 지식 수준이 낮은 계층과 정신적으로 미성숙한 어린 아이들이 있기 때문에, 종교를 완전히 없애는 것은 비현실적이라고 보았다.[21] 다른 한편, 가토 히로유키는 일부 학자들이 제기한 "종교에 대한 개혁을 시도하여 미신적 요소를 점진적으로 제거하고, 과학적 정신에 부합하는 종교를 창설하자"는 주장에 대해 명확히 반대했다. 그가 보기에 사회는 과학적 종교를 창설할 능력을 가진 '대단한 영웅'을 배출할 수 없고 진정으로 과학적 진리를 추구하고 학문 연구에 전념하는 사람은 종교를 통해 진리를 얻으려 하지 않는다. 이 때문에 사회는 '미신적 종교'뿐만 아니라 '과학적 종교'도 필요로 하지 않는다. 하지만 종교를 소멸시킬 수는 없고, 한편으로 개혁을 통해 미신적 요소 역시 제

---

21 가토 히로유키, 「소위 장래의 종교에 관하여(所謂将来の宗教に就て)」, 『가토 히로유키 강연 전집』(이하『강연 전집』이라 간칭) 제3권, 마루젠 주식회사, 1900년, 207쪽.

거할 수 없는 까닭에, 소극적인 자세로 현 상태를 유지하는 수밖에 없다는 것이다.[22]

이 외에도, 가토 히로유키의 종교관을 논할 때 반드시 언급해야 할 점은 신도(神道)에 대한 그의 태도이다. 모든 종교가 미신이며 국가 또는 과학과 상호 배타적이라고 보았던 가토 히로유키는 반드시 메이지 시대의 국가 지배 이념이었던 국가 신도에 대해 합리적인 설명을 제시해야만 했다. '신도는 과연 종교에 속하는가?' 라는 질문에 대하여 가토 히로유키의 답변은 매우 모호했다. 그는 『국가학회잡지』에 "국가와 종교의 관계"[23]라는 제목의 글을 게재한 적이 있었는데, 그 글에서 신도를 종교로 인정하면서도 불교나 기독교와는 다른 '발달되지 않은 종교'라 하였다. 그는 일본의 신도는 원래 천황의 조상이나 민중 가운데서 사회에 기여한 사람들에게 경의를 표하기 위한 일종의 조상에 대한 제사 활동이므로, 메이지 유신 이전의 신도는 종교로 볼 수 없다고 지적했다. 유신 이후에야 비로소 종지(宗旨)나 교의(敎義) 등 일부 종교적 요소가 발달되고 추가되긴 하였어도 불교나 기독교의 교의에 비해 한참 부족하며, 전도나 장례식과 같은 종교적 행위 역시 없었다. 따라서 그는 신도를 이전의 전통적 상태로 복고 시켜 모든 종교를 초월한 존재로 삼아야 한다고 주장했다. 그러나 주목해야 할 점은 그가 이러한 주장을 제기한 이유는 불교와 기독교로부터 신도라는 '발달하지 않은 종교'가 위협을 받아 일본의 국체와 황실 권

---

22 "'장래의 종교'는 창조할 필요도 없으며, 존재의 이유도 없다. 종교는 현재의 상태를 유지하는 것으로 충분하다.", 같은 책, 218쪽.

23 가토 히로유키, 「국가와 종교의 관계」, 『국가학회 잡지』, 국가학회 사무소, 1890년, 제4권 제44호.

위에 부정적인 영향을 미칠 것을 우려했기 때문이라는 것이다.[24]

결론적으로, 가토 히로유키는 그가 주장한 진화론 사상을 바탕으로 자신의 종교 비판의 근거로 삼았다. 그가 말한 '과학의 방법'을 가지고, 국체론적 관점에서 종교의 해로움을 비판하는 한편 철학적 관점에서 그 비과학성을 증명한 것이다. 그가 이러한 절대주의적 종교관을 가지게 된 것은 어느 정도 진화론 사상의 영향을 받은 것이라고 할 수 있다. 진화론적 사고방식은 그에게 "종교는 과학과 대립하는 미신"이라는 견해를 형성하게 했으며, 그의 시각이 항상 '국체'에 초점을 맞추도록 했다. 즉, 종교의 옳고 그름에 대한 판단은 인간 사회에서 현 단계 진화의 최고 형식인 '국가'의 통치 기반을 유지하는 것을 전제로 해야 한다고 여겼다. 동시에 그는 종교에 대한 절대적으로 부정적 태도를 가지고 있었기 때문에 신도의 합리성을 설명하는 문제에 있어 딜레마에 빠지고 말았다. 가토 히로유키의 종교관은 이념적 통제를 넘어서지 못했기 때문에 그는 완전히 객관적인 입장에서 종교를 고찰하거나 신도의 성격을 명확히 규정할 수 없었고, 종교의 현 상황에 대해서도 실질적인 대책을 제시하지 못했다는 한계를 지니고 있다. 이상으로 가토 히로유키의 종교관 및 그 본질에 대해 다뤘으며, 다음으로는 기독교와 불교에 대한 그의 비판에 내재된 진화론 사상을 분석하겠다.

---

24 "신, 불, 예수의 삼교(三敎) 중에서, 신도(神道)는 종교로서 가장 약한 존재이다. 따라서 불교와 기독교의 억압을 받을 수밖에 없으며, 이는 일본의 국체와 매우 중대한 관련이 있다. (중략) 그러므로 나는 신도를 과거의 상태로 복원하여, 종교의 범주를 초월한 존재로 만드는 것을 제안한다. 이렇게 하면 불교와 기독교의 억압을 받지 않으며, 황실 통치의 안전도 보장할 수 있다." 같은 책, 552-553쪽.

3. 가토 히로유키의 기독교 비판

기독교에 대한 가토 히로유키의 비판은 오래전부터 이어져 왔다. 그 시작은 그가 '전환점'[25]을 만들기 전인 메이지 2년(1869)까지 거슬러 올라가 그 해에 출간한 소책자, 『교역문답』에서 그가 자신의 기독교에 대한 혐오감을 드러내면서 부터이다.[26] 또한 훗날 출간된 회고록, "문학박사 가토 히로유키"에서 그는 젊은 시절에 서양 사상을 공부할 때부터 예수교에 대해 "별로 관심이 없었다"고 언급되며, 이 때문에 철학, 도덕, 정치, 법률 등의 분야와 서적으로 관심을 돌리기 시작했다고 하였는데,[27] 가토 히로유키는 사상 형성기부터 철저한 반종교 인물이었음을 알 수 있다. 메이지 32년(1899년)에는 『천칙백화(天則百話)』를 출간했으며, 그 책에는 "기독교의 우상 숭배 금지에

---

25 메이지 12년(1879년)과 그 이듬해에 가토 히로유키는 연설 초고 「천부인권이 없음을 설명하며, 선악의 구분도 자연적인 것이 아님을 논하다(天賦人權ナキノ説並善惡ノ別天然ニアラサルノ説)」와 「천부인권이 없음을 논하는 글의 속편(天賦人權ナキ論ノ續キ)」을 잇달아 발표하였다. 메이지 14년(1881년), 그는 자신의 이전 저서 『진정한 정치의 대의(眞政大意)』와 『국체 신론(國體新論)』의 절판을 당국에 요청하였고, 메이지 15년(1882년) 『인권 신설(人權新説)』을 출판하여, 이전에 주장했던 하늘이 인권을 부여했다는 사상을 완전히 부정하였다. 그는 진화론의 입장에서 하늘이 인권을 부여했다는 사상에 대해 강력히 공격하며, 당대의 사상계에 큰 논란을 일으켰다. 이후 일본 학계는 이 사건을 "가토 히로유키의 '전환'"이라고 불렀다. 마츠모토 산노스케(松本三之介), 『일본 정치 사상사 개론』, 긴소쇼보, 1975년, 136-138쪽.
26 "기독교는 정말로 혐오스러운 존재로, 우리 황국(皇国)에 매우 해로운 영향을 미친다.", 요시무라 미치오(吉村道男), 「메이지 말기의 기독교 배격론─특히 가토 히로유키를 중심으로(明治末年におけるキリスト教排撃論─特に加藤弘之を中心として)」, 『국사학』(72・73), 국사학회, 1960년, 194쪽.
27 가토 히로유키, 「문학박사 가토 히로유키(文学博士加藤弘之君)」, 요시다 히로지, 『가토 히로유키의 연구』, 오하라 신세이샤, 1976년, 256쪽.

관하여", "신앙의 자유에 관한 재론", "공자교와 불교 및 예수교", "예수의 윤리"등 기독교를 비판하는 글들이 실려 있다.[28] 그중 "공자교와 불교 및 예수교" 의 서두에서 가토 히로유키는 다음과 같이 언급하였다.

> "우리가 이미 이 현실 사회에서 생존하고 행동하고 있는 이상, 우리의 생존 활동을 가장 잘 지도하고, 우리가 자기 이익을 추구하는 동시에 타인과 사회에 이익을 줄 수 있게 하는 종교야말로 좋은 종교라 할 수 있다. 공자교, 불교, 예수교 중 어느 종교가 이 목표를 가장 잘 실현할 수 있을까? 나는 당연히 공자교라고 대답할 수밖에 없다."[29]

그는 이를 근거로, 현세 사회를 경시하고 사후 세계만을 중시하며 육신을 폄하고 영혼 구원만을 일방적으로 강조하는 기독교 교리를 비판하였다. 이는 '충효인의(忠孝仁義)', '수신제가치국평천하(修身齊家治國平天下)'를 강조하며 현세 사회와 인간 심신의 도덕적 수양을 중시하는 유교와 비교할 때 사회 발전에 불리하다고 주장하였다. 가토 히로유키가 세 종교의 우열을 판단하는 기준인 '현실 사회의 생존 행동' 개념은 분명히 진화론의 '생존 경쟁' 사상에서 유래한 것이라고 판단된다. "이기적이면서도 이타적인" 이라는 표현은 진화론

---

28 일본어 원 제목은「基督教の偶像拜礼の禁に就て(기독교의 우상 숭배 금지에 관하여)」,「再び信教自由に就て(다시 신앙의 자유에 대하여)」,「孔教と仏耶教(공교와 불교 및 예수교)」,「耶蘇の倫理(예수의 윤리)」,『천칙백화』에 수록됨, 박문관, 1899년.
29 가토 히로유키,「공교와 불교 및 예수교(孔教と仏耶教)」, 같은 책, 205쪽.

과도 밀접하게 연관되어 있으며, 외면과 내면이 하나되는 관계이며,[30] 유기체는 '이기적인 근본 성향'을 가지고 있고, 이러한 '이기적인 근본 성향'은 생존 경쟁과 자연 선택을 촉진하며, '이기적인 근본 성향'에서 '이타적'인, 즉 '진화된 이기심'이 파생되며, 이기심과 이타심의 결합을 통해서만 사회의 진화 및 발전을 이끌 수 있다고 보았다.[31] 따라서 가토 히로유키의 결론은 기독교는 생존 경쟁과 적자생존의 사회에 처한 사람들에게 적극적인 지침을 제공하지 못할 뿐만 아니라, 진화론을 바탕으로 한 "이기적이면서 이타적인" 발전도 실현하지 못하므로 사회의 진화와 발전을 촉진하지 못한다고 설명할 수 있다.

가토 히로유키가 본격적으로 기독교에 대한 실질적인 비판을 시작한 것은 메이지 40년(1907년)부터 였다. 그 후의 3년 사이에 그는 연이어 『우리 국체와 기독교』, 『미망의 우주관』, 『기독교인, 궁지에 놓이다』라는 세 권의 저서를 잇달아 집필했고, 메이지 44년(1911년)에 이 세 저서를 한데 모아 『기독교의 해와 독』이라는 제목으로 다시 출간하였다. 그의 기독교 비판은 기독교 신자들을 비롯한 여러 측에서의 의문과 반박을 불러일으켰고, 대규모 논쟁을 촉발하였다. 『우

---

30 "앞서 간략히 언급했듯이, 나의 새로운 사상(즉 '전환' 이후의 사상-필자 주)은 완전히 진화주의에서 비롯되었으며, 진화주의는 일원주의, 필연주의, 인과주의로 요약될 수 있다. (중략) 나의 이기주의는 위에서 언급한 일원주의(一元主義), 필연주의(必然主義), 인과주의(因果主義, 즉 진화주의-필자 주)에서 완전히 파생된 것이다.", 『가토 히로유키 자서전』, 가토 히로유키 선생 80세 축하회 편집, 1915년, 50-51쪽.

31 가토 히로유키, 「자연과 윤리(自然と倫理)」, 『가토 히로유키 문서』 제3권, 동붕사, 1990년, 519-521쪽.

리 국체와 기독교』는 주로 기독교의 미신성과 일본 국가 체제에 대한 해악을 논증하였고, 이 책에 대한 다양한 사람들의 의문과 반박에 대응하여, 가토 히로유키는 무려 30종의 반박 논문 중 16인의 글을 선정해『미망의 우주관』에 수록하여, 일일이 반박하면서, 글의 말미에 기독교 신자들에게 두 가지 날카로운 질문을 던졌다.[32] 출간된 지 반년이 지난 후에도 기독교 측에서 설득력 있는 답변이 없자, 가토 히로유키는『기독교인, 궁지에 놓이다』를 출간하며 자신의 기존 견해를 재차 강조하는 동시에, 이 논쟁에서 자신이 '완승'했다고 선언했다. 다음에서는, 반박 측의 글 중 대표적인 두 편을 선정하여, 진화론의 관점에서 양측이 기독교를 둘러싸고 벌인 논쟁을 살펴보도록 하겠다.

(1) 일본 기독교회 연합 목사 에비나 단죠(海老名弹正)와의 논쟁

에비나 단죠의 반론은 잡지『태양』제13권 제13호[33]에 "가토 박사의『우리 국체와 기독교』를 읽고"라는 제목으로 게재되었다. 에비나는 가토 히로유키의 종교 비판에 대해 다음과 같이 평가하였다. "수십 년 동안 진화론을 고수하는 것은 매우 드문 현상이다. 그

---

32 그중 첫 번째 질문은 다음과 같다. "만약 신이 우주의 본체이고, 전지전능하며 감정과 의지를 이해하고, 지극히 인자하고 사랑이 넘치는 덕을 가진 존재라면, 왜 자연계에는 '동물과 인간이 생존을 위해 자신과 같은 유기체에 속하는 동식물을 먹어야만 하는' 잔인한 현상이 존재하는가?", 이는 가토 히로유키가 진화론의 생존 경쟁 이론을 통해 자신의 관점을 뒷받침하려 했음을 명백히 보여준다. 「미망의 우주관」,『기독교의 해독』, 금항당, 1911년, 319쪽.

33 에비나 단죠, 「가토 박사의『우리 국체와 기독교』를 읽다(加藤博士の『吾国体と基督教』を読む)」,『태양』제13권 제13호, 박문관, 1907년.

러나 사상이 급격히 변화하고 새로운 현실이 계속 발전하는 오늘날에, 자기 생각에만 머물러 고집하는 것은 과학자로서 바람직한 태도가 아니다." 또한 "가토씨의 유물론적 진화론이 과연 일본의 국가 체제와 과연 진실로 일치하는지 의문스럽다"며 의심의 태도를 보였다. 가토에 대한 에비나의 의문은 여러 측면에서 제기되었는데, 그 중 진화론과 관련된 질문은 두 가지가 주요하다. 첫째, 황실의 기원에 관한 문제이다. 가토 박사는 진화론자이므로, 인류와 민족이 역사적으로 진화해 왔음을 믿을 뿐만 아니라, 동식물의 진화도 믿어야 한다. 그렇다면, 그는 일본 민족의 조상, 즉 황실의 조상도 당연히 시대의 변화에 따라 하등 동물에서 진화해 왔으며, 절대 '아마츠 히츠기(天津日嗣)'나 '신손(神孫)'이 아닌 동물의 후손이라고 의심 없이 믿어야 한다. 이러한 과학적 연구 결과는 일본의 구술 전통에서 말하는 국체론과는 하늘과 땅 차이라 할 수 있다. 가토 박사의 이 결론은 어떤 연구를 통해 얻어진 것이란 말인가? 둘째, 민족 종교와 세계 종교의 문제이다. 가토 박사는 민족 종교와 일본의 국체는 모순되지 않지만, 세계 종교라면 그것이 기독교든 불교든 간에 모두 반드시 국가 체제와 충돌한다고 주장했다. 이는 진화의 이치를 제대로 연구하지 않은 허황된 주장이다. 가토 박사가 진화론자라면 진화의 이치가 국가와 종교에도 적용될 수 있다는 점을 인정해야 한다. 일본 고유의 민족 종교는 현대 일본 제국의 발전과 함께 점차 쇠퇴하는 반면 기독교와 불교는 점점 더 강대해지고 있다. 진화의 법칙에 따르면, 이는 일본 제국이 민족 종교의 시대를 넘어 세계 종교의 시대로 진화하는 것으로 설명할 수 있다. 이는 민족의 진화이자 국민의 진화이며, 진화론을 믿는 사람이라면 이 점에 주목하지 않을 수 없다. 진화론자인 가토 박사가 제시한 논점은 실로 아쉬운 점이 많다.

에비나 단죠의 반박은 가토 히로유키의 약점을 정확히 지적했다고 할 수 있다. 가토 히로유키가 가장 자랑스러워하는 진화론 사상을 이용해 그의 논점을 비판한 것인데, 그가 사용한 방법을 통해 그를 다시금 반박한 것이다. 에비나는 가토 히로유키의 진화론 사상이 일본의 국체에 전혀 부합하지 않고, 그 주장은 과학적 연구를 기반으로 한 것이 아니며, 진화론에 대한 그의 피상적인 이해는 그가 진정한 진화론자가 아님을 시사한다고 지적하였다. 그러나 에비나의 반론은 명백히 기독교를 옹호하려는 색채가 엿보이며, 이는 그의 기독교 신자로서의 종교적 입장과 분리할 수 없다. 그의 반박에 대한 가토 히로유키의 재반박은 다소 미흡해 보인다. 왕실의 기원 문제에 대해 그는 다음과 같이 답변하였다.

"나는 비록 진화론자이지만, 국체론에 『종의 기원』을 도입할 필요는 전혀 없다. 내가 논의하는 것은 단지 인류 세계에서의 우리의 국체일 뿐이다. 나는 또한 고대 전설이나 신화를 맹목적으로 신뢰하는 사람이 아니지만, 우리 왕실이 역사 이전부터 줄곧 한 혈통을 이어왔다는 것은 누구도 부정할 수 없는 사실이다. 아마도 에비나 목사도 이에 이의를 제기할 만한 충분한 근거가 없으리라고 나는 믿는다."[34]

---

34 같은 책(32번), 94-95쪽.

분명한 것은 가토 히로유키는 에비나 단죠의 질문에 정면으로 답변하지 않았고, 왕실의 기원이 어디에서 비롯되었는지에 대한 과학적 근거도 제시하지 못하였으며, 단지 본인의 이전의 주장을 반복했을 뿐이었다. 두 번째 질문에 대해서는 아예 언급조차 하지 않았다.

(2) 동양대학 교수 히로이 타츠타로(広井辰太郎)와의 논쟁

히로이 타츠타로는 『육합잡지』 제325-327호[35]에 연속으로 게재된 "우리 국체와 기독교 평론" 이라는 제목의 글에서 가토 히로유키의 주장에 대한 의문을 제기하였는데, 그의 반론은 에비나 단죠에 비해 더욱 객관적이고 공정한 측면이 있다. 우선 그는 자연법을 기반으로 하는 세계관인 가토 히로유키의 인과법칙을 인정하며, 이를 "조리 정연하고 과학적 정신이 깃들어 있다"고 평가하였다. 가토의 "민족 종교는 특정 국가의 국민에게만 한정되고, 상대적으로 열등한 성격을 가지고 있으며, 점차적인 진화의 과정을 거친 후에야 고상하고 개명된 종교로 세계 종교계의 영역에 도달하게된다"는 주장에 대하여 "진화론자의 면모를 잘 보인 것"이라고 높이 평가하였다. 진화론과 관련된 문제에 대해 그의 의문은 다음과 같다.

첫째, 종교의 초자연적 세계관. 가토는 불교와 기독교의 초자연적 세계관은 과학의 자연적 세계관과 양립할 수 없다고 강조했으나 이는 그가 구식 종교 관념에만 주목하고, 현대의 종교 관념을 간과했기

---

35 히로이 타츠타로, 「우리 국체와 기독교 평론(吾国体と基督教評論)」, 『육합잡지』 제325-327호, 경성사, 1908년.

때문이다. 진화론의 관점에서 본다면, 종교 역시 끊임없이 진화하는 것이다. 가토는 구식의 종교 관념에 존재하는 초자연적 세계관을 근거로 현대 종교의 입장이 모두 초자연적이라고 단정하는데, 이는 그가 현대 종교에 대한 이해가 전반적으로 부족하고, 오늘날의 신학 이론이 그의 상상보다 훨씬 더 진보했다는 것을 인지하지 못했기 때문이다. 둘째, 국체론. 가토가 종교를 이론적으로 비판한 것은 과학자로서의 면모를 견지한 것이지만, 이런 노력에 비하여 그는 국체론의 관점에서 더 많은 노력을 기울였다. 이에 이어, 히로이는 일련의 역사적 사실을 열거하며, 가토 히로유키가 주장하는 국체론이 실제로는 진화론과 양립할 수 없음을 증명하였다. 셋째, 국가 권력. 가토는 국가는 최정점에 위치하며 국가 권력보다 더욱 큰 권력은 없다고 주장하였으나, 당시 세계 곳곳에서 열린 평화 회의[36]와 같은 것들은 국가 간에 국가보다 더 높은 권력을 설정하여 특정 국가의 행동을 규제하기 위한 것이었다. 그러므로 진화론적 관점에서 보더라도 국가의 권력은 권력 진화의 최고 단계라고 할 수 없다. 히로이는 가토 히로유키가 극단적 이기주의, 인과론과 과도한 생존 경쟁론 및 진화론을 통해 일본의 국체를 특별한 존재로 만들려고 시도했다고 비판하였다.

히로이 타츠타로의 반박은 에비나 단죠의 반박과 유사한 점이 있다. 예를 들어, 두 사람 모두 진화론에 대한 자신의 이해에 입각하여 가토 히로유키의 진화론을 비판하였으며, 모두 가토의 진화론 사상

---

36 이 부분은 1907년 네덜란드 헤이그에서 열린 제2차 만국평화회의를 가리키는 것으로 보인다. 회의에서는 군비 제한, 국제 중재 등의 문제를 논의했다.

과 일본의 국체가 완전히 일치하지 않는다는 점을 강조하였다. 그러나 히로이의 논점은 주로 국체에 초첨을 맞추었다. 그는 가토가 종교와 도덕 등에 관한 다양한 문제를 논할 때는 예리하고 냉정한 태도를 보이는 한편, 일본 국체와의 관계를 언급하기만 하면 과학적 근거가 전혀 없는, 상식에 어긋나는 독단론에 빠진다고 비판하였다. 에비나 단죠에 비해, 히로이의 글은 풍부한 역사적 사실을 바탕으로 하고 있어 더욱 설득력이 있으며, 그 태도 역시 보다 객관적이고 공정하다고 볼 수 있다.

　가토 히로유키는 히로이 타츠타로의 의문에 대해 조목조목 답변하였고, 특히 두 번째 문제에 대해 그는 진화론이 일본의 국체와 전혀 모순되지 않는다고 주장했다. 그는 "나는 인류의 진화를 믿기 때문에, 일본 민족만이 예외적으로 특별한 민족이라고 생각하지는 않는다. 그러나 나는 일본 민족의 국체는 완전히 특별하다고 믿고 있으며, 인류의 진화와 민족의 국체는 전혀 다른 것이다"고 반박하는 한편, 이에 이어, "일본은 천황이 대종이 되고, 국민이 신민이 되는 입헌군주제 국가이므로, 이러한 의미에서 말하자면 일본의 국체는 일반 자연계의 진화론과 아무런 관련이 없다. 비록 나는 일반 자연계의 진화를 믿지만, 굳이 이 이론을 국체를 설명하는데 사용할 필요는 없으며, 국체론은 일본 민족이 생겨난 이후에 나타난 것이다"라고 부연하였다.

4. 가토 히로유키의 불교 비판

가토 히로유키의 불교 비판은 그의 기독교 비판에 비해 훨씬 온건하다. 그는 불교가 일본의 국체에는 해로울 수 있지만, 일본에 전래된 지 이미 오랜 시간이 지났고, 충분히 일본식 불교로 동화되었으며,[37] 또한 역사적으로 볼 때, 불교는 일본의 고대문명 개화에 있어 확실한 기여를 했다고 생각했기 때문이다. 그는 불교가 일정한 철학적 특질을 지니고 있으며, 기독교나 이슬람교 같은 '천박한' 종교보다는 취할 만한 점이 더 많다고 생각하였다.[38] 그렇기 때문에 요시다 히로지(吉田曠二)의 지적처럼 가토 히로유키의 불교 비판은 철저하지 않고,[39] 다소 동정적인 색채를 띠고 있다. 이와 관련하여, 후기에 발표한 그의 불교 관련 글에서도 그 흔적을 찾아볼 수 있다.[40] 전반적으로 보면, 가토 히로유키의 불교 비판 역시 일본 국체와의 관계 및 교리라는 두 가지 측면에서 전개되었다. 국체와의 관계에 대해서는, 『우리 국체와 기독교』를 필두로, 여러 저작 및 논문에서 불교의 세계 종교적 성격이 일본 국체와 모순된다는 점을 다루었으며, 이는 그가 기독교를 비판한 것과 흡사하다. 교리 측면에서는 주로 불교의 선악・인과응보론을 중점으로 비판하였다. 아래에는 교리를 중심으로

---

37 같은 책(23번), 551쪽.
38 같은 책(21번), 205쪽.
39 같은 책(9번), 151쪽.
40 예를 들어 메이지 44년(1911년)에 발표한 「불교의 현재와 장래에 관하여(仏教の現在及び将来に就いて)」라는 글에서, 가토 히로유키는 당시 불교계 인사들의 타락된 상황을 한탄하며 불교의 개혁을 촉구하는 여러 가지 제안을 제시했다, 『학설 걸인주머니』, 고도관, 1911년.

가토 히로유키의 불교 인과응보론 비판과 그에 대한 불교계의 반론을 진화론의 관점에서 분석한 내용에 대하여 다루겠다.

메이지 28년(1895년), 가토 히로유키는 『철학 잡지』 제100호에 "불교에서 말하는 선악·인과응보는 진리가 아니다"[41]라는 제목의 글을 발표하며 불교의 선악·인과응보론과 사회의 선악·인과응보론을 구별하여 전자의 오류를 비판했다. 그는 불교가 주장한 도덕의 선과 악, 바름과 치우침에 따라서, 선은 선한 결과를, 악은 악한 결과를 가져온다는 인과응보론은 불교가 천지 사이에서 자연적으로 도덕의 선악을 판별하고 상벌을 내리는 '자연적인 힘'이 존재한다고 믿기 때문이라고 생각했다. 그러나 이는 그가 항상 주장해온 '천칙(天則)'[42]과 서로 어긋나는 완전히 잘못된 논리라고 여겼다. 그는 본래 우주에는 도덕이 존재하지 않았는데, 인간 사회가 형성된 이후 사회의 발전을 유지하기 위해 점진적으로 진화해온(어느 정도까지나 사람의 힘에 의존하여, 인간의 주관적 판단에 의해 만들어진) 인류 행동의 판단 기준이라고 주장했다. 세상의 모든 생과 멸, 화복과 길흉의 이면에는 필연적인 인과관계가 존재하지만, 이 인과관계는 '사회적인 인과 응보'를 의미한다. 여기서 알 수 있듯이, 가토 히로유키는 그가 견지하는 인과주의를 근거로 삼아, 우주에는 '사회적 인과응보(자연법)'만이 존재

---

41 일본어 제목은 「仏教に所謂善悪の因果応報は眞理にあらず(불교에서 이른바 선악의 인과응보는 진리가 아니다)」, 『철학 잡지』 제100호, 철학잡지사, 1895년. 이후 『가토 히로유키 강연 전집』 제2권에 수록됨.

42 "소위 '천칙(天則)'은 '자연 법칙'의 약칭으로, 영어 'Natural Law(자연법)'의 번역어이다. 우주 안에 존재하는 모든 사물은 천칙의 지배를 받지 않음이 없다", 「천칙」, 『강연 전집』 제1권, 1쪽.

한다고 보았으며, 불교의 선악 인과론은 '황당한 것'이라고 비판하면서, 자연적인 도덕의 존재를 부정하였다. 그는 도덕이란 인류 사회의 진화에 따른 산물이면서, 사회의 진화에 따라 끊임없이 변화할 것이라고 주장한다. 앞서 논의한 바와 같이 가토 히로유키는 자신이 주장하는 인과주의는 진화론에 의해 이미 입증된 '과학적 진리'라고 믿고 있으며, 인과주의와 진화주의는 외면과 내면이 하나를 이뤄 상호 보완적이고, 서로를 형성하는 관계라고 여겼다.[43] 이로부터 우리는, 그가 불교의 선악·인과응보론을 비판하는 데에 있어 진화론이 어느 정도 영향을 끼쳤다고 볼 수 있다

　가토 히로유키의 비판에 대해 불교계의 반박은 즉각적으로 이루어졌으며, 『불교』와 『선종』잡지는 이 논쟁의 주요 무대가 되었다. '오쿠보 쇼난(大久保昌南)'이라는 필명을 가진 한 불교계 인사는 『불교』잡지 제104호[44]에서 다음과 같은 반론을 제기하였다.

　1. 가토 히로유키가 일반적 의미에서의 선악 개념과 구체적인 선악의 행위를 혼동시켰다고 주장한다. 구체적인 선악 행위는 시대와 사회의 변화에 따라 달라질 수 있지만, 일반적 의미에서의 선악 개념은 본래 존재하고 있는 것이기 때문에 불교에서 선악 개념이 자연적

---

43 "'인과'란 진화를 촉진하는 '원인과 결과의 필연적 연쇄'를 가리킨다", 『자연계의 모순과 진화(自然界の矛盾と進化)』, 8쪽. 또한, 일본 학자 가네코 요코(金子洋子)도 논문 「가토 히로유키와 불교—그 인과응보설 비판을 중심으로(加藤弘之と仏教—その因果応報説批判を中心に—)」에서, 가토 히로유키가 불교의 선악 인과응보설을 비판한 이론적 근거가 그의 진화론 사상에 있음을 논증하였다. 후타바 켄코(二葉憲香) 편, 『속 국가와 불교: 근세·근대편, 일본 불교사 연구4(続国家と仏教　近世·近代編, 日本仏教史研究4)』, 나가타문창당, 1981년, 124쪽.
44 가토 히로유키, 「동상에 대한 선종 잡지의 반론을 읽으며(同上に対せる禅宗雑誌の駁論を読む)」, 『강연전집』제2권, 106-107쪽.

으로 존재한다고 인정하는 주장은 옳은 것이다. 다시 말해, 일반적 의미에서의 선과 악, 바름과 치우침에 대한 도덕은 사회 진화의 산물이 아니라는 것이다.

2. 또한, 불교에서의 선악의 정의를 함에 있어, '모든 중생계'를 전제로 하는 것과 가토 히로유키가 평가 기준으로 삼을 때의 '사회'는 서로 다른 차원의 것이다. 따라서, 불교에서는 사회 발전에 유리한 선과 사회 발전에 불리한 악을 '모든 중생계'를 기준 삼아 판단한다. 즉, '모든 중생계'의 발전에 기여하는 것은 선이며, 그렇지 않은 것은 악이다.

진화론자들이 말하는 것처럼 인간 사회의 발생에는 특정한 기원이 있는 반면, 중생계는 "시작점이 없이 이미 존재해온 것"이므로, 무시 이래로 존재해온 중생계에 기반한 선악 개념 또한 무시 이래로 존재해온 것이기에 인류 세계보다 앞서 존재한 것이다. 진화론이 어느 정도까지는 진리라고 할 수 있지만, 이를 우주에 존재하는 모든 사물을 설명하는 근거로 삼을 수는 없다. 요약하자면, 오쿠보의 결론은 두 가지로 볼 수 있다. 첫째, 가토 히로유키는 일반적 의미에서의 선악 관념과 구체적인 선악 행위를 혼동하고 있다. 둘째, 가토 히로유키는 진화론의 관점으로 불교의 선악·인과응보론을 비판하고 있지만, 진화론은 모든 것에 대응하여 적용될 수 있는 진리가 아니다.

가토 히로유키는 오쿠보의 두 번째 문제제기에 대해 다시 한 번 진화론의 관점에서 반박하였다. 그는 자연계를 유기계와 무기계로 나누고, 불교에서 말하는 중생계는 자연계의 유기계 일부에 속하고,

인간은 진화의 관점에서 볼 때 유기계에서 가장 고등한 생물이라고 보았다. 그러나 유기계를 구성하는 유기물은 본래부터 존재한 것이 아니라, 무기물에서 진화해 온 것이라는 점을 강조하며, 이는 이미 생물 진화론 의해 증명된 진리라고 주장하였다. 따라서 유기계의 일부인 중생계 또한 본래부터 존재한 것이 아니며, 일체 중생이 무시이래로 존재해 왔다는 것은 불교 신자들 만이 믿는 주장일 뿐이라고 비판하였다. 설령 무시 이래로 유기물이 존재해왔다고 하더라도, 인류 사회가 형성되기 이전에(인류는 각종 유기물 중 가장 나중에 등장한 존재이기에) 이미 도덕적 선악이 존재했다고 믿는 것은 그야말로 비현실적인 이야기라고 덧붙였다.[45]

『선종』잡지 제8호에 게재된 익명의 글[46]에 대해서는 다음과 같이 반박하였다. 가토 박사가 말하는 '천칙'은 불교에서의 '진여'라는 개념과 대응된다. 불교에서는 "진여(眞如)의 이치는 본래 선도 악도 아니며, 진여에 부합하는 행동은 선이고, 진여에 어긋나는 행동은 악"이라고 한다. 이는 가토 박사가 주장한 "천칙에는 본래 도덕과 선악, 치우침과 바름의 구분이 존재하지 않는다"는 말과 일치하다. 선과 악, 치우침과 바름의 판단 기준이 자연의 진리, 즉 천칙에 부합하는지 여부에 달려 있다면, 선과 악, 치우침과 바름은 본래 천지 자연 속에 존재했던 것이지, 절대로 인류가 사회를 구성한 후에

---

45 가토 히로유키, 「가토 박사의 비인과응보론(加藤博士の非因果応報論)」, 『선종』 제8호, 베엽서원, 1895년.
46 가토 히로유키, 「나의 선악 인과응보론에 대한『불박(仏駁)』잡지의 반론을 읽으며(余が善悪因果応報論に対せる『仏駁』雑誌の駁論を読む)」, 『강연전집』 제2권, 98-99쪽.

생긴 것이 아니다. 또한, 인과응보는 천칙에 따라 판별되어야 하는데, 만약 가토 박사의 주장을 따른다면 선악과 화복은 아무런 관련이 없다는 말이 되므로, 이는 인과의 법칙이 전혀 존재하지 않는다는 의미가 되어버리는 것이다.『선종』잡지의 이 글은 불교의 '진여'를 가토 히로유키의 '천칙'과 동일시하여 진여를 기준으로 판단된 '선악'과 가토 히로유키의 천칙을 표준으로 판단한 '선악'을 대등하게 여겨 불교가 악을 벌하고 선을 권장하는 데 있어 큰 도움이 된다고 주장한다. 이 주장의 근본적인 목적은 불교의 '선악·인과응보'가 자연적으로 존재하는 것임을 입증하려는데 있음에 불과한 것이라 할 수 있다.

이에 대해 가토 히로유키는『선종』잡지의 글이 '인류계'와 '자연계'의 개념을 혼동하고 있다고 비판하였다. 도덕에서의 선악 구분은 인류계에서만 존재하며, 자신이 주장하는 바는 자연계에는 본래 도덕적 선악이나 인과응보가 존재하지 않는다는 것이다. 따라서 천칙에 부합하는 선이 인류계에서는 반드시 선한 것은 아니며, 천칙을 어기는 악이 인류계에서도 반드시 악한 것도 아니라고 주장했다.[47] 여기서 가토 히로유키는 진화론의 보편성을 다시 한 번 부정하고 있다. 자신의 주장을 합리화하기 위해 그는 '천칙'이 자연계의 개념이며, 인류 사회에는 적용되지 않는다는 억지스러운 주장을 내세웠다. 이에 따르면 진화론의 원리는 인류 사회 외부에 있는 자연계에서 일어나는 현상을 설명하는 데만 사용될 수 있다는 결론에 다

---

47 오오쿠보 쇼난(大久保昌南), 「가토 박사의『불교에서 이른바 선악의 인과응보는 진리가 아니다』라는 논의에 대하여」, 『불교』제104호, 일본불교협회, 1895년.

다르게 되는데, 이는 그가 항상 지지해온 사회 진화론과 명백하게 상충한다.

5. 결론

이상으로 가토 히로유키의 종교 비판과 그가 종교계 인사를 비롯한 학자들과 벌인 논쟁에 대한 분석을 통해, 이 과정에서 진화론 사상이 어떤 역할을 하였고, 어떤 영향을 미쳤는지에 대해 논의하였다. 전반적으로 보면, 진화론 사상은 가토 히로유키의 종교에 대한 판단에 큰 영향을 미쳐 종교를 철저히 부정하는 태도를 취하게 만들었고, 기타 학자 및 종교계 인사들과의 논쟁에서 중요한 역할을 하였으며, 논쟁의 핵심 쟁점 중 하나로 작용했다. 기독교와 불교를 지지하는 학자나 종교계 인사들도 가토 히로유키를 반박하는 데 어느 정도 자신들이 이해한 진화론에 대한 관점을 바탕으로 진화론의 이론을 활용하였다. 진화론은 가토 히로유키가 종교 교리를 비판하는 데 중요한 이론적 근거가 되었다고 할 수 있는 동시에 그가 진화론을 자의적으로 해석하고 주관적으로 단정한 부분에 있어, 반대자들로하여금 "과학적 정신이 부족하다"는 이유로 비판할 수 있는 도구로도 사용되었다. 그러나 분명한 것은, 메이지 시대의 진화론은 한편으로는 '과학'의 대명사로 여겨지며 많은 사람들에게 종교와 대립하는 개념으로 인식되면서, 이로 인해 사상가들로 하여금 두 개념 간의 관계를 어떻게 처리해야 할지 고민할 수밖에 없게 만들었다. 동시에 진화론은 메이지 사상계에서 중요한 서양 이론으로서 깊은 사회적 영향을 미쳤으며, 서로 다른 사상적 유파와 다양한 이념을 가진 집단들이 자신의 견해와 이론을 변호하기 위한 도구로 활용되기도 하였다. 어떤 사상이 사회에 충분히 긍정적인 영향을 미쳐 사회 발전에 기여할 수 있는지는 그 사상 자체에 달린 것이 아니라, 사람들이 그 사상을 어떻게 인식하고 활용하는지에 달려 있다.

제8장

일본 기독교 사상가 우치무라 간조의
전쟁관에 대한 간단한 논의

1. 들어가는 말

우치무라 간조(內村鑑三, 1861~1930)는 일본 근대 사상사에서 유명한 기독교 사상가이자 시사 평론가이다. 그가 종교 신자로서 주장한 "무교회주의(교회를 중심으로 하는 전통적인 제도에 의존하지 않고, 신자들 스스로가 모여 종교 활동을 하는 것)"와 평생을 바쳐 헌신한 "성경 연구" 사업은 기독교의 일본화 및 근대 일본에서의 전파와 발전에 중대한 기여를 하였다. 동시에, 그는 시사 평론가이자 사상가로서 기독교의 인도주의 및 평화주의적 입장에서 전쟁 폐지론과 절대적인 반전주의를 주창하며 일본의 평화주의 사상 발전사에 빛나는 한 페이지를 남겼다.[1] 그러나 주목할 점은 우치무라 간조가 처음부터 전쟁에 반대했던 것은 아니라는 점이다. 무사 가문에서 태어난 그는 기독교 신자가 된 후의 오랜 기간 동안 전쟁에 대해 여전히 낙관적이거나 적어도 부정하지 않는 태도를 가지고 있었다. 그의 전쟁관이 큰 전환점을 맞은 것은 1894년 갑오전쟁 전후이다. 갑오전쟁에서부터 1904년 일러 전쟁 시기에 이르기까지, 그는 점차 전쟁을 지지하는 입장에서부터 반대하는 평화주의적 입장으로 전환하였다. 이러한 전환을 유도한 요인은 다양하며, 인도주의적 입장에서 출발하여 전쟁의 잔혹성을 폭로하는 도덕적 요인이 있는가 하면, 계속해서 팽창하는 당시 일본 국가주의에 관하여 역사적 사실에 대한 날카로운 통찰로부터 얻은 사상적 경험도 있었다.[2] 또한, 기독교 신자로서 신약 성경의 평화 복

---

1 우치무라 간조, 「일본국의 대곤난(日本国の大困難)」, 가메이 가쓰이치로 편집, 『현대 일본 사상 대계 5: 우치무라 간조』, 치쿠마 서방, 1963년, 395쪽.

음을 근거로 전쟁을 종교적 차원에서 비판하는 요소도 포함된다. 그러나 우치무라 간조가 기독교의 평화 사상을 근거로 제시한 반전 사상은 분명한 한계를 가지고 있다. 이 글에서는 그의 기독교적 평화 반전 사상의 한계에 초점을 맞추어, 갑오전쟁과 일러 전쟁 시기에 우치무라 간조가 발표한 발언 및 그의 기독교 사상에 대한 해석을 통해, 우치무라 간조의 전쟁관이 지니는 한계 및 그의 종교 사상과 전쟁관 간의 관계를 분석하고자 한다.

2. 우치무라 간조의 갑오전쟁에 대한 태도

1894년 7월, 중일 갑오전쟁이 발발하였다. 전쟁이 발발하기 전, 우치무라 간조는 잡지 『국민신문』에 "세계 역사에 비추어 일본과 중국의 관계를 논하다"라는 제목의 글을 발표하였으며, 곧 발발할 이 전쟁을 고대 페르시아 전쟁에 비유하였다. 마치 유럽 문명의 선구자인 소국 그리스와 구 문명을 대표한 대국 페르시아 간의 전쟁과 같이, 일본은 동양의 그리스에 해당하며, 낙후된 문명에 지배당하고 있는 중국에 전쟁을 일으키는 것은 인류의 진보를 상징하는 일이라고 주장하였다. 일본은 "동양 진보주의의 전사"로서 동양 각국을 문명 세계로 인도하는 사명을 지니고 있다고 강조하였다. 8월, 우치무라 간조는 영문으로 작성한 "Justification of Korean War"라는 글을

---

2 마루야마 마사오(丸山眞男), 「우치무라 간조와 '비전'의 논리(內村鑑三と『非戰』の論理)」, 『마루야마 마사오 전집』 제5권, 이와나미 서점, 1951~1953년.

잡지『국민의 벗』에 발표하였고, 그 이후 일본어로 번역하여 제목을 "일청전쟁(즉, 갑오전쟁-필자 주, 이하 동일)의 의로움"으로 수정하여 같은 잡지에 실었다. 이 글에서 우치무라 간조는 청나라에 대한 전쟁은 일본이 정의를 위해 일으킨 "의전"이라고 주장하였다. 청나라가 조선의 독립에 간섭하고 현대화가 진행되는 것을 저해하였기 때문에, 일본이 전쟁을 일으킨 목적은 철혈 정책을 통해 "정의"를 추구하고, 중국(청나라-필자 주, 이하 동일)의 각성을 촉구하여, 중국이 일본과 함께 동양의 개혁에 힘쓰는 것이니, 그 목적은 항구적 평화를 실현하는 것이라고 하였다. 갑오전쟁의 승패가 거의 확정되었을 때, 그는 또『국민의 벗』에 "일청전쟁의 목적은 무엇인가"라는 제목의 글을 발표하며 이 관점을 계속해서 강조했다.[3]

우치무라 간조는 갑오전쟁에 대해 처음에는 전면적으로 긍정적인 태도를 취하였다. 그의 가장 기본적인 관점은 이 전쟁이 "신(新)문명을 대표하는 소국" 일본과 "구(舊)문명을 대표하는 대국" 중국이 "인류의 역사 진화 과정"에서 불가피하게 발생한 충돌이라는 것이다. 역사는 야만에서 진보로 나아가는 과정이며, 새로운 문명을 대표하는 일본이 전쟁에서 승리하는 것은 역사 발전의 필연적 결과이자 세계사의 흐름에 부합하는 것이라고 보았다. 여기서 주목할 점은 우치무라 간조가 전쟁을 평가하는 이론적 기초가 문명론에 근거하고 있다는 것이다. 그가 보기에 "문명"은 최고의 가치를 지니고 있으며, 문명의 진보는 전쟁을 일으켜서 실현할 만한 이상과 목표였

---

3 위의 세 편의 논문은 우치무라 간조 저, 『우치무라 간조 전집』(이하『전집』) 제3권, 이와나미 서점, 1982년에 수록됨.

다. 동양 문명의 선진국인 일본이 일으키는 전쟁의 목적이 동양 각국이 야만과 낙후된 상태에서 벗어나 문명으로 나아가게 하는 것이라면, 정당성과 합리성을 갖추며, 정의로운 전쟁이라고 보았다. 이런 의미에서 볼 때, 당시 우치무라 간조에게 "의전"에서의 "의"는 "문명"과 "진보"를 의미하는 것이다. 예를 들어, 그는 "세계 역사에 비추어 일본과 중국의 관계를 논하다"라는 글에서 다음과 같이 썼다.

> "일본과 중국의 충돌은 불가피하고, 일본이 두 나라의 충돌에서 승리하는 것은 인류 전체에 유익한 일이며, 세계 진보에 필요한 일이다. (중략) 우리의 천직을 이행하고, 우리의 잠재력을 발휘하며, 우리의 진정한 가치를 인식하고, 이웃 나라의 5억 생명을 구출하여 새로운 문명을 동양 전체에 전파하고자, 나는 일본이 이 의로운 전쟁에 참여하기를 희망하는데, 우리의 목적이 어찌 단순히 조선의 독립을 확보하는 데서만 그칠 수 있겠는가?"[4]

확실히, 일본 정부가 서양식 근대화를 이루기 위해 문명 개화 정책을 적극적으로 옹호하던 메이지 시대에 "문명과 진보는 더 가치 있는 것이며, 심지어 피를 흘리면서 희생하더라도 문명과 진보를 추구하는 것은 어느 정도 정당성이 있다"는 관점은 대다수 사람들에게 쉽게 공감을 살 수 있었다. 따라서 이 시기에 살았던 우치무라 간조

---

4 「세계 역사를 근거로 일중 관계를 논하다(世界歷史に徵して日支の關係を論ず)」, 『전집』 제3권, 35-36쪽.

가 "문명은 좋고, 야만은 나쁘다"는 문명론적 가치 판단에서 완전히 벗어나기 어려웠던 것은 상상할 수 있다. 그러나 문명으로 자처하는 국가나 민족이 "야만적이고 미개한" 국가나 민족에게 문명을 주장할 때, 종종 문명을 핑계로 비인도적인 전쟁 행위를 정당화하는 결과를 초래한다. 우치무라 간조의 경우, 그의 "문명과 비문명"을 기준으로 "정의와 정의가 아닌 것"을 판단하는 이론적 근거에는 "정의"라는 내용에 대한 본인의 주관적 이해로 인해 "정의"의 본래 의미를 왜곡할 위험성이 내포되어 있다. 실제로 우치무라 간조는 앞서 언급한 몇 편의 글에서 기독교인의 입장에서 기독교의 가치관에 따라 성경의 내용을 바탕으로 의전론의 관점을 도출하려는 시도를 하였지만, 전체적으로 보면 그는 문명 우월주의에 기반한 의전론을 먼저 제시한다음 성경의 여러 표현을 통해 자신의 주장을 보충한 것이었다.[5] 이로부터 비록 당시의 그는 이미 세례를 받은 기독교 신자 이었지만, 분명한 것은 아직 기독교적 가치관에 기반하여 "문명"과 "정의" 같은 개념을 상대화 하여 인식할 수 있는 능력이 부족했으며, 기독교의 평화주의 입장에서 전쟁을 철저히 비판하고 반대할 사상적 각성을 갖추지 못했던 것을 분명히 알 수 있다.

전후, 일본 정부는 청나라와 "마관 조약"을 체결하여 청나라로부터 요동반도, 타이완 섬 및 펑후 제도를 양도하게 하고, 전쟁 배상금으로 2억 냥의 은화를 지불하도록 강요했으며, 청나라로부터 조선

---

5 우누마 히로코(鵜沼 裕子), 「우치무라 간조의 신앙과 윤리 - 전쟁과 평화 문제를 중심으로(内村鑑三における信仰と倫理——戦争と平和の問題をめぐって)」, 성학원대학 종합연구소 기요 제46호, 2010년 1월, 96쪽.

에 대한 실제 지배권을 탈취하였다. 이러한 역사적 사실에 대면한 우치무라 간조는 갑오전쟁은 일본과 중국 간의 조선의 귀속 문제를 둘러싼 권력 투쟁에 불과하며, 일본이 일으킨 전쟁은 "정의"를 목적으로 한 전쟁이 아니라 "이익"을 위한 전쟁이었다는 것을 깨달았다. 이로 인해 전쟁에 대해 긍정적이었던 자신을 부끄럽게 여기며 깊은 반성에 빠지기 시작했다. 우치무라 간조가 갑오전쟁에 대한 자신의 태도를 반성하기 시작한 것은 1895년 5월 22일 그가 미국 유학 시절 알게 된 친구 벨에게 보낸 편지에서 처음으로 나타난다.

> "지나(중국―필자 주, 이하 동일)와의 분쟁은 이미 끝났거나, 어쩌면 반드시 끝나야 한다고 말해야 할 것입니다. '의전'은 거의 해적의 전쟁으로 변해버렸고, 한때 이 전쟁을 '정의'라고 묘사했던 예언자로서, 저는 지금 수치에 빠져 있습니다."[6]

1896년 8월 15일, 우치무라 간조는 또 『국민의 벗』에 "시세의 관찰"이라는 제목의 글을 발표하며 일본 사회의 현실 상황에 대한 비판의 형태로 갑오전쟁에 대한 태도 전환을 더욱 명확히 하였다. 그는 이렇게 말했다.

> "전쟁에 승리하고 지나에 대한 굴욕을 주고 난 이후, 전 국민은 동양의 긴급한 위험을 고려하지 않고, 오로지 축제에만 바쁘다. (중략) 전쟁이 끝난지 한참 지났고, 일본도 승전국의 지위에 오르게 되었는데, 그

---

6 『전집』 제36권, 414쪽.

주요 목적이었던 이웃 국가의 독립은 무시되고 관심 갖는 이가 없었으며, 새로운 영토 개척과 새로운 시장 확대가 전 국민의 주목을 이끌었으며, 승리의 이익을 누리는 데만 열중하였다. 만약 의전이 진정한 의전이라면 왜 국가의 온 힘을 쏟아 전쟁에 참여하지 않았는가? 일본의 국민이 진정으로 정의로운 민족이라면 왜 동포인 지나인의 명예를 고려하지 않고, 이웃 나라 조선이 근대화로 나아가는 것을 돕지 않는가? 우리가 걱정하고 한탄하는 것은 우리 국민의 태도가 올바르지 않다는 것이며, 정의를 믿지 않으면서 정의를 주장하고, 이웃 국가에 대한 우정은 겉모습에 불과하며, 마음에서 우러나오는 것이 아니라는 것이다."[7]

이로 미루어보아, 우치무라 간조는 자신이 이전에 주장했던 "의전론"에 대해 의구심을 갖기 시작했으며, 일본 정부가 전후 중국과 조선을 "문명과 진보"로 이끌고 현대화 개혁을 하도록 도와주는 일에 힘쓰지 않고, 오히려 자국의 이익을 극대화하는 데만 몰두했음을 알 수 있다. 갑오전쟁은 그가 기대했던 "의전"이 아니라 "약탈전"이었다. 그러나 이로 인해 우치무라 간조가 전반적으로 전쟁을 반대하는 입장으로 전환되었다고 단정할 수 없다. 그가 반성한 것은 단지 일본 정부가 전쟁을 일으킨 목적을 제대로 인식하지 못한 것일 뿐이지, "정의를 위한 전쟁을 일으킨다"는 생각 자체를 부정한 것이 아니었다. 다시 말해, 문제는 일본 정부가 이 전쟁을 일으킨 동기와 전후

---

7 『전집』 제3권, 233쪽.

행동이 잘못되었다는 것이지, 전쟁 자체는 "정의"를 실현하는 수단으로서 여전히 정당하다는 것이었다.[8] 사실상 우치무라 간조는 갑오전쟁을 계기로 전쟁에 대한 긍정적인 입장에서 반대하는 입장으로 점진적으로 변화하였는데, 당시의 그는 기독교 신자로서 전쟁에 반대하는 입장도 완전하지는 않았다. 자신의 전쟁 반대 입장의 불완전성에 대해 우치무라 간조는 다음과 같이 썼다.

> "나는 무사 집안에서 태어났고, 전쟁은 대대로 이어져 온 가업이었다. 그래서 어린 시절부터 내가 보고 들은 대부분의 이야기도 전쟁과 관련된 것들이었다. (중략) 나 역시 최근(1904년-필자주)까지도 전쟁이 나쁘다는 것을 도저히 이해하지 못했고, 기독교를 믿은 지 이십 삼사 년이 지났음에도 여전히 전쟁을 긍정하는 입장에 있었다. 일본과 청나라 간의 전쟁 당시, 영어로 일본의 정의를 세계에 알리는 일은 매우 드물었기 때문에, 나는 급히「일청전쟁의 의로움(日清戰爭の義)」을 써서 세상에 알렸다 … 나는 단지 이 세상에서 정의를 실현하는 데는 검(무력-필자주)이 필요하다고 생각했을 뿐이다.[9]

---

8 "비록 전쟁은 피해야 하지만, 평화를 위해서라면 피할 수 없는 경우도 있다. 정의는 생명보다 더 중요하며, 정의와 진리를 위해서는 생명을 희생하고 국가의 안위를 걸고서라도 싸워야 한다.",「담즙의 여적·평화를 사랑하는 국민(胆汁余滴·平和好きの民)」,『전집』제5권, 3쪽.
9 우치무라 간조:「내가 비전론자가 된 유래(余が非戰論者となりし由来)」, 가와이 미치(河井道),『일본 평화론 대계—우치무라 간조·카시와기 기엔』, 일본도서센터, 1993년, 111쪽.(이에나가 사부로 책임편집,『일본 평화론 대계 4 우치무라 간조·가시와기 기엔·가와이 미치』, 일본도서센터, 1993년).

이 점은 갑오전쟁 이후의 몇 년 간 그가 발표한 글에서도 확인할 수 있다. 예를 들어, 1896년 9월에 발표한 「세계의 일본」에서 그는 다음과 같이 썼다.

> "세계의 일본은 세계에 기여하는 것을 목적으로 삼아야 한다. (중략) 병력 증강은 반드시 이 목적으로부터 출발해야 하며, 무력을 과시하기 위해서가 아닌 정의를 강조하기 위한 것이다. 부강 또한 이 목적에서 출발해야 하는데, 즐거움을 증진시키기 위해서가 아니라 진리를 발전시키는 데 도움이 되기 위함이다."[10]

따라서 갑오전쟁 이후의 일정 기간 동안 그의 태도는 발언상으로 의전론에서 비전론으로, 전쟁 긍정론에서 반전론으로의 전환을 겪었지만, 실제로 변화한 것은 "정의"의 내용 뿐이었다. 즉 "정의"가 이전의 "문명", "진보"에서 "일본이 세계에 기여하는 것"으로 변했을 뿐, "전쟁을 정의를 실현하는 수단으로 삼는 것이 정당하다"는 근본적인 사상은 본질적으로 변하지 않았다. 우치무라 간조가 비전론자가 된다고 해서 전쟁 자체를 부정한 것은 아니며, 그가 부정하는 것은 오직 이익을 목적으로 하여 일으킨 전쟁 뿐이었다. 만약 "정의"를 위해서 치러지는 전쟁이라면 무조건 지지해야 한다는 입장을 고수했다. 이 점에서 우치무라 간조는 결코 변한 적이 없으며, 이 태도는 그의 평생에 걸쳐 일관되게 유지되어온 것이다.

---

10 『전집』 제3권, 263쪽.

3. 우치무라 간조의 일러전쟁에 대한 태도

잘 알려진 바와 같이, 우치무라 간조는 일러전쟁이 발발하기 이전에 고토쿠 슈스이(幸德秋水), 사카이 토시히코(堺利彦) 등의 사회주의 사상가들과 함께 당시 전쟁을 지지하는 입장을 취하던『만조보(萬朝報)』의 직책을 사임하고, 과거의 "전쟁이 정의를 실현하는 수단으로서의 정당성"을 긍정하던 태도에서 모든 전쟁을 부정하는 "절대적 비전주의"의 입장으로 전환하였다. 이 시기에 그가 전쟁에 대해 발표한 대표적인 글들을 살펴보면 다음과 같다.

「전쟁 폐지론」(1903년 6월 30일,『만조보』)

「평화의 실익」(1903년 9월 1일,『만조보』)

「평화의 복음(절대적 비전주의)」(1903년 9월 17일,「성경 연구」)

「전쟁 시기 비전주의자의 태도」(1904년 4월 21일,「성경 연구」)

「무저항주의의 교훈」(1904년 5월 19일,「성경 연구」)

「근래의 비전론」(1904년 8월 18일,「성경 연구」)

「내가 비전론자가 된 유래」(1904년 9월 22일,「성경 연구」)

「비전주의자의 전사」(1904년 10월 20일,「성경 연구」)

「평화주의의 의미」(1905년 8월 10일,『신희망』)

「내가 일러전쟁에서 얻은 이익」(1905년 11월 10일,『신희망』)

「무저항주의의 근거」(1907년 8월 10일,「성경 연구」)

「비전론의 원리」(1908년 8월 10일,「성경 연구」)

이러한 글들을 통독해 보면 우치무라 간조의 반전 입장이 갑오전쟁 시기에 비해 더욱 확고해졌음을 쉽게 발견할 수 있다. 예를 들어, 그는 『전쟁 폐지론』의 서두에서 자신의 반전 입장을 명확히 밝히고 있다.

> "나는 일러전쟁 반대론자일 뿐만 아니라, 절대적인 전쟁 폐지론자이다. 전쟁은 살인 행위이며, 살인은 지극히 큰 죄악이다. 큰 죄악을 저지르면, 개인이든 국가든 항구적인 이익을 얻을 수 없다."[11]

그가 보기에, 전쟁이 가져오는 결과는 오직 해악 뿐이며, 이는 갑오전쟁이 동아시아 전체를 위험한 상황에 빠뜨린 결과로부터 잘 증명된다. 이전의 "문명"과 "진보"를 이루기 위한 수단으로 암묵적으로 받아들여진 전쟁은 이제 죄악으로 변모했다. 전쟁을 단호히 반대하는 이유로서, 우치무라 간조는 새로운 이론인 '평화'를 내세웠다. 평화에 관해서는 그의 초기 저작에서도 언급한 바 있지만, 이제는 기독교의 평화 사상과 성경 교리에 기반하여 명확하고 체계적인 형태로 제시되었다. 예를 들어, 그는 『평화의 복음』에서 성경 마태복음 제5장 9절의 "화평하게 하는 자는 복이 있나니"라는 구절을 인용하며 시작하고, "성경, 특히 신약 성경이 이 문제(시국 문제 – 필자 주)에 대해 우리에게 가르쳐주는 유일한 점은 바로 절대적인 평화이다. 어떤 상황에서도 칼을 휘둘러 싸우지 말라. (중략) 절대적인 평화는 성경에

---

11 가와이 앞의 책, 45쪽.

서 명확히 제시된 가르침이며, 우리가 하나님과 자신의 양심에 충실하고자 한다면, 이 태도 외에는 다른 방법이 없다"[12]고 주장하였다. 이에 따라, 평화는 달성해야 할 궁극적인 목표로 "문명"과 "진보"를 대체하였고, 전쟁의 초기 의도가 무엇이든 간에 절대적으로 무조건 반대해야 한다고 주장했다. 우치무라 간조가 제창하는 반전론은 단순히 "전쟁 반대"라는 소극적인 저항이 아니라, "평화의 회복(실현-필자주)"[13]이라는 적극적 목표 추구로 변모하였다.

그렇다면 여기서, 우치무라 간조가 완전히 기독교의 평화주의 입장에서 출발하여, 그가 스스로 말한 것처럼 성경 교리에 근거하여 반전론을 주장하였다고 볼 수 있을까? 실상은 전혀 그렇지 않다.

우선, 우치무라 간조가 일러전쟁을 반대하고 따라서 "절대적 비전주의"를 주장하게 된 근거는 완전히 그의 기독교에 대한 신념에서 온 것이 아니며, 상당 부분 다른 성질의 원인에서 비롯된 것이다. 그는 「내가 비전론자가 된 유래」라는 글에서 자신이 반전론자가 된 네 가지 이유를 열거하였다. 비록 그가 반전의 첫 번째이자 가장 강력한 이유로 성경에 대한 연구를 통해 얻어졌다는 점을 꼽았지만, 그 외의 나머지 세 가지 이유는 모두 기독교와 직접적인 관련이 없는 것이었다. 예를 들자면, 그는 두 번째 이유에 대해 자신의 삶에서의 경험을 언급하며, 타인의 공격에 대해 저항하지 않고 평화적 태도를 취했을 때 내적으로 크나큰 위안을 얻었고, 이로써 싸움이 얼마나 어리석은

---

12 같은 책, 55쪽.
13 "나는 결국 비전론자가 되었다. 그러나 비전론은 단지 전쟁을 부정하고 반대하는 것만이 아니다. 비전론의 적극적 반대편은 말할 것도 없이 평화의 실현이다.", 「내가 비전론자가 된 유래」, 같은 책, 114쪽.

행위인지를 깨닫게 되었다고 한다. 세 번째 이유는 갑오전쟁이 그의 사고에 미친 충격이었다. 그는 "내가 비전론자가 된 세 번째 동기는 지난 10년간의 세계 역사이다. 일청전쟁의 결과는 나로 하여금 전쟁이 해롭기만 하고 이로운 것은 없다는 것을 깊이 체감하게 했다"고 하였다.[14] 「전쟁 폐지론」, 「근래의 비전론」 등 많은 글에서도 그는 갑오전쟁의 결과가 그가 비전론으로 전환하는 데 큰 영향을 미쳤음을 여러 차례 언급하였다. 네 번째 이유는 그가 오랫동안 읽어온 미국의 한 신문으로, 이 신문은 평화주의 입장을 취하며 세계에서 일어나는 전쟁을 항상 의심의 눈으로 살펴보았다. 우치무라 간조도 자신의 세계관의 상당 부분이 이 신문에서 비롯되었다고 스스로 밝히기도 했다. 이처럼 기독교라는 종교적 요인 외에도, 사실에 기반한 실제 경험이 그의 전쟁관 변화에 무시할 수 없는 중요한 역할을 하였음을 알 수 있다.

둘째, 우치무라 간조는 여러 차례 자신이 절대적인 반전론자라고 주장했으나, 실제로 그의 반전론은 불완전성과 한계를 지니고 있다. 구체적으로 말해, 그는 상황이 자신의 기대와 다르게 전개될 때 자신의 입장을 일관되게 고수하는 것이 아닌 타협적인 태도를 취하였다. 일러전쟁 발발 후 그는 「전쟁 시기 비전주의자의 태도」라는 글에서 "비전주의를 주장하며, 전쟁 발발 후에도 여전히 전쟁을 반대하는" 태도를 비판했다. 그는 글에서 상황이 이미 전쟁 단계에 들어섬에 따라 전쟁 이전에 취했던 태도는 일단락되어야 한다고 강조했다.

---

14 가와이 앞의 책, 112쪽.

전쟁을 막고 평화를 유지하고자 하는 희망이 절멸된 사실과 직면하여, 이제는 기독교 평화주의자가 계속 활동할 때가 아니라고 보았다. 기독교 평화주의자는 전쟁 중에 할 수 있는 일이 거의 없으며, 그들이 반드시 주의해야 할 점은 예수 그리스도의 말을 빌려 전쟁을 변호해서는 절대 안 된다는 것이다. 동시에, 기독교의 근본 교리 중 하나인 무저항주의에 따라 전쟁 문제를 다루어야 한다. 이렇게 전쟁 발발 이전의 "절대적 비전주의"를 주요 내용으로 한 적극적인 반대는 "무저항주의"를 대표로 하는 소극적인 묵인으로 변모하게 되었다.

일러전쟁 후부터 제1차 세계대전까지의 오랜 세월 동안, 우치무라 간조는 여전히 자신이 주관하는 잡지 『성경 연구』를 기반으로 반전 활동을 꾸준히 이어갔다. 그가 전쟁에 반대하는 입장도 일러전쟁 시기와는 다소 달라졌다. 그는 인간의 주체적 활동에 의거하여 전쟁을 반대하고 평화를 실현하는 가능성을 부정하고, 점차적으로 기독교의 재림에 희망을 두었다.[15] 전쟁을 긍정하는 입장에서 전쟁을 부정하는 입장으로, 전쟁이 일정한 목적을 실현하는 수단으로서의 가능성을 용인하던 데로부터 모든 형태의 전쟁을 반대하는 입장으로, 문명과 진보가 대표하는 정의의 실현이라는 목적에서 평화 실현의 목적으로, 전쟁에 대한 우치무라 간조의 태도는 이러한 일련의 변화를 겪어왔다. 하지만 본질적으로 우치무라 간조는 "전쟁을 수단으로 특정 목적을 달성하는 것은 정당하다"는 사상에서 벗어나지

---

15 "세계의 평화는 결국 그리스도가 재림해야만 이 세상에서 실현될 것이다", 「세계의 평화는 어떻게 올 것인가(世界の平和は如何にして来る乎)」, 『우치무라 간조 선집 2: 비전론』, 이와나미 서점, 1990년, 239쪽.

못했고, 그의 반전론 또한 명확히 불완전성을 지니고 있다.

4. 우치무라 간조의 전쟁관에 담긴 종교 사상적 함의

그렇다면, 우치무라 간조의 전쟁관에는 어떤 종교 사상적 함의가 담겨 있을까? 그의 기독교 사상과 그의 전쟁관은 어떤 관계를 맺고 있을까? 이에 대해 우치무라 간조의 관련 글에서 발표한 발언을 통해 필자의 견해를 이야기해보고자 한다.

우치무라 간조의 전쟁관에서 일관되게 두드러진 하나의 특징은, 종교로서의 기독교의 절대성과 경전으로서의 성경의 절대성이다. 앞서 언급한 바와 같이, 비록 그가 전쟁을 반대하는 태도로 전환한 이유에는 여러 가지가 있고, 그 중에는 종교 사상과 직접적 관련이 없는 요소도 적지 않다. 그러나 그의 반전 발언 중 대부분은 기독교의 인류 사랑과 평화주의에 입각하여 성경의 다양한 교리와 정신에 따라 제시된 것으로, 기독교가 그의 반전 사상에서 중요한 역할을 했다고 할 수 있다. 우선, 이러한 절대성은 종교와 기독교를 인식하는 그의 개인적인 태도에서 나타난다.

"종교라는 것은 절대적인 것이다. 나를 제외한 다른 진리가 존재한다고 주장하는 것은 모두 종교에 해당하지 않는다. (중략) 국민이 기독교를 신봉하면 구원을 얻고, 이를 통해 새로운 생명을 얻게 된다. 반면 기독교를 배척하는 국민은 타락하게 되고, 결국 멸망에 이르게 된다. 기독교를 믿는 국가는 번성하고, 기독교를 믿지 않는 국가는 멸망한다."[16]

이에 대해, 우치무라 간조는 오직 기독교만이 개인과 국가의 자아 인식을 불러일으킬 수 있고, 인생의 가장 큰 문제에 대한 해결책을 제시할 수 있는 것도 유일하게 기독교뿐이며, 국민은 오직 기독교를 믿은 후에야 자신의 천직, 즉 사명감을 깨달을 수 있다고 하였다.

또한, 그의 개인적인 사상 경험을 살펴보면, 우치무라 간조는 이미 1884년 미국으로 유학을 떠났을 때부터 기독교에 대한 절대적 신앙을 확립했다. 그 후 1888년 애머스트 대학을 중퇴하고 귀국한 우치무라 간조는 자신이 평생 추구할 과제를 명확히 하였는데, 그것은 바로 "두 개의 J(Japan과 Jesus)"였다. 이 "두 개의 J"에 대해 그의 언급을 보면 다음과 같다.

"젊은 시절에 나는 자주 외국 친구들에게 내가 깊이 사랑하는 두 개의 J가 있다고 말하곤 했다. 그 중 하나는 예수(Jesus)이고, 다른 하나는 일본(Japan)이다. 예수와 일본 중 어느 쪽을 더 사랑하는지는 나 자신도 알 수 없다. 둘 중 하나라도 없으면 나는 생존의 의미를 잃게 되며, 나의 일생은 모두 이 둘을 열정적으로 추구해온 과정이었다."[17]

그는 양자와의 관계에 대해서 "실망과 희망"이라는 글에서도 언

---

16 「기독교와 세계 역사(基督教と世界歷史)」, 가와이 앞의 책, 10-17쪽.
17 『전집』 제29권, 351쪽.

급한 바 있다.

> "우리에게 있어 예수와 일본은 같은 것이다. 즉, 우리의 신앙은 국가를 위한 것이고, 우리의 애국심은 기독교를 위한 것이다. 기독교를 버리는 것이 진정한 애국이 아니듯, 국가를 떠나는 것 역시 기독교에 대한 진정한 사랑이 아니다."[18]

이로부터 알 수 있는 것은, 우치무라 간조는 기독교를 일본과 동등하게 중요한 위치에 놓았으며, 둘은 서로 필수불가결하며, 서로의 목적이 된다. "애국심은 기독교를 위한 것이며", "기독교를 버린다고 해서 진정한 애국이 되는 것이 아니다"라는 점에서 그에게, 대표적인 애국행위 중 하나인 "반전" 역시 기독교와 불가분의 관계에 있다고 할 수 있다. 또한, 기독교와 성경에 대한 절대적 신앙은 그가 평생 헌신해 온 사업인 『성경 연구』에서도 잘 드러난다. 그는 다음과 같이 회고했다. "내가 기독교 신자가 된 지는 이미 40년이 지났다. 그동안 나는 여러 가지 일을 했지만, 항상 일관되게 고수해온 유일한 일은 성경 연구였다."[19]

다케다 키요코(武田淸子)도 "우치무라 간조의 평화 사상에서 나타나는 한 가지 뚜렷한 특징은, 그의 평화론의 핵심 또는 기본 입장이라고도 할 수 있는데, 그것은 '단순히 전쟁을 반대'하는 소극적인 비전론이 아니라 성경에 기반한 평화 사상, 즉 평화의 복음이다. (중략)

---

18 『전집』 제11권, 49쪽.
19 『전집』 제24권, 56쪽.

우치무라 간조는 성경에 있는 평화에 관한 이러한 교의를 사람과 사람 사이의 관계에서 사람의 집합체인 국민과 국민 사이의 관계로 승화시켰고, 이(성경의 교의-필자주)는 국제간 정치 문제를 기독교 사회 윤리의 원칙으로 보았다"고 평가했다.[20]

기독교와 성경에 대한 절대적인 신봉은 우치무라 간조가 전쟁을 반대하는 중요한 이론적 근거가 되었다. 기독교는 국가와 국가, 민족과 민족 간의 근본 문제를 해결하는 원칙이자 국제 무장 충돌을 해결하는 열쇠였다. 그러나 다소 모순적으로 들릴 수 있지만, 필자는 우치무라 간조의 반전 사상의 불완전성과 한계는 바로 기독교와 성경 대한 절대적 신앙에서 비롯되었다고 본다. 이는 우치무라 간조의 발언에서도 잘 입증된다. 예를 들어, 그는 1902년 크리스마스 때의 연설 "평화와 투쟁"에서 다음과 같이 말했다.

"그러나 우리는 기독교를 깊이 믿는 사람들로서 세상의 참혹한 상황(전쟁-필자 주)을 보았다고 해서 실망하지 말아야 한다. 우리는 먼저 이러한 일들이 기독교에서 이미 분명하게 예언되었다는 것을 인정해야 한다. 기독교는 원래부터 평화를 목적으로만 이 세상에 나타난 것이 아니다. 이것은 신의 진리이다. 이 세상은 악마의 세계이며, 신이 악마의 세계에 강림하실 때 충돌이 일어나지 않는 것은 불가능하다. 진리와 오류가 맞닿으면 반드시 투쟁이 일어나고, 전쟁은 바로, 구제가 임하기 전의 징조이다. (중략) 평화는 실제로 기독교가 탄생함과 동시

---

20 가와이 앞의 책, 544-545쪽.

에 이 세상에 강림했으며, 지금 일어나는 여러 전쟁은 평화를 실현하기 위한 것이다."[21]

이처럼 우치무라 간조는 기독교의 사상적 측면에서 동시대에 빈번히 발생하는 전쟁에 합리적인 설명을 제시하였다. 그에게 기독교는 전쟁을 반대하는 사상적 무기이자 이론적 근거가 될 수 있는 한편, 현실에서 발생하는 전쟁을 설명하는 도구로도 사용될 수도 있었다.

따라서, 기독교의 사상과 성경의 교의를 바탕으로 한다면, 모든 전쟁의 문제에 대해 동일한 결론을 내려야 한다. 그러나 그가 갑오전쟁의 문제에 대해서 처음에는 긍정적인 태도를 가지다 나중에는 반전적 태도로 전환한 이유는 무엇일까? 그 이유는 그가 의지한 기독교 사상이 성경의 다른 부분에서, 즉『구약성경』과『신약성경』에서 각기 다른 교리를 채택했기 때문이다.

『일청전쟁의 의로움』이라는 글의 서두에서 우치무라 간조는『구약성경』에 나오는 기드온[22]이라는 인물을 언급하며 "역사상 의로운 전쟁이 발생했던 사실은 어떤 누구도 의심할 수 없다"는 주장을 증명하였으며, 또한 "이 전쟁은 우리의 고유한 교리에 근거하고 있다"고 언급했다. 여기서의 "교의"는 분명히 앞서 언급한『구약성경』을 지칭한다. 반면, 그 이후 일러전쟁 발발 직전에 반전론을 제시할 때,

---

21 『우치무라 간조 선집 2: 비전론』, 46-47쪽.
22 『구약 성서』에 등장하는 인물로, 300명을 이끌고 요르단 강에서 10만 명 이상의 미디안 적군을 무찌르고 이스라엘에 40년의 평화를 가져왔다.

우치무라 간조는 다시금 "구약 성경이 전쟁을 인정하는 탓에 현재까지 전쟁을 지속해야 한다는 견해는 성경의 정신을 오해한 것이며,(구약-필자 주) 성경은 처음에는 하나님의 뜻을 드러내지 않았다. 하나님이 전쟁을 인정한다고 해서 구약 시대의 용사를 용서한 것은 아니다"[23]라며 구약 성경에서 전쟁을 인정하는 내용을 부정하였다.

이로 보아, 성경의 서로 다른 내용, 또는 우치무라 간조가 성경을 다루는 방식에서의 차이가 어느 정도 그가 전쟁에 대해 앞뒤가 다른 태도를 낳게 한 원인이라고 할 수 있다. 그의 사상에 존재하는 이러한 모순과 한계의 근본 원인은 그가 기독교와 성경 교리에 대해 가졌던 절대적인 신념에 있다.

물론, 우치무라 간조의 사상적 한계를 논할 때, 그가 무사계급 출신이라는 점과 당시 그가 처한 시대적 환경인 전쟁주의와 끊임없이 고조되는 전쟁 의식 등 비종교적 요소들 또한 무시할 수 없는 부분이다. 대외 확장을 통해 근대 국민 국가를 건설하고자 하는 메이지라는 시대적 배경하에서, 당시 일부 일본 기독교 사상가들 역시 일본의 대외 침략과 팽창을 적극적으로 지지하였다. 평화주의 사상이 갓 싹트기 시작하던 메이지 20년대의 일본에서(다바타 시노부-필자 주), 우치무라 간조는 시대의 흐름과 정반대되는 반전 사상을 제시했다. 이는 상당한 용기가 필요한 일이었으며, 또 당시 사회적 환경의 영향을 완전히 벗어나기 어려웠던 만큼 그의 반전 사상이 일정한 한계를 가질 수밖에 없었음을 이해할 수 있다. 그럼에도 불구하고, 오늘날 종

---

23 『우치무라 간조 선집 2: 비전론』, 60쪽.

교와 전쟁의 관계를 논할 때, 일본 근대사의 대표적인 기독교 평화주의자 우치무라 간조의 반전 사상은 여전히 중요한 교훈과 시사점을 제공하고 있다.

제9장

메이지 시대 일본 기독교
사상계에서의 진화론에 대한 인식

-우치무라 간조를 중심으로-

1. 들어가는 말

1859년, 영국 학자 찰스 다윈은『종의 기원』을 발표하며 생물 진화론을 제시하였다. 그의 기본적인 주장은 다음과 같다. 생물의 종은 변할 수 있고, 끊임없는 진화의 법칙을 따르며, 자연선택은 생물이 지속적으로 진화하도록 하는 원동력이 된다. 생물의 종류가 다양하고 자원이 한정된 환경에서는 반드시 생존 경쟁과 우승열태, 적자생존하는 상황이 발생하게 된다. 환경에 적응할 수 있는 유리한 변이를 갖춘 개체는 생존하고 후손을 남기며, 유리한 변이를 갖추지 않는 개체는 도태된다. 만약 자연 조건의 변화가 방향성을 가지고 있다면, 역사 과정에서 오랜 시간에 걸쳐 자연 선택을 통해 미세한 변이가 축적되어 눈에 띄는 변이로 발전하게 된다.[1] 이 학설은 당시 과학계와 일반 대중에게 빠르게 받아들여졌으며, 산업 혁명을 겪은 영국 사회에 심대한 영향을 미쳤다. 다윈은 이로 인해 진화론의 창시자로 불리게 되며, 그의 생물 진화론은 오늘날에도 현대 생물학의 핵심 사상 중 하나로 자리잡고 있다.

메이지 유신 이후, 일본은 서양의 선진적인 과학 기술과 사상을 적극적으로 받아들였으며, 다윈의 생물 진화론도 1877년에 당시 도쿄 대학 이학부 생물학 교수였던 미국인 에드워드 S. 모스(Edward S. Morse)에 의해 일본에 소개되었다. 그 이후 진화론은 자연 과학을 포함한 철학, 사회학, 역사학 등 여러 분야에서 메이지 시대 일본 사상

---

1 찰스 다윈 저, 셰원정(謝蘊貞) 역,『종의 기원』, 신세계출판사, 2007년, 355-374쪽.

계에 큰 영향을 미쳤다. 이와 동시에, 진화론은 당시의 일부 자연 과학자들과 사상가들에 의해 종교, 특히 기독교를 비판하는 이론적 무기로 사용되었다. 똑같이 서양의 선진 사상으로 일본에 전파된 진화론과 기독교(신교)는 그 기본 관점의 차이로 인해 메이지 시기 일본에서 격렬한 사상적 충돌을 일으켰다. "종교와 과학", "신앙과 이성"이라는 근본적인 문제를 둘러싸고 학계에서는 대규모 논쟁이 벌어졌다. 본고에서는 "일본 메이지 시기의 가장 대표적인 기독교 사상가인 우치무라 간조(內村鑑三)의 진화론에 대한 인식"을 논의의 중심 주제로 삼고자 한다. 이는 진화론이 우치무라 간조의 사상 형성에 중대한 영향을 미쳤을 뿐만 아니라, "기독교와 진화론", "종교와 과학", "신앙과 이성"이라는 문제가 메이지 시대 일본 사상계의 주된 흐름을 이루었기 때문이다. 또한, 이러한 논제는 자연 과학자와 종교인, 국가주의자와 기독교인 사이의 근본적인 대립을 초래하는 주요 원인이자 논쟁의 핵심 주제가 되었다. 이 문제에 대한 탐구는 메이지 시대 일본 기독교 사상계의 흐름과 당시 사회적 사조의 전반을 보다 깊이 있고 포괄적으로 이해하는 데 도움이 될 것이다.

2. 메이지 시대 일본 기독교 사상계의 진화론에 대한 인식

잘 알려진 바와 같이, 자연과학 분야의 진화론이 모스에 의해 일본에 소개된 이후, 메이지 사상계에 미친 직간접적 영향은 여러 분야에 걸쳐 널리 퍼졌다. 미야케 세츠레이(三宅雪嶺)는 그의 저서『메이지 사상 소사』에서 "'진화'라는 단어가 날개를 달고 날아오르면서 새로운 지식에 열중한 사람들은 '진화'라는 말을 자주 입에 올리며, 그들은 진화에 대해 언급하기만 하면 모든 문제가 해결될 것이라고 생각하였다."고 언급했다.[2] 그러나 다윈의 진화론은 자연과학 분야에만 국한된 것이 아니었다. 영국의 사회학자 허버트 스펜서(Herbert Spencer)는 1851년에 출간한『사회정역학(Social Statics)』에서 다윈의 "적자생존" 이론을 사회학에 적용하며 사회 유기체 이론을 창립하였다. 스펜서는, 인류 사회와 생물 유기체는 유사하고, 인류 사회는 자연계의 연속으로, 진화는 자연계의 보편적 법칙일 뿐 아니라, 인류 사회 역사적 변천의 자연스러운 법칙이라고 보았다. 따라서 인간 사회는 단순성에서 복잡성으로, 저급에서 고급으로 발전하는 과정을 필연적으로 따르게 된다고 주장하였다. 이러한 사회 진화론은 메이지 시대의 일부 사상가들에 의해, 기독교를 비판하고 자유민권 사상에 맞서 싸우는 이론적 무기로 사용되었다. 그 중 가장 대표적인 인물은 국가주의자 가토 히로유키이다. 그는 인류 사회를 생존 경쟁과 약육강식의 전쟁터로 보았고, 사람들은 반드시 우열경쟁의 철칙을 따라야 한다고 주장했다. 그는 인간이 독립적인 정신적 자유를 가지고 있음을 인정하지 않았고, 인간의 주체성이 객관적 자연에 내포된 필연성 속에 묻힐 것이라고 보았다. 따라서 국가라는 유기체 내에서 통치자는 자신의 뛰어난 능력으로 인해 지배적 위치를 차지

---

2 미야케 세츠레이(三宅雪嶺),『메이지 사상 소사(明治思想小史)』, 도쿄: 병오출판사, 1913년, 110쪽.

하게 되며, 평범한 능력치를 지닌 국민은 이 유기체의 일부로서 국가에 절대적으로 복종해야 한다고 주장했다.[3] 가토 히로유키는 이러한 사회 진화론적 입장을 바탕으로 국가주의적 관점에서 자유민권운동을 가차 없이 공격했으며, 기독교를 "국가의 큰 해악"이라고 강력히 비판하였다. 이를 통해 국가 신도를 중심으로 한 중앙집권적 천황제에 이론적 근거를 제공하였다.

"기독교와 진화론은 근본적으로 대립한다"는 관점은 같은 시기의 유럽과 미국에서도 주류를 이루고 있었다. 예를 들어, 앞서 언급한 미국 학자 모스는 그의 강연집 "동물 진화론"에서 "종교인들은 설명할 수 없는 현상을 만나면 그것을 신의 소행으로 돌리고, 그 이치를 탐구하지 않는다"[4]고 하였다. 그는 오늘날 유럽 사회에서 기독교인들이 종교의 "왜곡된 이론과 잘못된 교리"에 빠져, 인간이 신에 의해 창조되었다는 생각을 고집하며, 인간이 저급의 동물로부터 진화해 왔다는 진리를 깊이 이해하려 하지 않는다고 한탄하였다. 사실, 다윈 자신도 그의 이론을 세상에 알리면서 매우 모순된 감정을 품고 있었다. 진화론 학설의 등장은 신이 만물을 창조했다는 "역사적 공감대"를 깨뜨린 것이며, 당시 기독교인들로 하여금 받아들이기 힘든 것이었다. 처음에 다윈은 진화론을 둘러싼 종교적 논쟁에 대해, 관망하고 무시하는 태도를 취하였다. 하지만 진화론이 점차 퍼지면서, 그는 결국 자신의 사상적 견해에 대한 질문에 명확히 답하지 않

---

3 가토 히로유키, 『우리 국체와 기독교(吾国体と基督教)』, 금항당서적, 1907년.
4 메이지문화연구회 편집, 『메이지 문화 전집』 제24권 "과학편", 일본평론사, 1930년, 323쪽.

을 수가 없었다. 그는 이 문제에 대한 자신의 입장이 자주 흔들렸지만, 신의 존재를 부정하는 절대적 무신론자는 아니며, 더 정확히 말하면 자신은 불가지론자라고 표현하였다.[5] 여기서 우리는 다윈이 이 문제에 대한 직접적인 답변을 회피했음을 볼 수 있으며, 그의 입장이 자주 "흔들렸다"는 것은 그가 기독교와 진화론, 종교와 과학, 신앙과 이성이 본질적으로 대립한다는 것을 어느 정도 인정했기 때문이라고 할 수 있다.

당시의 일본 사상계나 유럽 및 미국 사상계를 막론하고, 이런 견해를 주장하는 공통적인 전제는 바로 기독교를 진화론과 서로 양립할 수 없는 대립 관계로 보는 것이다. "종교는 과학에 반하는 미신"이라는 종교관을 바탕으로 기독교를 비판했으며, 그 문제의 본질은 "종교와 과학", "신앙과 이성"의 대립에 있다고 보았다.

메이지 시대 기독교계는 진화론의 관점에서 이뤄진 국가주의자들의 공격과 "종교와 과학", "신앙과 이성"의 충돌 문제에 대해 어떻게 대응하였을까? 전반적으로 두 가지 경향으로 나뉜다고 볼 수 있다. 첫째로는 '신(新)신학'[6]을 대표하는 일부 기독교 사상가들은 기독

---

5 다윈의 사상적 입장에 대해서는 도우케 히로이치로(道家弘一郎), 『우치무라 간조론(內村鑑三論)』, 충적사, 1992년, 24-25쪽 참조.

6 "신신학(新神学)": 막부 말기 및 메이지 초기 미국 선교사를 중심으로 전파된 전통적이고 보수적인 신학 신앙과 대비되는 개념으로, 1880년대 후반에 유럽과 미국에서 일본으로 전래된 자유주의적이고 합리주의적인 신학 경향을 가리킨다. 이는 주로 복음 교회(Evangelical Church), 유니테리언(Unitarian), 보편 구원파 교회(Universalist)의 선교사들에 의해 일본에 전해졌으며, 일본의 기독교 사상계에 큰 충격을 주어 보수주의 신학과 자유주의 신학이라는 두 파의 대립 구도를 형성하였다. 후루야 야스오(古屋安雄) 등 저, 루뤄수이(陸若水)·류귀펑(劉國鵬) 역, 『일본 신학사』, 삼련서점, 2002년, 19-22쪽.

교의 여러 '미신'에서 벗어나, 기독교와 진화론과의 관계에 대한 문제에 주목할 뿐만 아니라, 한걸음 더 나아가 이를 종교와 과학, 신앙과 이성 문제로 확장하였다. 그들은 자신들에게 새롭게 다가온 이 과제를 해결하는 데 매진하기 시작했다―즉 기독교 신앙에 내포된 '비합리성'을 띠는 요소와 과학적 세계관 간의 관계를 어떻게 조정해야 하는가에 대한 것이었다. 이들은 성경의 모든 주장을 무조건적으로 받아들이는 것(즉, '성경에는 오류가 없다' 이론)에 대해 반대하고, 전통적인 삼위일체론과 십자가에서의 구속을 비판하며, 이성적인 태도로 기독교를 재검토하며 합리주의적 태도로 기독교를 이해하려 했다. 그중 일부는 장기간에 걸쳐 기독교에 대한 의심을 가져오다 결국 합리주의로 기울며 기독교 신앙을 포기하였다. 대표적인 인물로는 일본 합동 기독교회 소속의 카나모리 미치토모(金森通倫), 요코이 토키오(橫井時雄), 무라이 토모요시(村井知至), 아베 이소오(安部磯雄) 등이 있으며, 카나모리와 요코이는 기독교 신앙을 포기하고, 무라이와 아베 등은 사회주의로 전향하였다. 이 뿐 아니라, 기독교 사상계의 지도자들 외에도 많은 신자들까지도 신앙에 대한 동요로 인해 기독교를 포기하거나 다른 종교로 개종하는 현상이 나타났다.[7]

또 다른 경향은 기독교와 진화론 간의 모순을 조화시키고, 나아가 진화론을 기독교 사상에 적용하려는 시도였다. 예를 들어, 미국 합동 교회의 선교사이자 진화론자인 존 T. 굴릭(John T. Gulick)은 인간이 사회 조직의 일부로서 사회 전체의 이익을 중시하는 것은 혼란스러

---

7 에비사와 아리미치(海老澤有道)·오우치 사부로(大內三郎):『일본 기독교사』, 일본기독교단출판국, 1970년, 322쪽.

운 사회에 질서를 가져오는 원리라고 주장했다. 그는 사회가 진화해 온 역사는 이미 우리에게 가르쳐준 바가 있는데, 인간이 이를 믿어 다양한 사회 집단과 조직에 이 원리를 적용하면 인류의 행복을 실현 하고 인간의 존엄성을 제고할 수 있다고 하였다. 또한, 기독교는 이 러한 사회적 진보를 촉진하는 가장 큰 동력이며, 다른 어떤 교리 체 계보다도 뛰어나다고 보았다.[8]

기독교 잡지 『육합 잡지(六合雜誌)』의 창간자 고자키 히로미치(小崎 弘道)는 동지사(同志社)에서 공부하던 시기 전후로 존 T. 굴릭(John T. Gulick)과 헨리 폴즈(Henry Faulds)를 따라 진화론에 관한 문제를 연구하 였다. 연구를 통해 그는 진화론과 성경의 가르침이 서로 모순되지 않을 뿐 아니라, 오히려 유신론적 성격의 진화론으로 조화될 수 있 다는 결론에 도달하였다. 이후 그는 또 「진화론과 기독교」라는 글에 서 다음과 같이 지적하였다. "오늘날의 문제는 더 이상 진화론과 유 신론이 어떻게 조화될 수 있느냐의 문제가 아니라, 진화의 규칙을 어떻게 기독교에 적용할 것인가이다. 진화의 규칙은 예수가 천국을 씨앗에서 열매로 성장하는 것으로 비유한 교훈에서도 볼 수 있다. 근대에 들어 이 규칙은 인류의 개척과 역사적 진화 발전의 세계관 속으로 흡수되었다. 그 결과, 우리의 세계관은 고정된 것이 아니라 동적인 것이 된다. 과거에 우주는 죽어 있는 것으로 간주되었고, 오 직 신만이 자연 법칙을 장악하고 지배하는 질서화된 것으로 간주되

---

8 애디슨 굴릭(Addison Gulick) 편저, 와타나베 마사오(渡辺正雄)·에노모토 에미 코(榎本惠美子) 역, 『조개와 십자가―진화론자 선교사 J.T. 굴릭의 생애(貝と十字 架―進化論者宣教師J.T.ギュリックの生涯)』, 유쇼도 출판, 1988년, 320쪽.

어 왔다. 그러나 이 때부터 우주는 살아 있는 것으로 간주되며, 신은 우주 안에 내재함으로써 우주를 육성한다고 보게 된다. 진화의 규칙은 성령의 교리에도 적용되며, 교회는 성령의 강림으로 세워지고 성령의 은혜로 발전한다고 보았다. 그는 진화론적 사고를 통해 기독교를 이해하는 방향을 정립하려 했으며, 그의 견해에 따르면 신앙과 이성은 상반되는 것이 아니라 상호 보완적인 관계에 있는 것이다.[9]

종합적으로 보면, 메이지 시대에 사상계에서는 기독교와 진화론의 관계 문제를 둘러싸고 두 가지 뚜렷한 사상적 입장이 형성되었다. 가토 히로유키를 대표로 하는 국가주의자들은 기독교와 진화론을 상호 배타적이며 대립적인 관계로 보고, 두 개념이 양립할 수 없다고 주장하였다. 그들은 인간의 주관적 능동성과 독립적인 정신적 자유를 부정하고, 인간 사회의 발전은 순수한 객관적 진화이며, 인간은 오직 우성은 생존하고 열성은 도태되고, 강자에 의해 약자가 희생되는 법칙을 따를 수밖에 없다고 보았다. 반면, 기독교 사상계 내부에서는 '신(新)신학'을 대표하는 일부 기독교 사상가들이 국가주의자들처럼 기독교의 모든 측면에 대하여 완전히 부정하지는 못했지만, 기독교 자체에 불합리한 요소가 있음을 인정하고 보다 과학적이고 이성적인 태도로 기독교를 재검토해야 할 것을 주장하였다. 한편, 존 T. 굴릭(John T. Gulick)과 고자키 히로미치와 같은 인물들은 기독교와 진화론의 갈등을 조화시키려 하였으며, 진화론의 이론을 기독교에 맞게 적용하려는 시도를 하였다. 이를 통해 우리는, 어떤 사상적

---

9 후루야 야스오(古屋安雄) 등 저, 루뤄수이(陸若水)·류궈펑(劉國鵬) 역, 『일본 신학사』, 삼련서점, 2002년, 32-33쪽.

입장을 취하든지 간에, 그것이 두 사상적 입장이 서로 대립하고, 모순된다는 점을 강조하든, 혹은 조화시키려는 시도를 하든, "기독교와 진화론 사이에 모순과 대립이 존재한다"는 점에 대해서는 공통된 인식을 가지고 있음을 알 수 있다. 또한 진화론을 둘러싸고 여러 사상가들이 보여준 다양한 사상적 입장과 경향은 궁극적으로 "종교와 과학", "신앙과 이성"이라는 근본적인 문제에 대한 지속적인 탐구와 해답을 모색하는 과정이었다고 할 수 있다.

3. 우치무라 간조의 진화론 수용 과정

우치무라 간조의 진화론에 대한 태도는 동시대의 기독교 사상가들과 비교했을 때 매우 독창적이라고 할 수 있다. 그러나 본질적으로는, 동시대의 사상가들과 마찬가지로, 그가 진화론을 받아들인 과정 역시 '종교와 과학', '신앙과 이성'의 관계 문제를 탐구하는 과정이었다. 다음에서는 우선 그가 어떻게 진화론에 접하게 되었고 이를 어떻게 자신의 사상에 융합해 나갔는지에 대해 설명하고자 한다. 우치마라 간조가 진화론을 처음 접한 것은 삿포로 농학교에서 공부하던 시기(1876~1881)였다. 그는 "독서여록"에서 당시의 상황을 회상하며 다음과 같은 후일담을 남겼다.

"내 마음 속에 일찍이 과학에 대한 열정이 싹텄고, 지금까지도 여전히 그것을 간직하고 있다. 어린 시절 나의 꿈은 훌륭한 자연과학자가 되는 것이었다. …… (중략) …… 많은 과학 서적 가운데 나에게 오랜 감화를 준 책으로 단연코 다윈의 『종의 기원』을 꼽을 것이다. 이 책을 여러 번 반복해서 읽으면서 생물 진화의 원리가 무엇을 말하는지 알게 되었다. 또한 이 책은 나로 하여금 기독교 신자가 되는 동시에 진화론자가 될 수 있도록 하였으며, 내 사상의 큰 방향 또한 이 책에 의해 결정된 것이다. 자연은 진화하는 것이며, 이에 따라 만물도 반드시 진화해야 한다는 것이 이 책이 내 머릿속에 깊이 새겨준 단 하나의 진리이다."[10]

삿포로 농학교에서의 배움과 생활에 관해 그는 후년의 일기에서 다음과 같이 적었는데, 그는 기독교와 진화론의 관계 문제를 당시에 자신이 고민하고 해결하려고 했던 세 가지 주요 문제 중 하나로 삼았다고 썼다.

첫째, 어떤 기독교가 인류를 구원할 수 있는가? 둘째, 기독교와 진화론의 관계는 어떠한가? 셋째, 국가로서 일본의 사명은 무엇인가?[11]

이 두 단락에서의 서술을 통해 진화론이 우치무라 간조의 사상에 얼마나 큰 영향을 미쳤는지 알 수 있다. 그는 진화론이 자신의 사상 형성에 결정적인 역할을 했다고 명확히 언급했고, 이를 기독교 신앙

---

10 『우치무라 간조 전집』(이하 『전집』) 제16권, 이와나미 서점, 1980~1983년, 510-512쪽.
11 야마모토 타이지로(山本泰次郎) 편, 『우치무라 간조 일기 서간 전집(内村鑑三日記書簡全集)』제2권, 교문관, 1964년, 371쪽.

과 동등한 중요성으로 여겼으며 이를 "진리"로 간주하였다. 여기서 주목할 점은, 그가 기독교 신자임에도 불구하고, 기독교를 공격하는 도구로 여겨졌던 진화론을 받아들였다는 사실이다. 이는 그의 사상을 탐구하는데 있어 매우 중요한 의미를 가지고 있다. 우치무라 간조는 과학에 종사하는 사람은 동시에 신앙인이자 선교사가 될 수 있다고 보았다.[12] 이것은 그가 한 명의 기독교 신자로서 진화론을 받아들이고 이를 평생의 추구로 삼을 수 있었던 이유였던 한편, 동시대 국가주의자나 "신(新)신학"을 주장하는 기독교 사상가들과 구분되는 차이점 중 하나이다.

1882년, 21세의 우치무라 간조는 그의 친구 미야베 킨고(宮部金吾)에게 보낸 편지에서 다음과 같이 썼다.

"나는 요즘 진화론에 매우 관심이 많아서 경제 상황이 허락된다면 더 많은 책을 사고 싶다네. 만약 미야베 군이 저렴한 가격에『인류의 기원』과『다윈주의』를 나에게 양도해 줄 수 있다면 정말 좋겠군. 미야베, 만약 서점에서 진화론에 관한 책을 발견하면 꼭 사다 주게나. 나는 진

---

12 "우리는 나사렛 예수가 목수의 아들이었으며 동시에 인류의 구세주였음을 알 수 있다. 그러므로 그의 제자인 우리도 농부, 어부, 노동자, 제조업자일 수 있으며, 동시에 평화의 복음을 전하는 자가 될 수 있다. 베드로는 단지 어부였고, 바울은 단지 천막 제작자에 불과했지만, 그들은 우리의 본보기이다. 나는 결코 기독교가 성직(聖職) 계급 제도나 교회주의를 채택해야 한다고 생각하지 않는다. 기독교는 본질적으로 평민의 종교이다. 우리가 모두 '이 세상에 속한 사람들'이라면, 우리는 설교자나 전도자가 되는 데 아무런 장애가 없다. (중략) 우리의 교육과 직업은 물질적인 것이지만, 우리의 목적은 영적인 것이다." 우치무라 간조, 「나는 어떻게 기독교인이 되었는가(余はいかにしてキリスト信徒となりしか)」, 가메이 가쓰이치로(龜井勝一郎) 편집・해설, 『현대 일본 사상 대계5 - 우치무라 간조(現代日本思想大系5 - 內村鑑三)』, 치쿠마 서방(築摩書房), 1963년, 94쪽.

화론을 통해 『성경』을 잘 설명할 수 있을 것이라 생각하네. 진화론은 무신론이 아니야. 그 계획이 영원히 지속되어 이 변치 않는 전능하신 하나님의 큰 '과제'를 나에게 밝혀 주면 좋겠네."[13]

자연과학 분야를 전공한 학생이었던 우치무라 간조는 동시에 기독교 신자였다. 때문에 그의 학문적 지식이 늘어남에 따라, 성경의 기록과 자연 과학의 성과 사이에 많은 불일치에 대해 깨닫는 것은 피할 수 없었다. 이러한 과학과 종교의 설명 방식 사이의 불일치를 어떻게 조화시켜야 하는가에 대한 문제는 진화론을 지지하는 기독교 신자로서 반드시 해결해야만 하는 문제였다.

우치무라 간조의 진화론에 대한 인식은 자연과학 분야에만 국한되지 않았다. 1885년 그는 미국의 애머스트 칼리지에 유학하던 중 모스의 강의를 통해 사회 진화론을 접하게 되었다. 이를 통해 진화론이 자연과학 분야 뿐만 아니라 세계 역사와 종교를 설명하는 이론으로도 적용될 수 있음을 깨달았다. 이로 인해 진화론에 대한 그의 이해는 더욱 깊어 졌고, 이 또한 그가 이 이론을 역사, 종교, 성경 연구 등의 분야에 점차적으로 적용해 나가게 된 계기가 되었다.

그러나 이 기간 동안, 우치무라 간조는 사상적으로 중대한 전환을 겪었으며, 진화론을 통해 성경을 설명하려던 했던 이전의 생각에 대해 의문을 가지게 되었다. 1886년 11월 3일, 그는 마찬가지로 친구 미야베 킹고에게 보낸 편지에 다음과 같이 썼다.

---

13 『전집』 제36권, 29쪽.

"성경과 생물학을 조화시키려는 꿈은 이제 내 마음속에서 사라졌다네. 인간 영혼의 회개와 '원생질'을 같이 논의하는 것은 너무나 거대한 문제이더군. 나는 반드시 진화론을 통해 기독교를 증명하려 했던 이전의 '낭만적'인 생각을 마음속 깊이에서부터 지워야 하네."[14]

이 전환의 이유에 대해, 일본 학자 후지타 유타카(藤田豊)는 우치무라 간조가 애머스트 대학 총장 줄리어스 실리(Julius Seelye)의 영향을 받았다고 보았다.[15] 우치무라는 애머스트 대학에서 실리에게 배우는 동안, 실리가 다윈의 진화론에 부정적인 태도를 가지고 있다는 것을 알게 되었고, 『Independent』와 『Observer』등의 신문에 다윈의 학설을 비판하는 글을 발표한 적도 있었다. 실리의 진화론에 대한 태도가 우치무라 간조에게 큰 영향을 준 것은 부정할 수 없다. 우치무라 간조가 처음 미국으로 간 이유도 실리에게 기독교 사상과 진화론을 배우기 위함이었으며, 생물학적 진화론을 통해 성경을 해석하려는 목표를 가지고 있었기 때문이다.[16] 결국에는 실리의 영향을 받아 복음 신앙에 빠지게 되었지만, 우치무라 간조가 진화론 자체를 부정했다고 보는 것은 성급한 판단이라고 필자는 생각한다. 후년에 그는 자신이 주관한 잡지 『성경 연구』에서 여러 차례 진화론에 관련된 글

---

14 『전집』제36권, 250-251쪽.
15 후지타 유타카(藤田豊), 「우치무라 간조와 진화론(内村鑑三と進化論)」, 『일본사상사학』 제22호, 1990년 9월, 124쪽.
16 우치무라 간조, 「나는 어떻게 기독교인이 되었는가(余はいかにしてキリスト信徒となりしか)」, 가메이 가쓰이치로 편집, 『현대 일본 사상 대계 5: 우치무라 간조』, 치쿠마 서방, 1963년, 160쪽.

을 발표했으며, 심지어 "진화론"이라는 제목의 글에서 여전히 자신이 진화론자임을 분명히 인정했다.[17] 이를 통해 볼 때, 우치무라 간조의 진화론에 대한 태도 변화는 한편으로 실리의 사상적 영향 때문이겠지만, 아마도 다른 한편으로는 "성경과 생물학을 조화시키는 것이 너무나도 중대한 문제"였기 때문일 것이다. 당시 자신의 학문적 지식과 능력으로는 두 관계를 명확히 설명할 수 없었기 때문에 일시적으로 이 문제를 보류한 것일 가능성도 있다. 후지타 유타카 역시 우치무라 간조가 실리의 진화론에 대한 입장을 완전히 동의한 것은 아니라고 보았다. 그는 진화론을 전면 부정한 것이 아니라, 단지 생물학으로 성경을 설명하려는 시도를 잠시 포기했을 뿐이었다. 이후 여러 해 동안 우치무라 간조는 여전히 기독교와 진화론의 관계를 어떻게 조화시킬 수 있을지에 대해 지속적으로 주목해왔다.[18]

귀국 후, 진화론에 대한 그의 인식은 점차 성숙해졌다. 그가 연달아 발표한 저서들과 여러 잡지에 실린 글에서 진화론, 종교, 과학 등의 문제를 다루었으며, 그 이전과 비교 할 때 새로운 특징을 보였다. 1892년에 발표한 「이상적 전도사(理想的伝道師)」에서 우치무라 간조는 "어떻게 한 명의 훌륭한 전도사가 될 수 있는가"라는 문제의식에서 출발하며, 전도사는 자연과학분야의 지식 뿐만 아니라 사회과학분야 지식도 풍부하게 갖추어야 한다고 강조하였다. 그 원인은 단지 자신의 지식 폭을 넓혀야만 신을 더 잘 이해할 수 있고, 다양한 지식

---

17 우치무라 간조, 「진화론」, 『전집』 제27권, 177쪽.
18 후지타 유타카, 「우치무라 간조와 진화론(內村鑑三と進化論)」, 『일본사상사학』 제22호, 1990년 9월, 125쪽.

을 통해 다양한 직업에 종사하는 사람들에게 신의 정신을 전달할 수 있기 때문이다. 농학을 모르는 전도사는 농민을 감화시킬 수 없으며, 생물학을 모르는 전도사는 타인에게 다윈의 진화론에 대해 반박하는 이론을 전할 수 없다. 따라서 사회학 원리를 알지 못하고 단순히 신앙만으로 전도하는 사람은 적합한 전도사가 아닌 것이다.[19] 우치무라 간조는 심지어 그의 저서 『구안록(求安錄)』에서, 자신이 신앙에서 좌절을 겪을 때, 과학 지식이 자신을 그 좌절에서 구해낼 수 있다고 언급한 적이 있다.[20] 이를 통해 알 수 있듯이, 우치무라 간조는 이전의 종교와 과학을 조화시키려는 시도를 넘어서서, 과학이 비단 종교와 조화를 이룰 수 있을 뿐만 아니라, 사람들이 종교를 이해하고 전파하며, 신앙 문제를 해결하는 데 있어서도 매우 중요한 역할을 할 수 있다고 본 것이다. 여기에서 더 나아가 과학이 필수불가결한 요소라는 인식에까지 도달하게 된 것이다.

그러나 미국 유학 시절에 품었던 "진화론을 통해 기독교를 증명하려는 '낭만적'인 생각"은 여전히 우치무라 간조를 괴롭혔다. 과학 지식에 대한 탐구가 깊어짐에 따라, 그는 성경의 많은 기록이 과학적 연구 결과와 일치하지 않으며, 진화론과 기독교 사이에도 상당수의 상충되는 내용이 있음을 깨달을 수 밖에 없었다. 이에 대해, 우치무라 간조는 한편으로는 성경이 완벽한 성서가 아님을 인정하지 않을 수가 없었다. 진리의 부분을 제외한 나머지 내용은 다른 책들과 다를 바 없다는 것이었다.[21] 다른 한편으로, 그는 이 문제를 전혀 다른

---

19 『전집』 제1권, 266-267쪽.
20 『전집』 제2권, 150쪽.

관점에서 새롭게 해석했다. 성경은 신의 뜻을 인간에게 전달하는 책이며, 신이 어떻게 인간을 구제하는가에 관한 책이지, 과학, 문학, 역사에 관한 책이 아닌 신앙에 관한 책이라고 설명하였다.[22] 기독교와 진화론은 모두 진리이지만, 진화론은 세상 만물을 설명하는 하나의 방법에 불과하며, 기독교야 말로 진화론에 의존하지 않는 절대적 진리라고 보았다. 두 이론 모두 진리를 실현하는 것을 목표로 하고, 기독교는 창조의 결과에 초점을 맞추었고, 진화론은 그 결과를 이루는 수단과 방법에 주목하므로, 근본적 원리상 두 이론은 상충되지 않는다고 주장하였다. 따라서 이제는 두 이론이 어떻게 대립하는지를 강조해야 할 때가 아니라, 어떻게 진리를 실현할 수 있을지에 대해 더 깊이 탐구해야 한다고 생각하였다.[23] 이를 통해 우치무라 간조는 기독교를 진화론보다 우위에 두며, 두 이론이 더 이상 같은 차원의 문제가 아니라고 생각함으로써 두 관계에 대해 정면으로 답변하는 것을 자연스럽게 피해갔다.

1900년, 우치무라 간조는 잡지 『성경 연구』를 창간했고, 진화론과 관련된 글을 다수 발표하였다. 이후 30년 동안 그는 "종교와 과학", "신앙과 이성"이라는 문제에 대한 탐구와 추구를 한 번도 중단하지 않았으며, 진화론에 대한 그의 태도는 점점 더 이성적이고 객관적인

---

21 "성경은 신이 직접 쓴 책이 아니라, 우리와 같은 사람들이 쓴 것이다. 따라서 그것이 완전히 오류가 없다고 생각할 수는 없다. 가끔 연대의 오류, 인명 표기의 오류, 가끔씩 품위 없는 단어의 사용, 그리고 문법적 오류가 있음을 발견할 수 있다", 『전집』 제8권, 134쪽.

22 『전집』 제8권, 134-136쪽.

23 『전집』 제27권, 244-245쪽.

시각을 갖추게 되었다. 이전까지 만해도 우치무라 간조에게 있어 진화론은 진리였으며, 진화론을 고수하는 것은 기독교를 더 잘 이해하는 데 도움이 된다고 믿었던 것이다. 그는 진화론과 기독교는 근본적으로 대립하는 것이 아니라 오히려 잘 조화될 수 있다고 보았다. 그러나 학식이 깊어지고 사상이 성숙해지면서, 그는 점차 진화론에도 한계가 있음을 인정하게 되었다. 진화론의 연구 결과와 성경의 기록 사이에 많은 차이가 있다는 것을 깨달았지만, 이 것이 두 이론의 관계에 본질적인 영향을 미치지 않는다고 여겼다. 그 이유는 기독교와 성경은 진화론에 의존하지 않는 절대적인 진리이며, 진화론은 우주 만물을 설명하는 여러 학설 중 하나에 불과하다고 보았기 때문이다.

4. 우치무라 간조의 진화론 인식의 특수성과 함의, 그리고 시대적 의미

우치무라 간조는 진화론을 받아들이는 과정에서 "기독교와 진화론", "종교와 과학"이라는 문제를 어떻게 이해할 것인가를 두고 오랜 시간 동안 고민과 탐구를 거쳤다. 그는 자신이 몰두하던 주제에 대해 때때로 의구심을 가졌으며, 그의 관련된 저작들을 살펴보면 서로 모순되는 관점과 표현도 발견할 수 있다. 하지만 이러한 쉼 없는 탐구 끝에 그는 결국 동시대의 사상가들과는 구별되는, 뚜렷한 특색을 지닌 이론 체계를 확립할 수 있었다.

메이지 시대의 사상가들과 정치가들은 대부분 진화론을 사회학적 분야에 적용하여, 사회학적 방법으로 진화론을 해석했다. 따라서 메이지 시대에는 다윈의 생물 진화론보다 스펜서의 사회 진화론이 더 큰 영향을 미쳤다. 그 이유는 당시의 사상가들과 정치가들이 가장 관심을 가졌던 문제는 부국강병과 산업의 부흥이었고, 이를 통해 일본의 과학기술 수준, 정치 제도, 문명 수준을 서구의 선진국들에 맞추고, 강력한 근대 자본주의 국가를 세우는 데에 주력했기 때문이다. 이러한 정치적, 사회적 목표아래서, 본래 자연과학 분야에 속하던 진화론은 불가피하게 사회 발전을 설명하고 뒷받침하는 이론으로 사용되었다. 다시 말해, 우승열태, 적자생존, 자연선택, 생존경쟁 등의 생물 진화론을 이용해 인간 사회와 국제 사회의 변화를 설명함에 있어 강한 사회 다윈주의적 색채를 나타냈다.

반면, 진화론에 대한 그의 인식에서 드러나는 가장 뚜렷한 특징은 그가 다윈의 생물 진화론의 영향을 더 많이 받았다는 점이다. 그는 삿포로 농학교에서 수산학, 동물학 등 자연과학을 전공했는데, 이 배경 덕분에 생물 진화론을 더 쉽게 받아들일 수 있었고, "기독교와 진화론", "종교와 과학" 간 관계에서의 문제를 더욱 객관적으로 바라볼 수 있었다. 그의 기독교 신앙은 종교, 천연(즉 자연), 역사(즉 사회)라는 세 가지 요소의 병립을 기반으로 하고 있으며, 종교, 천연, 역사 각각에는 고유한 법칙을 지니고 있다고 보았다. 따라서 그에게는 더욱이 과학과 종교를 사회와 서로 구별하여 바라보는 경향이 있었으며, 사회 문제를 설명하는 데 있어 자연과학의 진화론을 그대로 적용하는 것을 지지하지 않았다.

그렇다면, 진화론에 대한 우치무라 간조의 구체적인 주장은 무엇일까? 그의 관련 저술을 종합적으로 분석해 보면, 진화론에 대한 그의 기본 입장은 다음과 같다.

진화는 단순히 진보를 의미하지 않으며, 진화는 일종의 "개발"로, 내부에 잠재된 것이 외부로 드러나는 과정이자 진리의 실현 과정이라고 보았다. 이러한 의미에서, 기독교 자체에도 진화가 존재한다고 여겼다. 기독교는 어느 한 특정 시점에서 발생한 것이 아니라, 아담으로부터 예수에 이르기까지, 그것이 오늘날까지 전해지면서 긴 진화 과정을 거쳐 왔다. 이러한 진화는 지금도 계속되고 있으며, 이는 기독교인들이 끊임없이, 다가올 세상에 대해 희망을 추구해 나가게 하고 있다.[24] 이로써, 진화는 단순한 생물학적 의미를 넘어서며, 우치무라 간조는 "진화"에 종교적 의미를 부여함으로써 겉보기에는 근본적으로 대립하는 것처럼 보이는 기독교와 진화론을 잘 조화시킬 수 있었다. 이를 통해 그는 자신만의 독창적인 진화 이론을 구축하게 된 것이다.

이 때, "진화"와 "진화론"을 구별해야 하는데, 이 둘은 서로 다른 개념이다. "진화"는 객관적으로 존재하는 진리이며, 생명이 존재하기 위한 법칙이자 만물이 정해진 방향으로 나아가는 과정이며, 어떤 이상적인 목표를 향한 진보를 뜻한다.[25] 반면에, 진화론은 여러 학설 중 하나일 뿐이며, 완전히 정확한 이론은 아니다. 진화론은 우주 만물을 설명하는 훌륭한 시각을 제공하지만, 이를 비판 없이 전적으로

---

24 『전집』 제15권, 435쪽.
25 『전집』 제17권, 89쪽.

수용하는 것은 바람직하지 않다.[26] 다윈의 진화론은 근본적인 문제에 있어 성경과 상충되지만,[27] 그렇다고 해서 기독교와 진화론을 동시에 고수할 수 없다는 것은 아니다. 우치무라 간조가 비판한 것은 다윈의 진화론적 학설이지, "진화"라는 근본적인 법칙이 아니었다.

진화론은 "유신적 진화론"이라는 방식으로도 설명될 수 있다. 진화론은 두 가지로 나눌 수 있는데, 무신적 진화론과 유신적 진화론이다. 전자가 천지 만물은 스스로 진화한다고 주장하는 반면, 후자는 신이 진화의 순서와 법칙에 따라 만물을 창조하고 완성시킨 것이라고 주장한다. 따라서 진화론이 반드시 무신론적이라는 생각은 잘못된 것이고, 진화론을 옹호하는 학자들 역시 모두 무신론자는 아니며, 신의 존재와 활동을 믿는 입장에서 마찬가지로 진화론을 고수할 수 있다. 동시에 그는 진화론이 이론적으로 많은 결점을 가지고 있음을 인정하지만, 이것이 진화론을 부정하는 이유가 될 수는 없다고 보았다. 진화론은 단지 사람들이 천지 만물을 관찰하는 하나의 시각이며, 사람들이 자연에 대해 설명하려는 시도의 일종일 뿐이기 때문이다. 따라서 진화론을 전면 부정하거나 이를 무신론으로만 치부하는 것은 학문 자체를 배척하는 것과 다름없다고 주장했다.[28]

기독교와 진화론은 과연 어떤 것일까? 종교와 과학은 근본적으로 대립하는 것인가? 두 개념은 유기적으로 결합될 수 있을까? 우치무라 간조는 기독교 사상가의 입장에서 자신의 답을 제시했다. 국가주

---

26 『전집』 제32권, 355쪽.
27 『전집』 제39권, 13쪽.
28 『전집』 제28권, 427쪽.

의자와 "신(新)신학"을 주장한 기독교 사상가들과 비교했을 때, 그의 관점의 가장 큰 특징은 기독교와 진화론, 종교와 과학을 대립하지 않는다고 본 점이다.[29] 사람들이 주장하는 대립은 사실상 과학과 종교의 대립이 아니라, 과학과 반과학적이고 진화론을 부정하는 "교회 종교"의 대립을 반영하는 것이다. 종교는 과학의 적이 아니며, 교회야 말로 과학의 적이라는 것이다.[30] 또한, 그는 성경의 많은 기록에는 비과학적인 내용이 담겨져 있지만, 이는 성경이 잘못되었다는 것을 의미하지 않으며, 그 내용이 아직 과학적으로 증명되지 않았을 뿐이라고 주장한다.[31] 관련 저술을 종합적으로 보았을 때, 일관되게 드러나는 그의 입장은 다음과 같다. 종교는 과학보다 더 높은 위치에 있다는 것이다. 종교가 과학보다 우위에 있다는 것을 전제로 한다면, 기독교 신앙을 유지하면서도 진화론을 받아들일 수 있게 된다고 보았다. 과학적인 문제는 과학으로 해결하고, 신앙적인 문제는 신앙으로 해결해야 하며, 두 문제는 같은 차원의 것이 아니라는 것이다. 그는 기독교와 진화론은 모두 진리를 추구하는 데 목적을 두고 있기 때문에, 두 이론은 궁극적으로 일치하다고 보았다. 중요한 것은 두 이론의 차이나 대립을 강조하는 것이 아니라, 우리가 어떻게 유효하게 기독교 신앙과 진화론 학습을 통해 진리에 더 가까이 다가갈 수 있을지에 대한 고민이라고 결론지었다.

우치무라 간조가 가진 이러한 진화론에 대한 태도와 "종교와 과

---

29 "나는 처음부터 진화론이 기독교의 적이 아니라고 생각했다. 오히려 기독교는 본래 이러한 이론을 통해 설명되어야 한다고 본다.", 『전집』 제16권, 512쪽.

30 『전집』 제17권, 93쪽.

31 『전집』 제24권, 512쪽.

학"의 문제를 다루는 방식의 시대적 의미는, 필자가 보기에 주로 다음 두 가지 측면에서 드러난다.

우선, 국가주의자들이 주장한 "우승열태는 자연계와 사회의 유일한 법칙이며, 인간의 주체성은 이러한 객관적 필연적 법칙 속에서 상실된다. 인간은 자연 법칙의 노예이다"라는 기계적이고 운명론적인 자연관과 사회관에 대해, 우치무라 간조는 인간이 자연계과 사회에서 주체적 역할을 한다는 점을 더욱 강조했다. 그는 정신적 독립과 자유를 주장하며, 사람들이 종교와 과학의 문제를 보다 관용적인 태도로 바라봐야 한다고 촉구했다. 이러한 관점은 사람들로 하여금 종교와 과학이 근본적으로 대립하는지, 어느 쪽이 옳은지에 얽매이지 않게 함으로써, 더 냉정하고 객관적인 학문적 태도로 자연과 사회, 그리고 인간 자신을 관찰하고 이해하도록 하는데 도움이 된다. 동시에, 이는 또한 기독교신자들에게 신앙 주체로서 "신앙과는 완전히 다른 차원에서 과학을 인식하는" 일종의 새로운 방법을 제공할 수 있다. 일본 학자 다케다 키요코(武田淸子)도 한 명의 기독교 신자로써 생물학적 관점에서 진화론을 받아들인 우치무라 간조의 포용적 접근 방식이 이후 사상가들에게 "종교와 과학"의 관계를 바라보는데 중요한 지침이 되었다고 평가하였다.[32]

둘째, 우치무라 간조는 기독교와 진화론의 관계를 명확히 함으로써, 메이지 사상계에서 기독교의 지위를 과학에 비하여 높이는 역할을 했다. 메이지 유신 이후, 일본 정부는 서구의 과학기술과 법제도

---

32 타케다 키요코(武田淸子), 「진화론의 수용 방식과 기독교(進化論の受容方法とキリスト教)」, 『문학』 제47권 제4호, 1979년 4월, 202쪽.

를 흡수하는 데 열중하며 "구화주의(歐化主義)" 풍조를 일으켰고, 이와 같은 흐름은 사상계에도 영향을 미쳤다. 우치무라 간조가 "일본국의 대곤란"에서 한탄한 것처럼, 그들은 서구의 선진 과학, 사상과 문화를 적극적으로 받아들이면서도 서구 문명의 성공을 이끈 근본 요인인 기독교를 어느 정도 간과하고 있다고 지적했다.[33] 우치무라 간조는 기독교와 진화론의 관계를 조화롭게 설명하여, 진화론을 기독교 교리에 적용하고자 노력했다. 그의 궁극적인 목적은 기독교야말로 서구 문명을 세계에서 앞서게 한 결정적인 요소임을 강조함으로써 일본 사상계에서 기독교에 더 많은 관심을 기울이도록 하는 것이었다. 물론, 이는 우치무라 간조가 기독교 신자로서 맡은 필연적인 사명이다. 하지만 결과적으로 봤을 때, 그는 메이지 시대에서 기독교가 직면한 비극적 운명을 구해내지 못하였다.

---

33 우치무라 간조, 「일본국의 대곤난(日本国の大困難)」, 가메이 가쓰이치로 편집, 『현대 일본 사상 대계 5: 우치무라 간조』, 치쿠마 서방, 1963년, 395쪽.

본서가 다루는 시대의 일본 기독교 주요 사건 연대표

1549년   성 프란치스코 하비에르(San Francisco Javier), 가고시마 상륙

1551년   하비에르, 교토에서 천황과 쇼군을 알현하려 했으나 실패.
이후 야마구치에서 오우치 요시타카(大內義隆)를 만나 선교
허가를 받음

1563년   오무라 스미타다(大村純忠), 세례받음

1564년   다카야마 우콘(高山右近) 부자가 세례받음

1565년   포르투갈 선교사 루이스 프로이스(Luís Fróis), 일본 선교 시작

1569년   오다 노부나가(織田信長), 프로이스에게 선교 허가 부여

1579년   동인도 순찰사이자 이탈리아 선교사인 알레산드로 발리냐
노(Alessandro Valignano)가 일본을 방문

1582년   발리냐노, 덴쇼 소년사절단(天正遣歐少年使節)을 이끌고 나가
사키에서 로마 교황청으로 출발

1585년   덴쇼 소년사절단, 로마 교황 그레고리오 13세 알현

1586년   프로이스, 오사카성에서 도요토미 히데요시 알현

1587년   도요토미 히데요시, '바테렌(伴天連) 추방령' 발표

1597년   나가사키 26성인 순교

1612년   도쿠가와 막부, 직할지 내에서의 기독교 금지령 발표

1614년   도쿠가와 이에야스, 기리시탄 금제 선언 발표

1616년   막부, 기독교를 금지하고 명나라 이외 외국 선박의 입항을
        나가사키와 히라도섬으로 제한

1622년   겐나(元和) 대순교

1628년   막부, '후미에(踏み絵)' 정책 시행

1630년   막부, 기독교 관련 서적의 수입을 금지(간에이 금서령, 寬永禁書令)

1633년   쇄국령 발표, 기리시탄 통제 강화

1636년   일본인의 해외 출항 전면 금지

1637년   시마바라의 난(島原の乱)

1639년   도쿠가와 이에미츠, 각지 다이묘들에게 기독교 금지령 하달

1700년   아라이 하쿠세키(新井白石), 고이시카와에서 이탈리아 선교
        사 시도티(Giovanni Battista Sidotti)를 심문

1720년   도쿠가와 요시무네, 기독교 이외의 서적 금지령 해제

1770년   막부, 각지역의 사사봉행(寺社奉行)에게 '종문인별개장(宗門
        人別改帳)' 제출을 명령

1790년   우라카미에서 19명의 천주교 신자가 체포됨(浦上一番崩れ)

1832년   독일 선교사 곽실렵(郭實獵, Karl Friedrich August Gützlaff), 중국
        에서 출항하여 나하(那覇)에 도착

1837년   곽실렵, 싱가포르에서 『요한복음지전』과 『요한상중하서』
        를 출판, 모리슨호 사건 발생

1846년   영국 선교사 버나드 베텔하임(Bernard Jean Bettelheim), 나하 상륙

1859년   미국 각 교파 선교사들의 일본 상륙, 일본에서의 공식 선교
        가 시작됨

1864년   니지마 조(新島襄), 하코다테에서 미국으로 밀항

1868년   메이지 정부, '오방의 게시(五榜の揭示)'로 기독교 전파 금지

1872년   일본 최초의 신교 교회 '일본 기독공회' 요코하마에서 설립

1873년   '기리시탄 금제 고찰(キリシタン禁制高札)' 폐지, 기독교 합법화

1875년   니지마 조, 교토에 도시샤영학교(同志社英学校, 도시샤대학의 전신)
         설립

1876년   삿포로 농학교(홋카이도대학의 전신) 설립

1878년   우치무라 간조(内村鑑三), 니토베 이나조(新渡戸稲造), 세례받음

1879년   『신약성경』 번역 완성

1880년   기독교 잡지 『육합잡지(六合雜誌)』 창간

1886년   일본조합기독교회 설립

1891년   우치무라 간조 불경 사건

1900년   츠다 우메코(津田梅子), 여자영학숙(츠다숙대학) 설립 / 우치무
         라 간조, 『성서의 연구』 잡지 창간

1901년   우에무라 마사히사(植村正久)와 에비나 단죠(海老名弾正) 간의
         신학 논쟁

1913년   조치대학(上智大学) 설립

1917년   『신약성경』 개역판 간행

주요 참고문헌(연대순)

일본어 문헌

칸자키 잇사쿠(神崎一作) 편,『파사총서(破邪叢書)』(1-4집), 철학서원, 1893년.

사에키 요시로(佐伯好郎),『경교의 연구』, 동방문화학원 도쿄연구소, 1935년.

사바 와타루(佐波亘),『우에무라 마사히사와 그의 시대』, 쿄분칸, 1937년.

히야네 야스사다(比屋根安定),『일본 기독교사』(1-5권), 쿄분칸, 1938~1940년.

미조구치 야스오(溝口靖夫),『동양문화사에서의 기독교』, 이상사출판부, 1941년.

에비사와 아키라(海老澤亮),『일본 기독교 100년사』, 일본기독교단출판부, 1959년.

에비사와 아리미치(海老澤有道),『유신변혁기와 기독교』, 신세이샤, 1968년.

에비사와 아리미치 · 오우치 사부로(大內三郎),『일본 기독교사』, 일본기독 교단출판국, 1970년.

사에키 요시로,『사에키 요시로 유고 병전』, 사에키 요시로 전기 간행회, 1970년.

모토다 사쿠노신(元田作之進),『일본 기독교의 여명』, 릿쿄출판회, 1970년.

야자와 토시히코(矢澤利彦),『중국과 기독교: 전례 문제』, 콘도출판사, 1972년.

오자와 사부로(小澤三郎),『막말 메이지 야소교사 연구』, 일본기독교단출판 국, 1973년.

요시다 코지(吉田曠二),『가토 히로유키의 연구』, 오하라 신세이사, 1976년.

에비사와 아리미치,『남만학통의 연구: 근대 일본 문화의 계보 증보판』, 소 분샤, 1978년.

이시하라 켄(石原謙),『일본 기독교사』, 이와나미서점, 1979년.

사에키 요시로,『중국 기독교의 연구』(1-5권), 명저보급회, 1979년.

고토 모토미(后藤基巳),『명청 사상과 기독교』, 켄분출판, 1979년.

나가사와 기쿠야(長澤規矩也) · 아베 류이치(阿部隆一) 편, 『일본 서목대성』
  (1-4권), 큐코서원, 1979년.
메이지불교사상자료집성편집위원회 편, 『메이지불교사상자료집성』(전
  12권), 도호샤출판, 1980 - 1986년.
오오바 오사무(大庭脩), 『에도 시대의 唐船持渡書 연구』, 간사이대학 동서
  학술연구소, 1981년.
에비사와 아리미치, 『일본의 성서: 성서일역의 역사』, 일본기독교단출판
  국, 1981년.
이토 타사부로(伊東多三郎), 『신앙과 사상의 통제』(『근세사의 연구』 제1권), 요
  시카와코분칸, 1981년.
오오바 오사무, 『에도 시대의 중국 문화 수용 연구』, 도호샤, 1984년.
세키오카 카즈나리(関岡一成), 『근대 일본의 기독교 수용』, 쇼와도, 1985년.
일본기독교역사대사전편집위원회 편, 『일본기독교역사대사전』, 쿄분칸,
  1988년.
우에다 카츠미(上田勝美) 외 편, 『가토 히로유키 문서』(1-3권), 도호샤, 1990년.
고노이 타카시(五野井隆史), 『일본 기독교사』, 요시카와코분칸, 1990년.
일본기독교단출판국 편, 『아시아 · 기독교의 역사』, 일본기독교단출판국,
  1991년.
요시다 토라(吉田寅), 『중국 기독교 전도 문서의 연구』, 큐코서원, 1993년.
야마무로 신이치(山室信一) · 나카노메 토오루(中野目徹) 교주, 『메이로쿠잡
  지(明六雜誌)』(상, 중, 하), 이와나미문고, 1999, 2008, 2009년.
우치무라 간조, 『우치무라 간조 전집』(전 40권), 이와나미서점, 2001년.
이소마에 준이치(磯前順一), 『근대 일본의 종교 담론과 그 계보: 종교 · 국가 ·
  신도』, 이와나미서점, 2003년.
아키야마 노리에(秋山憲兄), 『책 이야기 ― 메이지 시대의 기독교서』, 신교출
  판사, 2006년.
스즈키 노리히사(鈴木範久), 『성서의 일본어』, 이와나미서점, 2006년.
나카무라 사토시(中村敏), 『일본 기독교 선교사』, 생명의말씀사, 2009년.
스즈키 노리히사, 『연표로 읽는 일본 기독교사』, 쿄분칸, 2017년.

중국어 문헌

손상양(孫尚揚), 『기독교와 명말 유학』, 동방출판사, 1994년.

하규기(夏瑰琦) 편, 『성조파사집』, 건도신학원, 1996년.

정안덕(鄭安德) 편, 『명말청초 예수회 사상문헌집성』 제5권, 북경대학 종교
연구소, 2003년.

장효림(張曉林), 『천주실의와 중국 학통』, 학림출판사, 2005년.

척인평(戚印平), 『원동 예수회사 연구』, 중화서국, 2007년.

웅월지(熊月之), 『서학동점과 만청사회(수정판)』, 중국인민대학출판사,
2011년.

이마두(利瑪竇) 저, 매겸립(梅謙立) 주, 담걸(譚傑) 교감, 『천주실의 금주』, 상
무인서관, 2014년.

찾아보기

(ㄱ)

가토 히로유키(加藤弘之)　166, 183,
　184, 185, 186, 187, 188, 189,
　190, 191, 192, 193, 194, 195,
　197, 198, 199, 200, 201, 202,
　203, 204, 206, 207, 237, 238,
　242

갑오전쟁　211, 212, 213, 216, 217,
　218, 219, 221, 223, 229

경교　18, 19, 20, 21, 22, 23, 24, 25,
　26, 27, 28, 29, 30, 31, 32, 33,
　35, 36, 37, 39, 40, 41, 42, 43,
　44, 46, 47, 48, 49, 50, 129

곽실렵(Karl Gützlaff)　112, 115,
　116, 117, 130, 131, 143, 148,
　260

구카이(空海)　28, 35, 36, 37, 39,
　47

금교　90, 97, 111, 114, 119, 132,
　134, 136, 137, 141, 160

기리시탄(切支丹)　21, 55, 57, 59,
　60, 160, 163, 260, 261

(ㄴ)

나카무라 마사나오(中村正直)　24,
　123, 164, 165

네스토리우스(Nestorianism)　18,
　41, 42

니시 아마네(西周)　170, 171, 172,
　173, 175

(ㅁ)

메드허스트(W.H. Medhurst)　115,
　130, 144

『메이로쿠 잡지(明六雜誌)』　160,
　166, 170, 174

메이로쿠샤(明六社)　160, 174

메이지 계몽 사상　160

모리슨(Robert Morrison)　107,
　112, 114, 115, 117, 121, 130,
　141, 142, 143, 146, 148

모스(Edward S. Morse)　180, 235,
　236, 238, 246

(ㅂ)

발리냐노(Alessandro Valignano) 53, 54, 55, 56, 58, 59, 60, 61, 62, 68, 69, 132, 133, 259

『벽사집(辟邪集)』 77, 85, 86, 88, 89, 90

불야(佛耶) 대화 73, 85, 89, 95, 96, 100

비치문(Elijah Bridgman) 112, 115, 117, 130, 131, 141, 145, 149, 151, 153

(ㅅ)

삼교합일 73, 74, 75, 77

서학(西學) 한적(漢籍) 133, 134, 136, 137, 138, 140, 155

성리학 73, 76, 77

『성조파사집(聖朝破邪集)』 77, 78, 79, 85, 86, 87

『속일본기(續日本紀)』 28, 29, 31, 32, 33, 34, 46

(ㅇ)

예수회 17, 21, 40, 53, 54, 57, 58, 61, 68, 69, 73, 77, 129, 132, 133

우치무라 간조(内村鑑三) 181, 211, 212, 213, 214, 215, 216, 217, 218, 219, 220, 221, 222, 223, 224, 225, 226, 227, 228, 229, 230, 231, 236, 243, 244, 245, 246, 247, 248, 249, 250, 251, 253, 254, 255, 256, 257, 261

윌리엄스 주교(C.M. Williams) 17, 109, 110, 116

유기체설 187

의전 213, 214, 216, 217

이마두(Matteo Ricci) 21, 54, 73, 74, 75, 76, 77, 78, 80, 81, 82, 83, 84, 100, 129, 133, 135, 137

일러전쟁 220, 221, 222, 223, 224, 229

일역(日譯) 성경 146, 147, 149, 155, 156

(ㅈ)

적응주의 53, 54, 55, 58, 60, 68, 69, 73, 132

전쟁 폐지론 211, 220, 221, 223

존 리긴스(John Liggins) 17, 109, 110, 116, 122, 143

진화론 180, 181, 182, 183, 187, 188, 191, 193, 194, 195, 196, 197, 198, 199, 200, 202, 203, 204, 205, 206, 207, 235, 236, 237, 238, 239, 240, 241, 242, 243, 244, 245, 246, 247, 248, 249, 250, 251, 252, 253, 254, 255, 256, 257

(ㅊ)

찰스 다윈(Charles Darwin) 235

천주실의(天主實義) 73, 75, 77, 79,
    85, 129, 135

츠다 마미치(津田真道) 160

(ㅍ)

파사(破邪) 73, 77, 78, 79, 85, 87,
    88, 89, 90, 91, 92, 93, 94, 95,
    99, 100, 101

포류운(Samuel Brown) 111, 112,
    113, 114, 116, 117, 122, 143,
    149

프란치스코 하비에르(San Francisco
    Javier) 53, 132, 259

(ㅎ)

한문 서양서 119, 120, 121, 122,
    123, 125

한역(漢譯) 성경 114, 116, 117,
    118, 119, 121, 125, 129, 131,
    136, 138, 140, 143, 144, 146,
    147, 148, 149, 153, 155, 156

헵번(James Hepburn) 110, 111,
    112, 116, 117, 124, 143, 149

훈점본 23, 24, 123, 124, 153, 154,
    155, 156

저자 약력

葛奇蹊(갈기혜)

베이징대학교 외국어대학 일본어과 조교수, 문학 박사. 주요 연구 분야는 일본
사상사, 일본 종교, 일본 한문이다. 저서로는『메이지 시대 일본 진화론 사상 연구』
(동방출판사, 2016년),『일본어 한문 훈독』(베이징언어대학교출판사, 2025년)
이 있으며, 중국, 일본, 한국의 다양한 학술지에 논문20여 편을 발표하였다. 지
금까지 약 10권의 중국어·일본어 번역서를 출간하였다.

아시아종교연구원 총서 06
일본 기독교 논집

| 초 판 인 쇄 | 2025년 04월 21일 |
| 초 판 발 행 | 2025년 04월 30일 |

저 자	葛奇蹊
발 행 인	윤석현
발 행 처	박문사
책 임 편 집	최인노
등 록 번 호	제2009-11호

우 편 주 소	서울시 도봉구 우이천로 353
대 표 전 화	02) 992 / 3253
전 송	02) 991 / 1285
전 자 우 편	bakmunsa@hanmail.net

ⓒ 葛奇蹊, 2025 Printed in KOREA.

ISBN 979-11-7390-004-4   93200   정가 23,000원